振兴之路谱华章

江苏开放大学基层优秀学员风采录

（第一辑）

钱小卉　主　编

东南大学出版社
SOUTHEAST UNIVERSITY PRESS
·南京·

内 容 提 要

本书基于基层社会治理和乡村振兴视角，依据江苏开放大学城乡社区干部学历提升工程培养的优秀学员的基层工作实践编撰而成。全书分为“党的建设”“产业富民”“民生实事”“生态文明”“应急管理”和“网格化治理”六个篇章，包含123位学员的个人简介和事迹介绍。其中，事迹介绍部分是本书的主体内容，主要介绍学员在城市基层治理和全面推进乡村振兴中的成功经验和创新探索，也是各项具体的国家制度和国家治理体系在基层的落实呈现。

本书适合公共管理相关领域的研究者阅读，也可作为城乡基层工作者学习经验、交流互鉴的参考资料。本书的出版得到江苏基层社会治理研究协同创新基地专项资金资助。

图书在版编目（CIP）数据

振兴之路谱华章：江苏开放大学基层优秀学员风采录. 第一辑 / 钱小卉主编. — 南京：东南大学出版社，2023.6

ISBN 978-7-5766-0776-5

Ⅰ. ①振… Ⅱ. ①钱… Ⅲ. ①开放大学 – 学生 – 先进事迹– 江苏 Ⅳ. ① K825. 46

中国国家版本馆 CIP 数据核字（2023）第 120559 号

责任编辑：陈 跃　**封面设计：**王 玥　**责任校对：**李成思　**责任印制：**周荣虎

振兴之路谱华章：江苏开放大学基层优秀学员风采录（第一辑）

Zhenxing Zhi Lu Pu Huazhang: Jiangsu Kaifang Daxue Jiceng Youxiu Xueyuan Fengcailu（Di-yi Ji）

主　　编：钱小卉

出版发行：东南大学出版社

社　　址：南京市四牌楼 2 号　**邮　　编：**210096　**电　　话：**025-83793330

网　　址：http://www.seupress.com

电子邮件：press@seupress.com

经　　销：全国各地新华书店

印　　刷：合肥精艺印刷有限公司

开　　本：700 mm × 1000 mm　1/16

印　　张：21.5

字　　数：385千

版　　次：2023年6月第 1 版

印　　次：2023年6月第 1 次印刷

书　　号：ISBN 978-7-5766-0776-5

定　　价：186.00元

编 委 会

序

党的十八大以来，以习近平同志为核心的党中央坚持把解决好“三农”问题作为全党工作的重中之重，带领全国人民打赢脱贫攻坚战，历史性地解决了绝对贫困问题。党的十九大报告提出实施乡村振兴战略，并将其写入《中国共产党章程》。党的二十大报告指出，“全面建设社会主义现代化国家，最艰巨最繁重的任务仍然在农村”。同时，报告指出，要“健全共建共治共享的社会治理制度，提升社会治理效能”“健全城乡社区治理体系”“加快推进市域社会治理现代化，提高市域社会治理能力”。推进城乡社区治理现代化、促进城乡融合发展、实现乡村全面振兴的最坚实的力量支撑在基层，基层干部是提升治理效能、推动高质量发展的关键。求是网刊发的《在河北省阜平县考察扶贫开发工作时的讲话》中，习总书记为基层干部干事创业支招，对基层干部提出了殷切期望，指出基层干部要“原原本本把政策落实好”“真真实实把情况摸清楚”“扎扎实实把支部建设好”“切切实实把团结搞扎实”。

在习近平新时代中国特色社会主义思想指引下，“强富美高”新江苏现代化建设迈出了坚实的步伐，与此同时，基层治理和乡村振兴所面临的形势、问题也越来越复杂、艰巨。面对各种错综复杂的宏观环境和前所未有的风险挑战，我省广大城乡社区干部以“走在前、挑大梁、多作贡献”的自觉和“敢为敢闯敢干敢首创”的精神，锚定目标，大胆探索，真抓实干，奋发作为，不断推进城乡社区治理体系现代化。新时代10年，江苏居民收入迈上新台阶，基本公共服务加快完善，民生实事扎实推进，人居环境日新月异，乡村基础设施建设全面实施，农村生产生活条件持续改善，新型城镇化稳步推进，为江苏率先实现社会主义现代化、在中国式现代化事业中担当“为全国发展探路”的重大责任奠定了坚实的基础。

多年来，江苏开放大学充分发挥远程开放教育办学优势，有目的、有计划地开展城乡社区干部学历提升工程。从 2020 年 9 月开始，在省委扶贫办和地方党委的指导帮助下，学校围绕“基层干部素质提升”这一中心，通过“涟水县千名村（社区）干部学历素质提升计划”“海安市村（社区）干部学历提升计划”“常州市武进区专职化管理村（社区）干部教育培训计划”“射阳县村（社区）干部学历提升计划”“靖江市村（社区）干部学历提升工程”“新沂市村（社区）‘两委’干部大专学历教育提升计划”等一系列工程，以“政治素质过硬、道德品行过硬、工作能力过硬、工作成效过硬、学习能力过硬”为目标，培养了一大批敢担当、有作为的城乡社区公共服务人才，打造了一大批想干事、能干事、干成事的城乡社区干部队伍。截至 2022 年，已有 9315 名学员参加了这一系列工程。

本书从党的建设、产业富民、民生实事、生态文明、应急管理和网格化治理等方面，总结提炼江苏开放大学干部学历提升工程培养的优秀学员基层工作的成功经验和创新探索，展示了在习近平新时代中国特色社会主义思想指引下，这些基层干部扎根江苏大地，将理论知识运用于城市基层治理和全面推进乡村振兴方面的实践成果，以及他们穿针引线、担当作为，在江苏大地上谱写的争当表率、争做先锋的动人旋律和时代强音。

2023.5

目　录

1 党的建设

2 产业富民

3 民生实事

4 生态文明

5 应急管理

6 网格化治理

1 党的建设

重视基层、强基固本，是中国共产党一以贯之的光荣传统和宝贵经验。百年来，中国共产党带领全体党员和人民锐意进取、接续奋斗，坚持“欲筑室者，先治其基”，在理论创新与实践伟力的互动中不断推进基层党建的理论创新、实践创新，畅通贯彻落实党中央决策部署的“最后一公里”，厚植党的执政基础，为党的发展壮大奠定了坚实的后备力量。

党的十八大以来，习近平总书记多次走访调查，了解基层党建的工作进展，并作出一系列重要指示。在山西大同云州区西坪镇坊城新村、在陕西商洛柞水县小岭镇金米村、在四川眉山东坡区太和镇永丰村，习近平总书记走村入户了解抓党建促乡村振兴情况；在湖北武汉青山区工人村街道青和居社区、在吉林长春宽城区团山街道长山花园社区、在新疆乌鲁木齐天山区固原巷社区，习近平总书记深入社区就党建引领基层治理听取意见、给予指导；在江苏徐工集团重型机械有限公司、在湖北武汉烽火科技集团有限公司、在广东广州明珞汽车装备有限公司，习近平总书记对加强党建工作、促进企业健康发展提出了明确要求。

面对世界百年未有之大变局和新型冠状病毒大流行的复杂时代环境，习近平总书记再度强调，这次疫情考验了我们基层的治理体系治理能力水平，也进一步凸显我们街道和社区、乡镇和村基层组织的作用。基层党建工作不仅要夯实基层基础，持续扩大党组织的有效覆盖力，把各领域基层党组织建设成为坚强战斗堡垒，也要不断巩固和加强党的基层组织建设，把基层党组织建设成为宣传党的主张、贯彻党的决定、领导基层治理、团结动员群众、推动改革发展的坚强战斗堡垒。只有通过卓有成效的基层党建工作，才能让我国基层党建工作形成更加严密的党组织体系，才能保证党中央的决策部署不折不扣地落地落实，才能彰显马克思主义政党的优势力量，进而坚定不移地走好、走宽、走实中国式现代化道路。

进入新时代以来，江苏省基层党组织交出了高水平的“江苏答卷”。

第一，密切党群关系，回应实际民生诉求。2020 年 4 月 21 日，习近平在陕西考察时强调，基层党组织要发挥领导核心作用，把社区管理和服务工作抓好，求真务实，让人民群众获得实实在在的好处。海安市三角村党总支书记蔡琴同志在任职期间便创新工作方法，推行党员代表“三定”拓展服务（定点亮相、定向攻坚、定期服务），在辖区内设立了4家“红色民意站”，每个站点设立了“党员热线”，及时掌握群众的需求，并第一时间将党的方针政策通过“民意站”传递到基层，致力于解决干群之间感情浅、距离远、互信难等问题，从而架起了党群“连心桥”。

第二，全面提高领导能力，健全党组织运转机制。中国共产党领导是中国特色社会主义最本质的特征与最大的制度优势，基层党建需以提高党的领导能力、健全党组织运转机制为工作核心。遵照这一思路，盐城市射阳县经济开发区条洋村党总支书记祝海燕同志牵头成立群众议事小组，由群众推举德高望重的老干部、老党员、群众代表担任小组成员，征求每个人的意见和看法，寻找最佳方案，防范“一言堂”现象。而以史益荣同志为书记的无锡市滨湖区耿湾社区“两委”班子面对社区归并、人员增扩等现实问题，实行了一系列措施以提高党组织的领导和管理能力，特别是积极探索新的工作路径，运用“大数据+铁脚板”的工作模式，进行居民走访、收集居民问题、划分区域并精准配备人员，有序引导居民融合，产生了良好的效果。

第三，推动基层党建与经济社会发展融合互促。村级集体经济是强化农村党组织核心地位的重要支点。习近平总书记强调，要把发展壮大村级集体经济作为基层党组织一项重大而又紧迫的任务来抓。为了创造经济效益、挖掘基层潜力，在蔡海军书记的带领下，如皋市江安镇百新村形成了新的产业动能。近年来，百新村不仅争取了高标准农田建设项目，还累计建设泵站7座、防渗渠5千米，新修、新扩硬质化道路2800米，并打造了一条长900米的生态河，助力乡村绿色产业的蓬勃振兴。

总之，基层党建是国家治理的基础和重点，同时也是服务于广大人民群众的最前沿。基层党组织的建设直接关系到党的战斗力，是党的一切事业的落脚点，我们只有把基层党建的工作看重做实，党才有凝聚力和战斗力，才能经受住任何风浪的冲击和考验，才能领导中华民族奋勇拼搏、砥砺前行。

南京师范大学公共管理学院院长　许开轶

从“软弱涣散”到“坚强堡垒”的蜕变

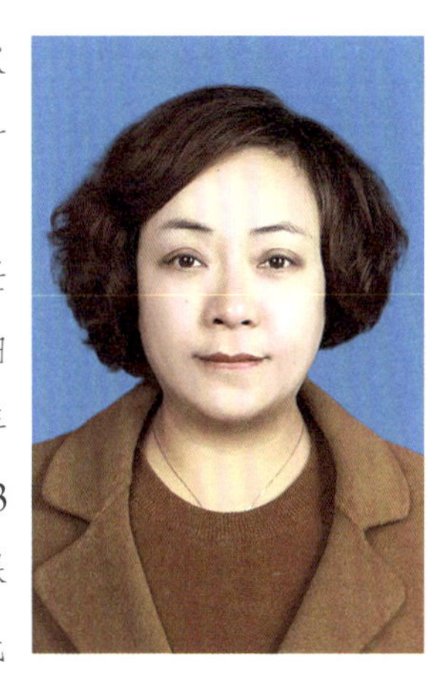

蔡琴，1975年12月出生，中共党员，于2020年秋学期至2022年秋学期在江苏开放大学行政管理专业专科就读。

1996年至1999年4月在海安县韩洋中心幼儿园任教，1999年4月至2005年6月任海安县三角村村委会妇女主任，2005年6月至2012年12月自主创业，2013年1月至2013年6月任海安县三丰村民调治保主任，2013年6月至2016年11月任三丰村监委会主任、民调治保主任，2016年11月至2018年2月任三丰村副支书、民调治保主任、监委会主任，2018年2月至2019年9月任海安市[①]洋蛮河街道党群部部长，2019年9月至2020年5月任洋蛮河街道党群部部长、三角村党总支书记，2020年5月至今任三角村党总支书记、村民委员会主任。

曾多次获海安市、城东镇优秀党务工作者、优秀村干部等荣誉。

蔡琴所在的海安市洋蛮河街道三角村曾经因村“两委”班子软弱涣散被海安市委组织部确定为党组织“软弱涣散村”。蔡琴担任三角村党总支书记以来，通过一系列扎实有效的工作举措，彻底甩掉了“软弱涣散”的帽子。与此同时，村民人均纯收入达到26 598元，2021年实现村营收入216.8万余元。至目前为止，三角村18个村民小组已全部对接失地农民保险，考核从原来全区倒数进入前三名。近3年，三角村先后获得“江苏省民主法治示范村”“江苏省卫生村”“南通市基层慈善组织”“海安市先进基层党组织”“海安市安全生产工作先进单位”等荣誉。

一、抓队伍，织造凝心聚力同心网

面对三角村的现实状况，蔡琴到任后走访党员、群众、退休老干部，跟他们

① 2018年5月，海安撤县建市。本书中地名、行政区划均以时间段结束时的为准，不再一一说明。

促膝长谈，寻找班子弱化的根源，并多次开展座谈，调整班子。几年来，在蔡琴的带领下，村党总支严格制定考核办法，通过开展每日10分钟晨会、每周30分钟例会、每月2小时点评会、每季考核、半年汇报、年度总结等活动，使村“两委”整体活力得到了有效激发，凝聚力进一步加强，战斗堡垒作用更加明显。

如今的村“两委”班子拧成了一股绳，遇事不推诿、不扯皮，大家心往一处想，劲往一处使，人人都有奋发向上的干劲，形成了良好的工作氛围，能够确保各项目标任务的完成。

二、抓创新，架起党群干群“连心桥”

三角花苑是拆迁安置小区，目前入驻1600多户，居民来自10个自然村，小区居民之间不熟悉，政策掌握不及时，外村安置户缺少归属感，而且周边企业较多，导致小区外来人口剧增，这些都给管理提出了新的要求。为了进一步增强村党组织的凝聚力，让群众的问题有地方问、困难有地方跑、需求有地方寻，让外村拆迁安置户和外来人员有归属感，也让党组织能够第一时间收集民意、倾听民生、解决问题，蔡琴创新工作方法，推行党员代表“三定”拓展服务（定点亮相、定向攻坚、定期服务），并在辖区内设立了4家“红色民意站”，每个站点设立了“党员热线”，及时掌握群众的需求，并第一时间将党的方针政策通过“民意站”传递到基层，致力于解决干群之间感情浅、距离远、互信难等问题，从而架起了党群“连心桥”。

针对流动党员，三角村打造了线上线下学习平台，以方便党员群众随时随地学习，并能及时将最新的学习材料发送给在外的流动党员和群众学习。

三、抓保障，铺就关爱民生幸福路

蔡琴带领村“两委”一班人从解决群众最关心、最直接、最现实的利益问题入手，不断健全民生保障体系，描绘出一幅幸福和谐的民生图景。

从2016年至2022年，村慈善工作站共募捐善款1 158 900元，用于救助患疾病的困难群众247人次，用去救助资金379 600元。开展结对帮扶关爱机制，动员爱心企业、党员志愿者、村工作人员与困难家庭、孤寡老人结成帮扶对子，定期走访慰问。

辖区内的所有道路全部硬质化，路灯全面铺开；辖区内的7条河道有4条被打造为景观河，河边绿树成荫，河水清澈见底；建设了村民健身活动广场，积极组织开展丰富多彩的文体活动，丰富了群众的业余文化生活，群众的幸福指数得到很大提升，群众满意度由原来的82%提升到99.8%。

四、抓产业，打造高质量发展新引擎

结合三角村的实际情况，蔡琴紧紧抓住建设发展机遇，积极应对经济发展新常态，深入学习苏州“三大法宝”，答好南通“发展四问”，不断推进以企招商、精准招商、智慧招商，不断优化项目服务。

新冠疫情防控期间，村党总支积极行动，助力企业疫情防控，为企业复工复产做好跟踪服务，确保生产平稳、安全、有序进行。

为了充分利用闲置土地和厂房，引进更多的企业，蔡琴通过各种渠道不断宣传本村的区位、政策和人力资源优势。近年来，全村招商引资亿元项目5个，5000万元项目3个，吸引了3名本村人回乡创业。目前，有76家企业先后落户三角村，有服务业企业286家，转移农村剩余劳动力529人，全力打造了一个和谐幸福美丽的三角村，为海安市“高质量发展争第一，百强排名进二十”作出了应有的贡献。

党建引领强基固本　产业兴旺美村富民

蔡海军，1978 年 11 月出生，中共党员，于 2021 年春学期至 2023 年秋学期在江苏开放大学行政管理专业本科就读。1998 年 7 月参加工作，2009 年 9 月加入中国共产党，2013 年 2 月至今，先后担任如皋市江安镇胜利社区党总支书记、胜利社区第一书记、江安镇百新村党总支书记、江安镇安监局副局长。

曾获得南通市优秀村（社区）党组织书记、创建文明城市优秀个人、南通市“明星书记”、江苏省“千名领先”支部书记、如皋市“两会安保”先进个人等荣誉称号。

近年来，在蔡海军书记的带领下，百新村“两委”团结一致，奋力推进全村各项工作协调发展，不仅实现了整顿转化，队伍、产业、环境、风气也获得了明显改善，全村综合目标半年度考核进入第一方阵，取得了一定的成绩。

一、加强党的基层组织建设

蔡海军注重抓好党员队伍建设，定期召开村“两委”班子成员会议及全体党员大会，通过会议、微信群等方式及时传达党的路线方针政策及上级有关工作会议精神，切实加强村党组织建设。

加强班子建设，维护班子团结。他组织带领班子成员搞好工作，通过打擂、比较、点评、考核等方式，营造了干事创业的新氛围；经常邀请老干部、党员、群众代表到村参加点评活动，倒逼了村干部比实干、换思想、守纪律的政治自觉。村“两委”干部在走帮服、信访维稳、污染防治攻坚、矛盾攻坚、移风易俗等一线摔打锤炼、联系群众、比学赶超，执行力、凝聚力、号召力不断提升，赢得了群众的口碑，“大门紧锁”“大门被锁”的现象一去不复返，组织基础、群众基础更加坚实。

二、全力推进村经济建设，生态环境更加宜居

为了促进经济发展，他持续加大农田水利基础设施建设，争取了高标准农田建设项目，累计建设泵站7座、防渗渠5千米，新修、新扩硬质化道路2800米，打造了一条长900米的生态河，对1800米长的百新支港东侧下护木桩，后期将进行备土护坡、移电线杆、对新鄂线重新浇筑5.5米宽的硬质化道路等工作。

为深入贯彻落实乡村振兴战略，推进美丽乡村建设，蔡海军指导村“两委”成员实行网格化管理，对各自网格区域内的环境卫生进行常态化管护和整治；将全村分为4个片区，并为每个片区配备了专职的保洁员，做到生活垃圾日产日销；在村公共服务中心东侧投入近12万元新建垃圾中转站——目前正在施工中。蔡海军主张不急不躁，既以“做实事”对群众交代，又立足“发展规划”做一桩成一桩，推动村庄道路、河流、空间互联互通，这使得返乡探亲、创业的“能人”越来越多，村庄走出困境、进一步发展，生态文明建设的效应不断放大。

三、注重民生，稳定基层

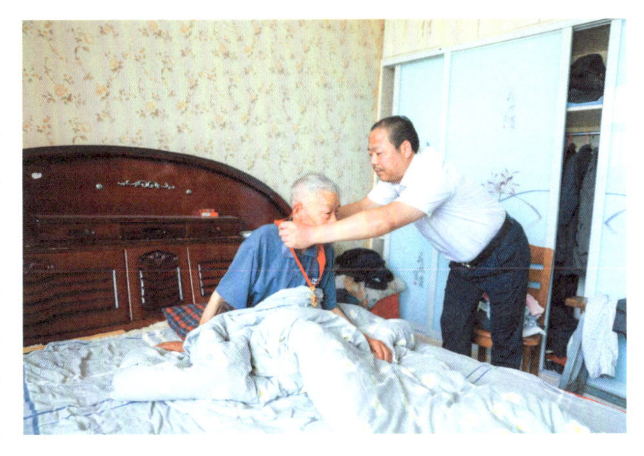

蔡海军着力开展基层的信访维稳工作，抓好社会治安综合治理，做好民事调解工作。对村民的内部矛盾和纠纷及时调解、及时处理，避免矛盾激化；将一般问题和矛盾化解在本村，控制上访事件，调处群众内部矛盾纠纷28宗，较好地维护了本村的社会稳定；同时通过张贴公告、召开广播会、网格长到网格区域内召开群众小板凳会议等多种形式广泛宣传反诈、防诈知识，提高全体村民的安全防范意识。

全村有建档立卡贫困户37户，党总支、村委会认真落实上级脱贫攻坚工作部署，强化责任担当，制定有针对性的帮扶措施。目前，所有建档立卡户均已脱贫，切实做到了“两不愁、三保障”。

党建引领谋发展　产业兴旺促振兴

陈亚冬，1975年12月出生，中共党员，于2020年秋学期至2022年秋学期在江苏开放大学行政管理专业专科就读。1995年9月参加工作，2000年11月加入中国共产党。1995年9月至1998年3月先后在南通市海安县老坝港新合小学、壮志马荡小学代课，1998年3月至2016年12月任海安县开发区石庄村会计辅导员，2016年12月至2019年8月任海安市开发区石庄村党总支副书记、村委会主任，2019年9月至今任石庄村党总支书记、村委会主任。

曾获海安市人居环境整治先进个人、优秀党员、优秀党务工作者、2022年度“强富美高”新南通现代化建设先进个人等荣誉。

陈亚冬任海安开发区石庄村党总支书记以来，以习近平新时代中国特色社会主义思想为指导，立足本职岗位，勇于担当、善于作为、扎根基层，全身心投入为人民服务工作中，舍小家为大家，与同事们一起，以责任和担当筑起了村民的坚强屏障。在基层工作20多年，她赢得了上级部门的好评和村民的一致点赞。近几年来，她所在的村先后获评“江苏省民主法治示范村”“江苏省绿化示范村”“江苏省卫生村”“南通市民主示范村”；2020年至2021年，在市委市政府星级村评比中获得了“四星级村”“五星级基层党组织”等荣誉。

一、强化党建引领，全力推进产业壮大

乡村振兴，产业兴旺是基础。为实现“做强做大主导产业稻麦种植，做靓做精特色产业”的目标，作为村带头人，陈亚冬组织党员干部、群众代表、乡贤能人多次召开座谈会，明确农村发展定位，制定科学发展规划，为乡村振兴寻良策、共谋划，优先大力发展优质特色品牌产品。此外，她推进生产规模化、标准

化，提质提量，推进“互联网＋现代农业”智慧农业发展模式，促进一二三产业融合，因地制宜选择发展相关产业，积极探索通过党建引领助推乡村产业兴旺。

二、精准选择产业，做大做强主导产业

石庄村多年来是一个纯农业村。如何围绕农业做文章、如何在党建引领下做大产业从而促进村级经济发展，是陈亚冬一直思考的方向。2019 年，上级部门鼓励兴办村级专业合作社。当时，陈亚冬还有顾虑，由于村干部本职工作多，懂农业的人却少之甚少，如何建设合作社、如何管理、如何应对风险等都要考虑。此时，市主管部门出台了一系列优化政策，从政策扶持、资金配套到项目倾斜、用地支持等等，这些政策坚定了陈亚冬的信心。她带领村“两委”一班人克服种种困难，创立了海安永润合作社。几年来，合作社由最初的 300 亩扩大到现在的 600 多亩，效益逐年上升。特别是 2022 年，小麦收益超过去年 30 多万元，水稻收益在外界普遍减产的情况下仍超去年 10 多万元，净利润达到 50 多万元，可增加村营收入 30 多万元。同时，她还带领村干部一起，解决了老年农民二次就业的问题。在提升农村基层党建质量的基础上，新型合作农场由村干部领头开展经营，有效解决了农户不愿种田、种田收益低、土地流转纠纷多等问题，得到了群众的普遍拥护。她的这些举动融洽了党群关系，使得农村基层党组织的政治领导力、思想引领力、群众组织力和社会号召力进一步提升，党在农村的执政基础更加坚实。

在促进生态文明建设上，陈亚冬积极引导村民将新型合作农场与高标准农田建设相衔接，使农药、化肥使用量减少20%以上，包装废弃物全部回收，这有效减少了环境污染，助推了美丽乡村建设。

三、发展特色产业，助推乡村产业振兴

大马士革玫瑰园原来是北京一家上市公司在石庄村投资的农旅项目，因管理不善，投资效益不明显，投资人打了退堂鼓。陈亚冬带领村“两委”一班人，通过市场调研发现玫瑰经济效益前景很好。于是她果断接手，外出学习专业技术，并聘请专业技术人员指导，弃莠存良，重新移栽了一批玫瑰新苗。现在，新苗长势良好，产品通过电商平台销售取得了较高的效益，成为当地的特色产品。这一项目不仅促进了经济发展，还增加了就业岗位，带动了周边农户致富和乡村旅游业的发展，既富了老百姓的钱袋子，又富了村集体。

石庄村通过党建引领乡村振兴，助推产业兴旺成效显著。目前石庄村积极构建“葡萄—玫瑰—稻麦”三位一体特色农产品休闲旅游路线，并新增了电子商务、新媒体带货等农产品销售渠道以销售玫瑰、大米等农产品，还通过深加工提炼玫瑰纯露，解决农产品滞销问题。这一系列举措促进了农产品加工流通、仓储保鲜、乡村旅游、休闲农业及农村电商等全产业链价值提升。村集体经济和村民收入节节攀升，村民幸福感也油然而生，幸福指数逐年上升。

以党建引领　筑和谐社区

崔小忠，1976年3月出生，中共党员，于2021年春学期开始在江苏开放大学公共事业管理专业本科就读。1997年7月加入中国共产党。2017年至今在昆山市巴城镇东湖社区任社区党支部副书记。

崔小忠同志任职东湖社区党支部副书记以来，以坚定拥护“两个确立”、坚决做到“两个维护”为行动指南，以全心全意服务群众为初心宗旨，全力配合上级党委政府的工作指示和安排，全力配合好社区党支部书记开展工作。

一、构建社区党建新格局，健全民主管理制度

昆山市巴城镇东湖社区党支部坚持“围绕发展抓党建，抓好党建促发展”的理念，探索基层党建新思路，激活基层组织末梢，创新社区党建工作机制、组织形式和活动方式，努力构建资源共享、优势互补、条块结合、共驻共建的社区党建工作新格局。

民主管理增强群众归属感。“社区遇事多和群众商量，群众拥护的就办，群众不拥护的就不办。”这是东湖社区党支部副书记崔小忠的一句口头禅，也是他的心里话。崔小忠所在社区的党支部制定了“设岗定责”的工作制度，使得党员在党务监督、居务监督、治安调解、卫生管理、新冠疫情防控等岗位上都能

够积极投入工作、充分发挥作用；健全完善了数十项体现民主管理、规范党员和社区干部行为的规章制度，特别是《社区居务公开制度》《党员议事制度》的完善和“四议两公开一监督”工作方法的落实，有效增强了东湖社区事务的透明度。

二、党建引领破解基层治理难题，提升群众获得感、幸福感、安全感

东湖社区党支部在基层治理中发挥了核心作用。在书记和崔小忠的带领下，党支部积极整合社区党群资源、行政资源和各类社会资源，与辖区内的单位开展共驻共建活动，构建上下对应、工作联动的社区党建工作网络，成立东湖社区“大党委”，定期召开会议，深入开展党建工作联创、思想工作联做、社会治安联防、环境卫生联搞、文体活动联谊等共驻共建活动。

崔小忠以社区居民为主体，规范社区民主议事和社区党员议事会议制度，完善了党务、居务公开和民主管理的各项制度，建立了社区矛盾纠纷调解会、社区民情恳谈会制度，加强与各类党员的沟通联系，构建起上下协调、左右贯通的社区党建工作新格局。同时，他持续推行“四议两公开一监督”工作法，不断加大“三资”管理力度，努力做到减少群众的操心事、烦心事、揪心事，增强居民的认同感和归属感。

三、聚焦民生解难题办实事，党建引领化解居民矛盾

东湖社区党支部将党史学习教育与“我为群众办实事”实践活动进行有机结合。崔小忠经常深入一线听民意、察民情、解民忧，盯紧群众所想、所急、所盼的实际需求，组织修复2处老化设施、破损的小区道路和上下水管线，解决了居民群众的出行和安全用水问题；妥善处理辖区160多户居民的矛盾纠纷；对辖区薄弱小区的周边环境进行整治，使辖区环境卫生条件得到彻底改观。

在崔小忠的带领下，东湖社区党支部聚焦民情民意，重点解决项目建设与发展、营商环境改善、城乡环境美化、民生短板改善、基层治理提升等领域的难点问题，依托党群服务中心，科学设置“全科受理”事项，制定服务事项受理标准，完善保障措施，力争让群众“进一道门，办所有事”。另外，崔小忠带领的社区调解委员会以人文关怀为前提，以解决矛盾纠纷为着力点，深入了解群众心中所盼、生活所需，成功调解1起沉积10年之久的家庭矛盾纠纷、6件房产矛盾纠纷，切实维护和保障了群众的合法权益，进一步厚植了民心向党的群众基础。

四、疫情防控细化服务，狠抓落实排查管控

面对新冠疫情常态化防控工作，崔小忠带领东湖社区“两委”、党员、社区工作人员、楼道长，在辖区内开展有精度、有温度、有力度的疫情防控工作。织密网格，精准摸排，让疫情防控更有精度。以网格化管理为依托，由东湖社区党支部统筹安排，精准划分单元网格，将组织优势有效转化为疫情防控“硬核”战斗力。同时，他建立了“网格+”人员数据比对联系机制，及时精准更新人员数据台账，确保核酸检测应检尽检、不漏一人。他密切关注疫情形势发展和政策调整，动态掌握风险区域来（返）人员，积极发挥楼道长作用，引导群众主动报备，确保快速精准摸排到位、管控到位。贴心的服务、暖心的举措让疫情防控更有温度。

崔小忠还带领东湖社区防控小组及时建立“居民服务群”，提高群众急难诉求解决的效率；关心关爱居家隔离人员，持续做好他们的就医保障、生活物资保障、垃圾清理等服务工作；高效调度医护资源，为行动不便、生病卧床的特殊群体提供上门核酸采样服务；组建东湖社区爱心志愿团队，为高龄老人、孕妇等提供上门核酸服务：多措并举，满足了辖区群众的多样性需求。

无私奉献　致敬芳华

顾爱华，1977年11月出生，中共党员，于2020年春学期至2022年秋学期在江苏开放大学行政管理专业本科就读。1997年8月参加工作，2012年6月加入中国共产党。2019年4月至今在海安市海安街道新园社区任党总支书记、社区主任。

曾获第六次、第七次全国人口普查先进个人，江苏省月度劳动力调查先进个人，海安市创建文明城市重大贡献个人，海安市社会治安综合治理和平安建设先进个人，海安市高新区优秀党员，海安街道优秀党务工作者、优秀党员等荣誉。

自2009年进入社区工作以来，顾爱华一直任劳任怨、兢兢业业、恪尽职守，以严谨的工作态度和忘我的敬业精神，在平凡的社区工作岗位上默默奉献，多次被海安市高新区、街道评为“优秀党务工作者”“优秀共产党员”。

一、班子建设，德为先

作为一名共产党员，顾爱华始终在思想上与党中央保持高度一致。自参加工作以来，她顾全大局，在大是大非面前立场坚定，严格贯彻党的路线方针政策，服从组织安排，具有坚定的理想信念；严守政治纪律，牢固树立宗旨意识、服务意识，持续抓好班子自身建设，注重班子成员的思想道德建设，认真落实全面从严治党工作精神，执行组织各项决议。

二、参与管理，勤为政

作为社区书记，顾爱华在职尽责、在岗敬业，始终保持较强的事业心和责任感，坚持“干一行、爱一行、钻一行、精一行”，扎实完成本职工作，力争精益求精、尽善尽美。她经常加班加点工作，但始终毫无怨言，为社区建设和发展默默贡献力量。创建全国文明城市工作，涉及面广、内容繁杂，她在充分吃透创建测评细则的基础上，结合实际情况将创建工作进行了分解、细化，落实到人。并组织辖区单位、居民参加文明创建宣传活动，多次召开文明创建工作推进会，传达上级创建全国文明城市的指示精神，进行工作再动员、再部署。通过整治老旧小区、背街里巷，清理垃圾死角、“僵尸车”、小广告等等，逐步改变了居民的居住环境，让社区面貌有了整体提升。2020 年，她被海安市人民政府评为“市创建文明城市重大贡献个人”。

三、乐于履职，业为精

工作中，顾爱华在学中干、在干中学，虚心请教、从零开始，工作从未出现问题纰漏。她扎实推进“不忘初心，牢记使命”主题教育、党史学习教育等党员教育活动，作为社区书记带头讲党课、带头抓学习、带头开展讨论、带头写学习笔记和心得体会，带动全体党员自觉学党史、强信念、跟党走。她扎实推进为民办实事工程，走访群众 234 人次，共为群众解决实际问题 48 件次。同时，她认真完成党建规定工作，坚持把党的一切工作落实到支部。认真执行“三会一课”、主题党日、组织生活等党建基本制度，以学习《习近平新时代中国特色社会主义思想学习问答》《中国共产党简史》《论中国共产党历史》《毛泽东邓小平江泽民胡锦涛关于中国共产党历史论述摘编》为重点，按时召开党员大会。每月按时召开支部委员会，实现了党群会议常态化。社区与辖区“两新”组织美团外卖党支部共建，打造“爱心骑士行 党情速传递”项目，成立党情传递服务站，线上线下相结合，让志愿服务进家门。将基层社区党建工作与新社会组织建设、社区发展、服务群众、新时代文明实践相结合，进一步突出党建引领、服务大局理念，开拓基层社区党建工作新空间，激发基层社区党建工作新合力。

四、严于律己，廉为本

顾爱华辛勤工作、默默奉献，用自己的实际行动践行着自己入党时的誓言，时时、事事、处处严格要求自己：用组织纪律约束自身言行，用制度规定指导工作实践，处处严格要求自己；时时警醒自己是一名党员，永远不忘入党誓词，堂堂正正做人，踏踏实实做事；树立正确的人生观、价值观，保持思想纯洁，调整心态，反思言行；注重净化生活圈、交往圈和娱乐圈，始终维护共产党员的形象。

顾爱华用自身的实际行动，带领辖区的党员群众一同筑牢基层党支部的战斗堡垒，打造新时代、心服务、馨家园。

肩负使命　砥砺前行

蒋磊，1987 年 7 月出生，中共党员，于 2020 年秋学期至 2022 年秋学期在江苏开放大学行政管理专业本科就读。2005 年 12 月参加工作，2006 年 10 月加入中国共产党。2019 年 6 月至 2021 年 1 月在常州市金坛区薛埠镇薛埠村任经济合作社副社长，2021 年 1 月至今在薛埠村任党总支副书记。

曾获金坛区征兵工作先进个人，薛埠镇重点工作先进个人、优秀党务工作者等荣誉。

自参加工作以来，蒋磊始终秉持“群众无小事”的工作态度，兢兢业业，扎根基层一线。他所在的薛埠村是薛埠镇的主集镇村，人口总数 16 332 人。薛埠村党总支下设 6 个党支部，现有正式党员 268 名、预备党员 3 名。作为村委副书记，他主要分管党务工作，始终将努力提升基层党组织的战斗力作为自己开展工作的第一要务。

一、强化党建引领，激活老区党员“红色基因”

要充分发挥基层党组织的战斗堡垒作用，就必须充分发挥基层党员的先锋模范作用。由于农村党员普遍存在文化程度不高的短板，蒋磊在组织内部搭建起“青蓝结对、精神扶贫”平台。即由 1 名年轻党员定点帮扶 3~5 名年龄较大、文化程度较低的党员同志，教他们使用智能手机，向他们传递新思想、新理论；年龄大的老同志可以充分发挥觉悟高、经历多的优势，教年轻同志一些不能忘的历史、不能丢的传统。在每次的组织生活中，党员同志彼此之间都有所收获、有所提高。与此同时，蒋磊还经常邀请党校老师、上级党委领导来给全村党员同志上专题党课，不断加强党性教育，确保党员先进性。浓烈的学习氛围带动了本村广大党员综合素质的快速提升，涌现出了“常州好人——袁根财”“金坛见义勇为获得者——张荣华”等一批具有先锋模范作用的先进党员。

二、强化队伍建设，筑牢一线抗疫“红色堡垒”

疫情就是命令，防控就是责任。2020年2月，金坛区人民医院暴发疫情，区防控指挥部第一时间在全区开展“十户联防，邻里守望”地毯式人员排查工作。由于薛埠村地处薛埠主集镇，流动人口数量巨大，人员结构较为复杂，当时的排查工作急需招募近百名工作人员。然而在全区静默管控的情况下，工作人员是最难找的。经村“两委”商议后，由副书记蒋磊牵头，立即组建了以党员同志为主体的“薛埠村疫情防控突击队”。蒋磊以党总支名义第一时间发布“行动令”，组织广大党员同志迅速奔赴各自工作岗位，形成“村干部包片、生产队长包组、党员骨干包户”的三级分包工作机制。他实行条线联动的疫情防控措施，对重点人员的排查坚持“不漏一人”，对重点场所的巡查坚持“不留死角”，严格按政策对疫区返乡人员实施管控，牢牢将疫情挡在了村外。后期在疫情常态化防控工作中，蒋磊又带头组建“薛埠村全员核酸志愿服务队”。每当接到全员核酸检测工作的通知，志愿服务队全体人员便会在1小时内全部到岗就位，人员通知、场地设置、物资保障等工作都井然有序地进行。截至2022年底，薛埠村累计完成核酸采样80 000余人次。薛埠村两支队伍的建设，全面吹响了“党员必须冲锋在前”的战斗口号，全力构筑起疫情防控的“红色阵地”。

三、强化思想武装，坚守扎根基层“红色初心”

时光荏苒，多年的基层工作经历使蒋磊从一名初入乡村的青年逐渐成长为熟悉乡土的“中坚力量”。他用自己的双肩担负起全村党员群众的希望与重托，在平凡的岗位上默默付出，实现了从一名普通党员到一名优秀基层党务工作者的身份转变，成长为一名办事干练、群众称赞、领导满意的优秀村干部。他会继续在基层的广阔天地内坚守向下扎根的初心、为民服务的使命、干事创业的追求。

党建引领促发展　干部群众心连心

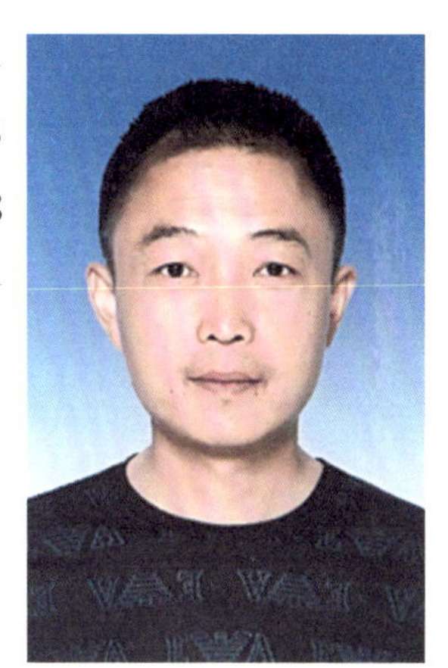

靳义俊，1980 年 4 月出生，中共党员，于 2021 年春学期开始在江苏开放大学行政管理专业本科就读。2003 年 12 月参加工作，2002 年 7 月加入中国共产党。2018 年 1 月至 2020 年 9 月任常州市金坛区金城镇白塔村后备干部，2020 年 9 月至今任金城镇白塔村村委会副社长。

自担任白塔村村委会副社长以来，靳义俊一直坚持以习近平新时代中国特色社会主义思想定向领航，深度融合区委第十四次党代会精神，充分发挥好党建总揽全局、协调各方的核心作用，坚持高质量党建引领高水平发展的发展路线，以白塔村特色党建项目为载体，主动作为，奋发有为。其间，共修筑道路 12 千米，新修水渠 5 千米，建设雨污分流管网 10 千米，清理黑臭水体 8 处，查处排污口 2 处，加固河堤 7 千米，取缔小黑作坊 9 家，拆除“两违”建筑 60 处，配合拆迁安置 3 万平方米，建设乡村桥梁 2 座、健身广场 2600 余平方米。

一、以党管党、从严治党，力促效能两提升

靳义俊在工作中深刻认识到，作为实施乡村振兴战略的主体，组织体系上下贯通、执行有力，乡村振兴才能蹄疾步稳。靳义俊坚持以高质量党建引领乡村高水平发展，积极推行“无职党员设岗定责，有职党员守岗有责”，让党员管理如臂使指，高效灵活。坚持高标准、严要求的管理方针，强化党章党规学习，严肃

党内秩序，规范党员政治生活；规划好8小时以外的时间，统筹管理好碎片化时间，提升尊崇党章党规的良好作风，注重调动党员内生动力，积极践行“两在两同”。确立了以党小组长为责任人的责任机制，清晰划分责任链条，层层压实责任，以常态化督查机制倒逼党小组长积极备课、提升授课质量。聚焦党员理论水平提升，厚植为民服务情怀，多角度、全方位提升党员素质，积极探索小切口与大作为的有机统一。支部党员同向同行，与总支同频共振，一个带着一个干，一个做给一个看，以点带面，推动乡村社会治理迈向新台阶。

二、初心为民、实干为民，践行干群两连心

农村干部作为联系群众的桥梁和纽带，起到了上传下达、贯彻执行党的方针政策的作用，既是润滑剂更是黏合剂。一直以来，靳义俊坚持一头要深扎农村一线，与群众想在一起、干在一起，另一头要时刻关注党与政府动向，随时了解最新政策走向，及时调整工作方向，主动担当作为，既肯下苦劲更善用巧劲，努力打通政策执行的“最后一公里”，让政策落到实处，让群众得到真实惠。困难群众是习近平总书记最牵挂的人，他们过得好不好、对党和政府满不满意是一切扶贫工作的出发点和落脚点。2022年夏天，高温来袭，多地气温更是刷新最高纪录，在这“上蒸下煮”的天气里，稍不注意就可能中暑。靳义俊在日常走访中了解到，部分困难户家庭缺乏消暑设施，缺乏空调和电风扇的他们在高温酷暑下日子显得格外难熬。了解此情况后，靳义俊坚持“弱有所扶、难有所帮、困有所助、应助尽助”的服务理念，主动与上级部门联系，主动争取上级关爱政策，通过将问题带上去、将方案带下来的方式为困难户争取利益，经过两天的沟通，最终为困难户争取到了电风扇等消暑设施，解了困难群众的燃眉之急。

三、以学辅实、以实践学，实现学用两相长

一直以来，靳义俊始终秉持学用结合的学习、工作理念，坚持理论指导工作、工作反哺理论的工作学习方法，做到了学习、工作双促双融，同向提升，为高质量工作、高效率学习提供了强有力的支撑。2022年，疫情呈现多点暴发、多次反复的趋势。白塔村作为集镇村，外来人口众多，组成复杂，疫情防控工作数据量大、强度高、压力大。靳义俊同志深刻领会习近平总书记“江山就是人民、人民就是江山”的为民理念，充分发挥“我将无我、不负人民”的无我精神，将群众安危作为疫情防控工作的落脚点和出发点，主动从书本中寻找方法，并深度结合在开放大学学习期间的所学、所思，与辅导老师深度交流，制定方案，依照计划、组织、协调、控制“四步走”的管理方针，详细制订防疫计划，组织防疫人员协调各方面资源并做好事前计划、事中控制、事后总结，以高标准管理水平换高质量防控水平，坚决堵塞防疫漏洞。疫情期间，共核对各类信息1200余条，组织人手40余人，采取有力管控措施7次，为全面打赢疫情防控阻击战贡献了自己的智慧和力量。他的高效率的管理模式也被周边村广泛学习和借鉴。

创新党建项目　践行党员责任

李鹏鹏，1979 年 6 月出生，中共党员，于 2021 年春学期开始在江苏开放大学行政管理专业本科就读。1999 年 1 月加入中国共产党。2010 年 7 月至 2013 年 6 月任江阴市陈桥村党支部委员。2013 年 7 月至今在江阴市高新区长山社区任党委委员、居民委员会副主任。

曾获优秀共产党员、创建标兵、优秀网格员、优秀党务工作者等荣誉，数次获评先进工作者。2021 年 11 月被江苏省第七次全国人口普查领导小组办公室给予个人通报表扬。

李鹏鹏始终坚持党的路线方针，努力组织开展好分管的各项工作，用心进取。在各级各部门领导的关心指导和社区党委、同事的帮助支持下，他总能圆满地完成各项工作任务。

一、强化政治理论学习，发挥党员先锋模范作用

党员是联系群众的纽带，李鹏鹏深知这一点。分管高新区长山社区党建工作以来，他始终关注党员干部对政治理论的学习情况。为提高社区全体党员同志的思想政治素质，支部班子成员率先垂范，制订好支部学习计划，按计划、有步骤地开展支部党员思想政治教育工作，用最新的理论知识武装支部党员头脑，进一步提高了支部党员的政治素养。

在加强政治理论学习的同时，李鹏鹏还组织支部党员同志参加新冠疫情防控工作，把学习到的理论知识应用到实际工作中。2020 年初，为控制疫情扩散和蔓延，支部积极响应政府号召，落实新型冠状病毒感染的肺炎疫情一级响应措

施，组织党员加入抗疫队伍，保障了居民身体健康和生命安全，让居民群众有了安全感。

二、筑牢党建工作网络，开展党史学习教育

李鹏鹏制订社区党委工作计划，借助党委和二级党支部换届的契机，进一步理顺了党建工作网络，将支部建在网格上，每个网格配备1名“两委”成员、1名专职网格员，形成脉络清晰、责任明确、分工到位的工作路径，让党建工作更贴近居民、更接地气。

为了使长山社区的党建工作能够更加立足实际，李鹏鹏利用每月“红色10号”主题活动，依托“红帆故事馆”“红色故事汇”等形式，邀请高新区“五老”宣讲团成员、社区“红帆宣讲员”等，到社区宣讲红色故事；利用节假日，以知识竞赛、主题团建、文艺演出等多种形式，传播和学习党史知识。另外，李鹏鹏用心组织庆祝建党100周年活动，极大地增强了干部群众对党的热爱，提升了干部群众学习党史的积极性。

三、深入推进“暨阳红——盟红江阴”基层党建三年行动

在2021年“融联共建”的基础上，组建“美好一家人”党建联盟，与15家联盟单位签订联盟协议书，通过组织互融、资源共享、阵地互通、活动共办、事务互商、难题互解等手段，推进“乐助先锋”互助关爱、“健康加油站”、“美好社区节”等多个有内容、有特色、有温度的党建联盟项目。

2022年以来，长山社区的老旧小区改造工作四面开花，车位改造、路面拓宽、管网入地、绿化升级等先后开展。社区组织居民通过“有事好商量”协商议事室，参与社区治理；推动渡江一村主干道拓宽、原乡政府拆迁后空闲土地改造停车场等利民项目，解决居民出行难题，提升长山社区的功能和品质，有效改善居民的居住环境。这些工作都离不开李鹏鹏的心血和付出，也是他践行“我为群众办实事”准则的真实写照。

彰显党员本色　探索社区治理新模式

罗前龙，1979年4月出生，中共党员，于2019年秋学期至2022年春学期在江苏开放大学行政管理专业本科就读。2006年5月参加工作，2008年7月加入中国共产党。2006年至2018年历任宿迁市经济技术开发区古楚街道罗土塘社区民兵营营长、青年书记、治安主任、居委会委员、城管主任、计生专干、党总支副书记等职，2018年11月至2019年3月在罗土塘社区任党总支副书记、提名居委会主任，2019年4月至2021年1月在罗土塘社区任党总支书记、提名居委会主任，2021年1月至今任罗土塘社区党总支书记、居委会主任。

曾获经开区新中国成立70周年大庆全区安保维稳工作先进个人，古楚街道优秀党务工作者、优秀共产党员、先进工作者、双月巡防先进个人、年度重大项目服务工作先进个人、房屋（土地）征收工作先进个人等多项荣誉。

任罗土塘社区党总支书记以来，罗前龙坚决履行好“第一责任人”职责，把社区当成自己的“家”，把群众当成“家人”，用心、用情解决人民群众“急难愁盼”问题，17年来栉风沐雨，无怨无悔，用实际行动践行一名基层党员干部的初心和使命，充分彰显了党员先锋本色。团结带领社区一班人，坚持以人民为中心的发展思想，积极完善社区组织体系，优化治理结构，提升服务效能，守正创新，探索形成“131”党建引领社区治理模式，使社区治安问题、安全隐患、矛盾纠纷数量持续下降，社区公共环境、民生服务质量、群众满意度持续提升。罗前龙所在的罗土塘社区先后荣获“江苏省和谐社区建设示范社区（村）”、“江苏省民主法治示范社区”、宿迁市信访工作“六无村居”等市级以上荣誉称号，其他各个条口的工作也多次得到上级部门的肯定和表彰。

一、全力以赴站好“责任岗”，锻造为人民服务“主心骨”

罗前龙为聚焦加强基层党组织建设，深入推进党支部“标准＋示范”建设，致力打造硬核干部队伍，紧紧围绕抓组织促规范、抓阵地促服务、抓治理促稳定、抓民生促福祉，使党组织的政治领导力、思想引领力、群众组织力、社会号召力不断增强，党建工作持续提质增效。他广凝党群合力，以“坚如磐石”的战略定力、“百折不挠”的发展定力、“雷厉风行”的落实定力，锁定目标，奋力赶超，用实干本色诠释担当底色，使干事创业氛围愈加浓厚，精神面貌焕然一新，依法办事、依法管理水平持续提升。在他的带领下，罗土塘社区党总支部连年被古楚街道党工委授予“党的建设工作先进单位”荣誉，2021 年 7 月被经开区党工委授予“全区先进基层党组织”荣誉，2021 年度获评“五星级党支部”。

二、守正创新种好“责任田”，当好社区治理“领路人”

一直以来，罗前龙率先垂范，以身作则，全力当好社区建设“红先锋”、文明诚信“带头人”、安全生产“排头兵”、矛盾纠纷“调解人”。同时，围绕群众所思所想所盼，他积极融合小区物业、居民、志愿者、共建单位、社会组织等多方力量资源，扎实有序推进“把支部建进小区”工作，推动党的组织和工作向小区、楼栋延伸，全面构建“社区党组织—小区党支部—党员楼栋长”组织体系，实现组织阵地和党员先锋到家服务全覆盖。创新打造了“‘嘉苑’学思汇”小区支部“灯课”品牌和“爱满嘉苑”党建服务品牌，实施了“乐享银龄”、“爱伴童行”、点亮“微心愿”、爱心“菜篮子”等为民服务项目，持续为民生幸福“加码”。2021 年 3 月，罗土塘社区“关爱孤寡老人志愿服务项目”被中共宿迁市委宣传部、宿迁市文明办、宿迁市民政局、共青团宿迁市委联合表彰为“宿迁市最佳志愿服务项目”。2022 年 3 月，罗土塘社区“爱伴童行志愿服务项目”被表彰为“宿迁市优秀志愿服务项目”。

三、尽心竭力守住“主阵地”，当好人民群众“贴心人”

近年来，罗前龙坚持以人民为中心的发展思想，以把党建服务送到党员群众“家门口”为切入点，守正创新做好民生服务“大文章”，推动社区便民服务提档升级，不断扩大社区养老、救助等服务的覆盖面、便利性，努力让群众看到变化、得到实惠。2021年7月，以高标准建成集党群服务、物业服务、民调服务、志愿服务四站一体的蓝天苑小区支部阵地“党群微家”和集志愿服务、教育培训、休闲娱乐等多功能为一体的综合性文化活动场所“邻里驿站”，精心打造了“睦邻文化墙”，大大丰富了广大党员群众的精神文化生活，有效改善了邻里关系，持续加深邻里情感，不断提升辖区居民对社区的认同感与归属感。围绕“让居民受益、让群众满意”的宗旨，整合“双报到”单位、志愿服务组织、党员志愿者等各方力量，有针对性地开展义诊、义剪、亲子课堂、全民阅读、爱心“菜篮子”等志愿服务，为社区60周岁以上的老人或军属等免费理发，为居民播放红色电影、提供保健知识讲座，为行动不便的困难居民、高龄老人及失独家庭人员提供上门服务，为群众送去温暖和关怀，用活“公益创投”资金，年均发放慰问金、慰问物资10万余元。2022年自筹资金30余万元投入重点民生实事“公厕项目”建设，该项目已于同年11月底建成并投入使用。

面对严峻、复杂多变的疫情防控工作，作为防疫总指挥，从一个凌晨到另一个黑夜，罗前龙都事事亲为。他曾几经周转，自行垫付资金购买口罩、84消毒液等一大批防护用品，还自掏腰包，向疫情防控一线工作人员和重点隔离家庭捐赠牛奶200箱，并带头捐款1000元。高强度工作导致他颈椎病发作，右肩膀和手臂水肿麻木，他却全然不顾，“固执”地坚守在一线。

深入基层勇实践　大胆创新再贡献

马旋，1997 年 3 月出生，中共预备党员，于 2021 年春学期至 2023 年秋学期在江苏开放大学行政管理专业本科就读。2017 年 8 月参加工作，2022 年 10 月成为中国共产党预备党员。2020 年 12 月至 2021 年 6 月在宿迁市陈集镇庙庄村任副主任，2021 年 7 月至今在陈集镇旗杆村任副主任。

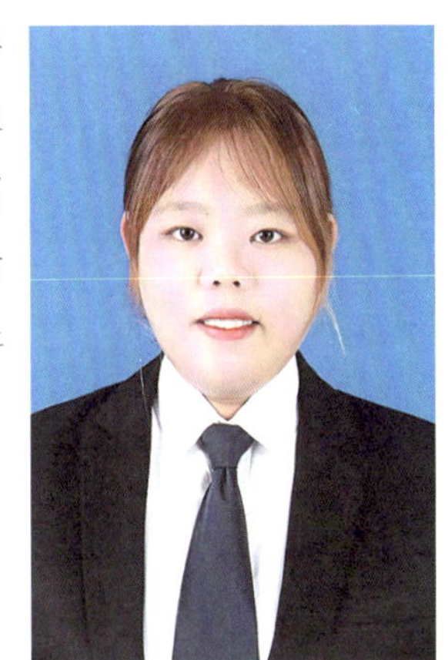

马旋于 2020 年参加陈集镇返乡新村干工作，在新冠肺炎疫情发生后，充分发挥党员干部在疫情联防联控中的先锋模范作用，以实际行动扛起“为人民群众筑起疫情防控安全线”的使命担当，坚决打赢街道疫情防控阻击战。

一、强国有我，请党放心

马旋在陈集镇旗杆村担任副主任，同时担任旗杆村核酸检测信息登记员，每当接到陈集镇疫情防控工作电话，她总是迅速放下手中的事情，跟家人交代几句，立马奔赴工作岗位。“疫情就是命令，防控就是责任”，新冠肺炎疫情防控工作启动以来，她几乎每天 24 小时都处于随时待命状态，手机从不敢离身片刻，时时关注每一条预警信息。每当辖区内有外地返乡人员归来，无论白天还是晚上，她都会立刻赶赴现场，入户做好户情档案登记。每一次都是与外地返乡人员“最近距离的接触”，随时都有被感染的可能，但她从不畏惧。她还积极发动党员、干部、网格员等力量，开展“敲门行动”，张贴标语、告知、通知等，全覆盖宣传、排查，确保外地返乡人员不漏一户、一人。她按照网格分组深入村庄张贴通知，给辖区村民宣传“戴口罩，勤洗手，减少外出”，提醒居民做好防护措施。

二、党建引领，助力发展

马旋于2021年7月加入陈集镇旗杆村，正式接手该村党建工作。刚接手的时候，她心里非常没底，害怕自己做得不好，给村和镇党委丢脸。于是她深入村庄，找党员谈心谈话，全方位了解党建工作。现在她从事党建工作已经一年多了，在这一年多的时间里，她用扎实的工作作风、严谨的工作态度，赢得了党员群众的一致好评。她对待工作的认真态度，乡亲们看在眼中，都认可她是一位负责任的基层工作者，是一位为老百姓服务的好干部。2021年，通过人民选举，马旋当选镇区两级人大代表。从此，她身上的担子更重了。她说：“要时时刻刻做好自己的工作，履行好一名人大代表的职责，守护好一方百姓，为百姓作出更大的贡献。”

三、不忘初心，方得始终

马旋在基层工作两年多了，她在基层农村学到了很多书本上学不到的知识，在不断的摸索实践中慢慢适应了农村的生活，并学会了怎样去当好一名大学生村官。她认为，要成为一名合格的大学生村官，首要的就是静心。只有静下心来，才能把自己真正融进农村。既然选择了“村官”路，就要沉下身、静下心，全心全意为村工作；同时也只有静下心来，才能抵御外面世界的种种诱惑，一心一意待在基层，当好这个村官。这不仅是对村官工作的要求，也是从事所有行业的前提。在农村两年多的时间里，马旋学会了把握方向，安定内心想法，一心一意投入村官工作中去。从中她逐步熟悉了村里的工作，并且锻炼了自己，学到了很多。

马旋所在的陈集镇旗杆村地理位置不算优越，生活条件不太好，她说：“在这两年多里，我真正感受到了农民的艰辛，看到了农村的落后，农村还有很大的

发展空间。”她想，只要能静下心来，专心投入工作中去，就一定会有所成就的。她认为，工作必须要勤快。大学生村官基本都不是本村人，有些还来自城市，对农村知之甚少，他们需要更加勤快，要花更多的时间、精力去熟悉和适应农村的工作环境。只有了解了、熟悉了、适应了，才能更好地开展工作。不但要放下架子，甘当学生，不懂多问，虚心请教，认真学习村里干部们的先进工作经验，熟悉、掌握村情民意，多请示、多汇报、多交流、多接触，还要勤动脑，对问题多角度、多方位思考，总结经验，这样才能将组织交办的事做好做实。

靶向施策　强化基层党建

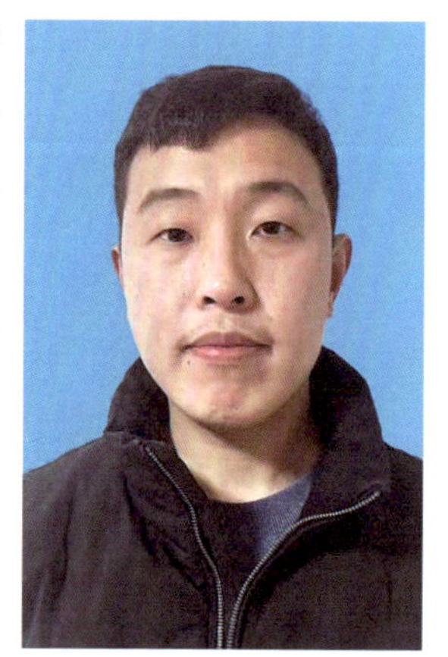

邱宇，1991年8月出生，中共党员，于2022年春学期开始在江苏开放大学行政管理专业本科就读。2012年12月加入中国共产党，2019年7月至今在徐州市睢宁县高作镇曹庄社区任党务工作者、网格员、后备书记。

曾获社区优秀党务工作者、先进个人、最美志愿者等荣誉。

邱宇于2012年12月在老师推荐下在校加入中国共产党，2019年7月到村任职，担任社区党务工作者、网格员、“两委”委员、后备书记。到村任职3年多来，他严格要求自己，在镇党委、政府、村领导和同事的指导下，始终牢固树立全心全意为人民服务的宗旨，深入了解农村、适应农村，努力做到与农民群众融为一体，充分发挥所学，为农民群众服务，以顽强的精神和坚韧的意志，扎根基层，艰苦奋斗。他用心做好镇、村内各项工作，不辜负领导的支持和信任，得到了镇、村领导和村民的一致认可。

一、重党建，凝聚支部力量

邱宇以开展“不忘初心，牢记使命”主题教育为抓手，推动党员政治理论学习常态化。他坚持“三会一课”党内要求，认真落实每月20号召开的远教学习、主题党日活动。通过强化党员日常教育，有效提高了社区党员的综合素质。他定期在社区内开展社区党员志愿活动，引导党员们自觉投入到村组各项工作中。3

年来，他认真钻研和探索党建创新工作，在镇、村领导的支持下，积极发动党组织成员共同参与，并把创建学习型、创新型和服务型党组织列为其党务工作的重要事项。他结合实际情况，从改进党员教育方法、网络宣传塑造党建环境氛围和完善党建工作机制等方面入手，精心制订党课计划

推广“先锋淮海学习教育平台”和“学习强国”App的应用，使党员们在思想上有了新的认识，工作积极性和团队凝聚力得到大幅提高，促进了各项工作的开展。

二、重责任，实施“二坚持二围绕”

在担任党支部委员期间，邱宇认真协助支部书记，全力抓好党的建设。一是坚持围绕中心抓实党建、抓好党建促发展。建立健全基层党组织，加强党性教育、革命传统教育，开展主题党日活动，规范“三会一课”，严肃党内政治生活，充分发挥了基层党组织的战斗堡垒作用和党员的先锋模范作用。二是坚持围绕高质量建设“过硬党支部”。党的基层组织是党全部工作和战斗力的基础，邱宇坚持把基层党建的工作重点放在支部，按照“政治素质过硬、组织建设过硬、党员队伍过硬、党内生活过硬、作用发挥过硬、条件保障过硬”的标准，加强支部建设，使党支部的组织力不断得到提高。

三、重思想，做好党员发展工作的“第一把关人”

作为党支部的委员，几年来，邱宇认真贯彻“十六字”方针，坚持原则，恪尽职守，不怕得罪人，把发展党员的质量放在第一位，做好党员发展的“第一把关人”。为了了解发展对象的真实情况，坚决制止不合格人员跨入党组织大门，他认真落实积极分子谈话工作，认真细致地做好思想工作，对符合发展条件的同志提出更高的要求，融贯党的宗旨和思想，充当宣传党的知识的传播人。对于思想不太成熟的同志，他也会指出不足、以理服人，既坚持原则，又讲究方法和策略，耐心细致地说服引导，并鼓励其继续努力。在他任职期间，曹庄社区党支部共发展2名新党员，并有6名青年向党组织递交了入党申请书，打破了社区之前十几年没有吸纳新党员的情况。

党建引领　蓄足基层治理马力

沙庆兵，1978年11月出生，中共党员，于2022年春学期开始在江苏开放大学行政管理专业本科就读。1998年1月参加工作，1998年1月加入中国共产党。现任徐州市睢宁县沙集镇沙圩社区党务工作者。

2021年被县组织部评为先进党务工作者。

沙庆兵任职沙集镇沙圩社区党务工作者以来：在思想上严格要求自己，严格遵守党的纪律、执行党的决定；在工作中不断提高综合素质和业务能力，认真完成党的各项任务；在生活中经常深入基层，联系群众，帮助群众解决难题，真正做到解百姓之忧、排群众之难。他以饱满的工作热情、扎实的工作作风、优异的工作成绩，得到了广大干部群众的普遍好评。

一、巩固理论学习，提升个人知识新水平

从事党务工作以来，沙庆兵恪尽职守、辛勤工作，努力提高个人综合素质，不断提升在党务工作方面的管理和创新水平，取得了较好的工作成绩。沙庆兵深刻认识到政治理论学习的重要性和必要性，于是深入学习党的理论知识，用习近平新时代中国特色社会主义思想武装头脑，始终在思想上与党中央保持高度一致。他在大是大非面前立场坚定，能够严格贯彻落实党的路线方针政策，执行党的各项决议，服从组织安排，具有坚定的共产主义信念和较强的党性。

二、加强工作技能，确保业务能力新提升

沙庆兵坚持边工作边学习，为了能更好地胜任党务工作，他虚心向老党员、老领导请教，通过勤探讨、勤询问，从中吸取丰富的党务知识来弥补自己的薄弱环节，不断提升自己的工作技能。多年来，他一丝不苟、兢兢业业地对待工作，受到领导和同事们的好评，也为自己积累了较为丰富的党务工作经验，提高了个人的业务水平。他还有着强烈的时间观念、效率观念和质量观念，时刻以优秀共产党员的标准严格要求和约束自己，认真履行岗位职责，确保党务各项工作有序开展。

三、创新工作思路，注入党务工作新活力

工作中，沙庆兵善于总结和思考，能够结合新时代新形势的变化随时调整工作方法。例如，开展党员教育工作专题调研、提炼总结党员教育特色做法、不断创新党组织生活形式等等。他本着“贴近工作、贴近实际、贴近需要”的原则，变务虚为务实，变被动为主动，灵活利用活动场所，有效克服了以往组织生活人难齐、工作时间难挤占的困难。为了深入学习领会、培育践行社会主义核心价值观，在充分考虑时间、人员等因素的前提下，他组织党员、入党积极分子定期集中学习习近平新时代中国特色社会主义思想。同时，为了扩大受教育范围，他还将视频学习资料发至各小组微信群，确保将正能量传递到每一位群众。沙庆兵建立起的这样一种常态化学习机制，旨在引导群众，同时使广大党员通过学习重新审视自己，进而树立正确的人生观、价值观和利益观，筑牢思想道德防线。除党务工作外，他还负责其他事务性工作。为了不影响党务工作的正常开展，他总是利用下班时间加班加点制定工作方案，做好“三会一课”等会议记录和各种材料的整理归档工作。在工作中，他始终保持严谨认真的工作态度和一丝不苟的工作作风，脚踏实地，任劳任怨，从不

计较个人得失。他努力将工作压力转变为工作动力，克服工作中遇到的种种困难，表现出了较强的工作责任心和坚韧不拔的精神，处处体现着共产党员的先进性。

作为一名党务工作者，沙庆兵始终认真工作、默默奉献，用自己的实际行动践行着自己入党时的誓言，对党忠诚，积极工作。在今后的工作中，他将更加努力，尽心尽责，实践他一直强调和奉行的理念——岗位在哪儿，心就在哪儿。

打造党建品牌　焕发村庄活力

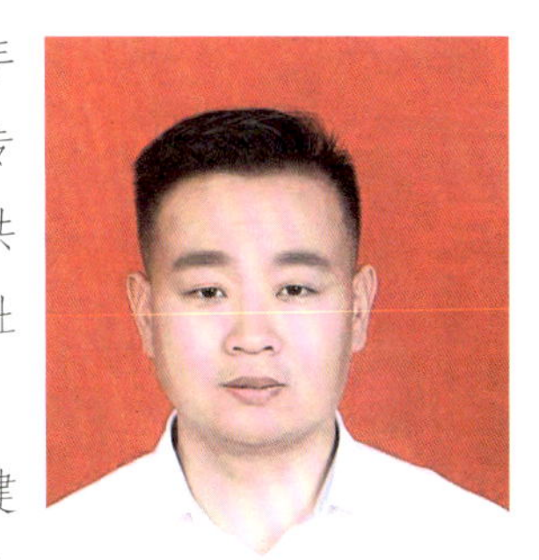

史威，男，1981年1月出生，中共党员，于2020年秋学期至2022年秋学期在江苏开放大学行政管理专业专科就读。1999年2月参加工作，2000年7月加入中国共产党。2020年7月至今任宿迁市湖滨新区皂河镇船闸社区主任、党支部书记。

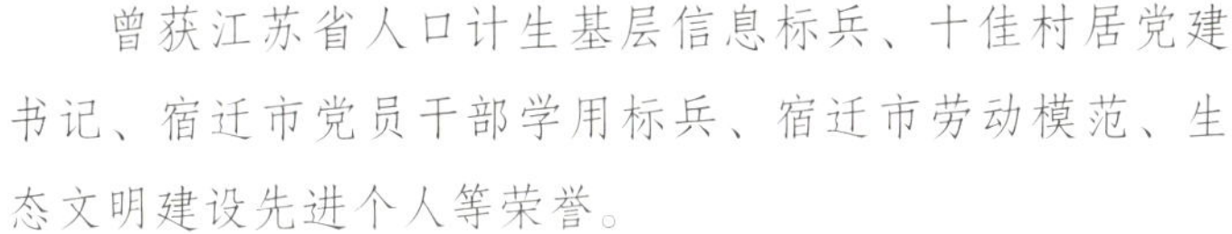

曾获江苏省人口计生基层信息标兵、十佳村居党建书记、宿迁市党员干部学用标兵、宿迁市劳动模范、生态文明建设先进个人等荣誉。

自任职以来，史威认真学习贯彻落实习近平新时代中国特色社会主义思想，不忘初心，牢记使命，增强“四个意识”，坚定“四个自信”，做到“两个维护”。在党委、政府安排的各项工作中，他始终以振兴乡村、提高人民群众生产生活质量为目标开展各项工作。2020年，在史威的带领下，船闸社区被评为“江苏省法治示范村”和“宿迁市党史学习教育基层示范点”，2021年又被宿迁市农业农村局评为“十佳经济强村”。

一、以党建为中心，引领村民脱贫致富

史威同志在村居创收中多措并举，通过公共空间治理、荒滩废地管理、市区购门面房、发展乡村垂钓发包等措施增加集体经济收入，集体经济年收入从2019年的52万元增加到2022年的86.5万元。为了带领群众发展致富，史威和党组成员于2015年创办了宿迁市三里渔村水产合作社，带动社员50多户，通过“互联网＋合作社”模式，把水产品销往全国各地，村居养殖规模达到8000余

亩，村民人均年收入达 3 万元。

他积极推进建设“党务＋业务＋服务”三务融合党建品牌，以行、践、知将党史学习教育成果转化为“为群众办实事”。党支部先后在村庄内安装 200 余盏太阳能路灯，铺设村居道路近 4000 米，做到水泥路面组组通、户户通；在村庄绿化方面，船闸党支部发动党员群众在皂三路、皂袁路栽植红叶石楠和女贞树 2000 多棵；建设小型污水处理设施 1 处，重新铺设下水管道 300 米；还投资资金近 50 万元，其中支委捐款近 2 万元，新建 1 处法治休闲广场，这样既能对居民普法，也让居民有了休闲健身的好去处。

史威紧紧围绕党委要求，全力以赴开展工作，他带领支部一班人完成了精准扶贫工作，使一般低收入户全部脱贫。在平时工作中，只要村民有困难，他总是跑在最前面。居民韩某某家中失火，3 间住房全部烧毁，了解情况后他召开党员干部会议，为其捐款 3000 余元，协调民政临时救助 2000 元，协调住房保险报销 5000 余元。韩某某老伴已去世，家庭困难，无人问津，史威主动对接帮助找工人修好房子。老党员贺某某生重病，家庭困难，史威得知情况后，带着支委成员到他家里慰问，并送去慰问金……类似的事情不胜枚举，生动地向人们诠释着一名优秀共产党员的责任与担当。

二、全力开展综合治理工作

史威积极开展长效治安法治工作，于2019年开始建设法治广场，并于2020年对法治广场进行了提档升级，补建了法治长廊等区域，完善了法治广场宣传牌，从而对村民普法宣传工作起到了更为积极的作用。除此之外，他还对治安调解室进行了全面升级，在村庄道路上安装了大量监控设备，争取无一死角，大大提高了村民的居住安全性。

三、积极投身疫情防控工作

为了防控新冠疫情，史威连续工作20余天，吃住在村居，带领村居干部和志愿者们冲在防控一线。他带领党组成员为居民群众解决生活中的困难、捐款捐物，做好值班工作，及时传达疫情防控政策。

史威在基层工作20余年，始终认真贯彻落实国家的大政方针，在乡村振兴中他积极作为、主动作为，为建设山青水绿的美丽新农村而努力着。

重视党建引领　打造党建品牌

史益荣，1975年11月出生，中共党员，于2021年春学期至2023年春学期在江苏开放大学行政管理专业本科就读。2008年5月加入中国共产党。1997年10月至2007年5月在无锡太湖国家旅游度假区城建综合开发公司工程部任职，2007年5月至2015年3月任无锡太湖国家旅游度假区城建综合开发公司副总经理，2015年3月至2018年1月任无锡市滨湖区马山街道乐山社区党委书记、居委会主任，2018年1月至今任马山街道耿湾社区党总支书记、居委会主任。

曾获无锡市“滨湖区优秀党务工作者”荣誉称号。

史益荣担任耿湾社区书记5年来，在提高社区经济综合收入、激发党建活力、提升文化软实力、丰富居民精神文化生活等工作领域做得细、做得实，取得了一定成效；在壮大集体资产，盘活闲余资金、地块，及社区治理、引导居民自治、小区管理精细化等方面下足“绣花功夫”，提升了居民的幸福感和获得感。在他的领导下，耿湾社区先后获得“江苏省科普示范社区”“江苏省民主法治示范社区”“无锡市园林式居住区”“五星级党组织”“四好班子”等荣誉。

一、注重班子建设，夯实组织基础

2018年以来，以史益荣为书记的耿湾社区“两委”班子开拓进取、锐意创新，为新形势下的社区发展奠定了良好的基础。2021年社区“两委”换届选举新一届委员和党总支书记、居委会主任，史益荣均以高票当选，当年11月又以高票当选区人大代表。当选后，他制订了未来5年的耿湾社区党建重点工作和经济发展计划，团结带领“两委”班子，以新的精神、新的作风、新的面貌作为攻坚克难的动力，解决了一些以前的“顽疾”。由于耿湾社区归并，由原来1000人的“小耿湾”到如今3000人的“大耿湾”，班子的“作战能力”亟待提升。为此，史益荣又实行了一系列措施：一是组织申请招录4名工作人员，为社区添加新鲜血液；二是积极探索新的工作路径，运用“大数据+铁脚板”的工作模式，进行居民走访、收集居民问题、划分区域并精准配备人员，有序引导居民融合。

二、打造品牌建设，提升党建工作

为了推进耿湾社区党建工作高质量建设，史益荣提出以“耿居逸湾”为特色的党建品牌，以品牌为抓手，激发党员的内生动力和支部的活力。以党建引领社区治理为手段，有效提升了社区党建引领、融合治理的成效。以实现“五美”——即治理体系顺美、环境整治优美、服务质量馨美、安全稳定和美、居民生活甜美5个方面——为目标，以打造特色楼栋为抓手，努力培育“邻里守望聚真情、行善立德树新风”的文明氛围，让文明新风在耿湾社区荡漾。

三、丰富理论学习，提高党员素质

2018年以来，耿湾社区在史益荣的带领下，不断强化理论学习，以主题教育为抓手，分别开展了“不忘初心，牢记使命”“党史学习”等多个特色鲜明的主题教育活动，活动形式丰富多样，包括集中学习、自主学习、交流研讨、实践活动、撰写笔记等，共开展学习活动200余场。党总支始终坚持理论与实践相结合，多次组织全体党员赴安徽泾县的皖南事变纪念馆、革命烈士陵园等红色教育基地参观学习，赴浙江安吉参观新农村建设，深入学习贯彻“绿水青山就是金山银山”的发展理念，全方面、多角度提升党员素质。

史益荣年富力强、经验丰富，有建设发展企业、城镇社区的工作经历和丰富的经验。主持耿湾社区工作以来，他在各项工作中均发挥了不可替代的作用，把党的建设工作、经济发展工作、社区治理工作都提升到了一个新高度。

用“党建红”打造“多彩古贲”

于春燕，1980年3月出生，中共党员，于2020年春学期至2022年秋学期在江苏开放大学行政管理专业本科就读。1998年8月参加工作，2005年6月加入中国共产党。2013年1月至2016年7月任海安县大公镇古贲村妇女主任，2016年8月至2019年3月任大公镇古贲村会计，2019年4月至今任大公镇古贲村党总支书记。

曾获市“双六双帮”先进个人、明星村主任、优秀村干部、优秀党员、先进个人等荣誉。

于春燕是一名奋战在基层农村的普通党员，她立场坚定，具有较强的政治素养，大局意识强，无条件服从组织安排。自2019年任大公镇古贲村党总支书记以来，她始终坚持以习近平新时代中国特色社会主义思想为指引，紧紧围绕镇党委政府的各项工作要求，以党建为抓手，理清思路、找准定位，充分发挥“头雁领航”作用。她团结带领全村广大党员干部群众，开拓创新、扎实工作，全面推进古贲村的各项事业发展跃上新台阶。近3年，古贲村多次获得江苏省文明村、南通市先进基层党组织、海安市争先晋位村等荣誉。

一、坚持抓班子强队伍，打通“最末梢”，增强了基层党组织引领力、向心力

一是坚持政治引领，着眼标准化、规范化抓好基层党组织建设。坚持抓基层、抓基础，落实好“常规工作上台阶，重点工作求突破，考核工作争先进，特

色工作出亮点”的思路。注重党建实效化，更好地发挥基层党组织的战斗堡垒作用和党员的先锋模范作用。二是着眼建设一支过硬的干部队伍，加强干部建设，将村干部的考核、绩效、评优与日常考核挂钩。她凡事都亲自谋划、亲自带队，努力调动大家的工作积极性，转变工作作风，提高工作效率。三是着眼增强基层党组织的凝聚力和战斗力，发挥党建引领群团发展道路。坚持党建带工妇团的合建工作思路，将群团组织有机结合，确保群团工作形成合力。

二、坚持乡村振兴引领化，探索“新路径”，推动了村级经济的融合发展体系

古贲村的经济基础较为薄弱。为了改变这一状况，她全面分析本村的发展形势，拓宽思路，想尽一切办法加快农民致富，集体增收。一是大力探索土地流转。她多次召开会议，对党员、村民代表进行集中宣传，统一思想，增强共识。此外，她带头深入到户进行一对一、面对面的工作，使广大群众从思想不通到认识转变、从消极反对到积极支持。经过1个多月的努力，新增流转土地1700多亩，全村土地流转率达93%以上。二是进一步借力乡贤资源优势。她主动外出拜访乡贤，大力招引二、三产项目。近年来，每年税收分成达30多万元。三是多方积极争取项目，以项目建设为抓手，稳步推进村级基础设施建设。近3年新建桥梁2座、路灯亮化200多盏、道路硬质化2000多米、灌溉车口6座，农户污水处理设施惠及群众500多户，集镇村面貌焕然一新。

三、坚持服务群众精细化，瞄准“品牌靶”，构建了共治共享的社会治理格局

建立协商议事工作机制，着力打造网格服务和“邻里乐吧”生活圈品牌服务项目，同时形成了“好帮手”“小板凳”“红色小喇叭”等多种形式的服务项目。于春燕注重关注村居民的新需求，及时解决村居民的难题，不断提升基层社会治理和民生服务等方面的工作质量，坚持党建引领幸福生活，用活“红色引领　多彩古贲”党建品牌。围绕群众满意度，她依托“党建＋网格”联动机制，瞄准“红网格”建立“红色物业”联动推进机制，开展“美好小区·幸福家园”创建活动，持续推进网格化治理“多网融合”。以党建引领治理新格局为书记项目，促进形成了基层党组织和党员示范带头，各种社会资源和社会力量有序整合、共同参与的基层社会治理新格局。

民思我想
民需我办
民求我应

以最美“姿态”践行党员干部为民情怀

祝海燕，1977年4月出生，中共党员，于2021年春学期至2023年春学期在江苏开放大学行政管理专业本科就读。1997年2月参加工作，2007年7月加入中国共产党。2020年10月至今担任盐城市射阳县经济开发区条洋村党总支书记。

曾获射阳县经济开发区先进个人、优秀干部等荣誉。

射阳，坐落于黄海边的一座小城，海水的不断退潮孕育了这片土地。相传这是后羿射日的地方，人们为了纪念他，在小城的主干道上兴建了“中华后羿坛”，当地人俗称“大球”。大球以西便是这座小城的主干道S329，沿着S329直行到达南京大学研究院，再向南大约2500米进入乡村小路，在这里每天你都可以看到一人骑着白色的电动车，迎着落日与朝阳，穿梭于田间地头，她就是群众眼中兢兢业业、勤勤恳恳的祝书记，也是同事眼中认真负责、耐心和善的祝大姐。

一、加强学习，提高政治理论修养

自担任党总支书记以来，祝海燕认真学习党的基本知识和党的路线、方针、政策，通过学习，使自己的理论水平和政治觉悟有了很大提高。她充分认识到，党的理论是指导我们做好各项工作的根本保证，是力量的源泉，是行动的指南。只有通过不断的学习，才能提高自己的理论修养，改变各种错误观念，从而保持旺盛的斗志，提高继续革命的觉悟，提高工作的活力，拓宽视野，为完成党交给的各项任务打下坚实的理论根基。

二、抓班子带队伍，加强党的执政能力建设

祝海燕在村“两委”会议上常讲，村党支部有没有战斗力，村干部在群众心里有没有威信，关键在于支部一班人能否搞好团结，在处理事情上能否做到公开、公平、公正。为了搞好支部团结，村里成立了群众议事小组，由村里有威望的成员组成，每当遇到事情她都会召集支部党员和议事小组成员开会，征求每个人的意见和看法，不搞一言堂；对于村内重大事项的决策和群众关心的重大事情，坚持做到办事公正、处事公平、办事公开。

三、办实事解民忧，积极响应党的方针政策

对于农民群众来说，喊 10 句口号，不如做 1 件实事。祝海燕始终情系群众冷暖，心为百姓解忧，把为民办实事作为村党支部的重要事项。

在上级扶持下，她带领村“两委”班子成员，修通了长 1480 米的一事一议路和长 700 米的移民路，解决了一村民小组百十户人的出行困难。

她真诚对待每一个反映问题的村民，面对矛盾不回避，公平、公正地提出自己的观点和意见，努力化解矛盾纠纷，把不稳定因素消灭在萌芽状态。为切实做好村里的信访维稳工作，她与村“两委”和群众代表开会商议后，决定在村里每天安排人员值班，并在值班室里印制了一本问题接处单，对群众反映的问题及时记录并解决，解决不了的及时向上级有关部门反映。

村“两委”高度重视新型农村合作医疗和新型农村社会养老保险工作。为解决群众参加新农合缴费难的问题，村委班子成员常到群众家中做思想工作，切实解决他们担忧的问题。2021 年全村完成新农合收缴任务 100%，完成养老保险收缴续费任务 100%，新增参保收缴任务 93%。

祝海燕积极响应党的方针政策，关注村民的生产生活。2021 年至今，她先后向县民政局、县红十字会申请救助物资，对困难户发放每户 600 元的补助，并在中秋、国庆、春节等重大节日对困难户进行走访慰问，让他们切实感受到党和国家的关心。

为了丰富村民的业余生活，在过去的 1 年多时间里，她就在妇女节、中秋节、国庆节、春节等重大节日里组织开展了 8 次以“我们的节日”为主题的大型文艺宣传活动，开展了志愿宣讲以及移风易俗等活动。这些活动既锻炼了村民的身体，又丰富了村民的文化生活，在村民中很受欢迎。

创新治理方法　激发基层治理动力

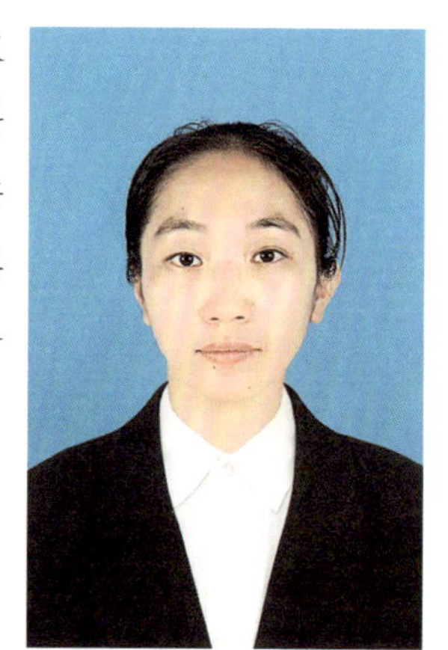

庄秋，1983年10月出生，中共党员，于2020年秋学期至2022年秋学期在江苏开放大学行政管理专业本科就读。2000年7月参加工作，2011年12月加入中国共产党。2019年4月至2020年12月先后在宿迁市泗阳县东和平社区、魏湾社区任挂职副书记，2021年1月至今在泗阳县来安街道魏湾社区任党支部书记、主任。

曾入选“江苏省第七次全国人口普查光荣册”。

庄秋任职魏湾社区党支部书记以来，着力带好“两委”班子，抓好党员队伍，办好民生实事，发展特色产业。现在的魏湾社区，实现了村居富、百姓富。2021年魏湾社区实现集体经济收入31万元。

一、加强阵地建设，提高治理工作成效

为了加强阵地建设，高标准推进村级组织阵地建设，深入贯彻“扛旗夺牌”要求，庄秋同志坚持高定位谋划、高起点实施，以“党建＋治理”为乡村振兴赋能，推动完善社区物业管理机制，做好为民服务新篇章。为了进一步优化基础设施，她在社警联动的基础上，对矛盾纠纷进行多元化解，采取“红、蓝马甲”轮流巡防的方式，共享和整合公共安全视频监控等方面资源，进而全面提升社区综治工作站的各项硬水平。

二、建强班子带好队伍，团结一帮人

庄秋同志大力发动群众参与自治，提升村支“两委”凝聚力。为了加强村党

支部建设，她大力实施“强村计划”，以组织振兴促进乡村振兴。为了解决群众疑难问题，大力推行有情必知、有疑必解、有事必帮的“三有三必”工作法，以“小村监事会”“小村说事日”等为议事载体，广泛发动群众参与自治，提升村支“两委”凝聚力。

她深化党史教育，组织开展现场教学。通过“宿迁干部学院”“学习强国”“泗水先锋”等平台广泛开展线上学习，使得党史学习覆盖率达到95%以上。她排列“为民办实事”清单48件，把党史学习教育成果转化成为民办事实效；着眼于干部队伍建设，注重从返乡大学生、退伍军人、致富带头人中发展党员；优化党员队伍结构，全年高质量发展党员4人，储备入党积极分子5人，组建2支党员志愿服务队，并推动18名党员进小区，常态化开展疫情防控、政策宣传、文明创建等志愿活动。

三、密切联系群众，关爱困难群体

庄秋推行“三有三必”群众工作法，加强党员干部与群众的密切联系，特别是加强党员干部与建档立卡的困难群众结对帮扶。2022年，社区累计收集民情35条，帮助解决大小问题22件。她创新网格治理体系，依托“红志愿”“蓝网格”“党员楼栋长”等载体，探索建立党建网、民生网、综治网“三网同格”治理体系，细分网格10个。全网格受理各类事件115件，办结113件，办结率达98%，有效提升了社区治理水平。除此之外，她还深化支部结对共建，发挥党支部工作联系点制度优势，加强社区党的建设，帮助解决社区难题，提供资金政策等支持，提高社区党支部的战斗力和凝聚力。

四、社会治理树民生，提升基层党建能动力

她全面推行新型农村社区党建工作新模式，聚焦“党建引领、为民服务、家

风教育、社会治理、增收创收”，切实做好社会治理工作。努力保障开发区用地，实现家门口就业，如今社区内人均年增加收入约 2 万元，2021 年社区集体经济收入 31.75 万元。

她还创新开展“主题党日”“小村说事日”等活动，提高党员参与度和积极性；选优配强专职党务工作者，确保党建工作有人抓、有人做，推动党支部工作全面达标提升；探索党建“四强四提”模式，多措并举提升新型社区居民的幸福感、满意感。例如，带领村居开展环境整治共 15 次，其中包括绿化修剪、枝条修理、道路清扫、杂草清理、乱堆乱放整治、建筑垃圾清理等。目前，清理垃圾量已达到 1200 余吨。

她始终坚持为民服务宗旨，把城乡社区组织和便民服务中心建设好，强化社区为民、便民、安民功能，做到居民有需求、社区有服务，让社区成为居民最放心、最安心的港湾。

五、关注困难群体，帮扶解困

庄秋说：“产业发展最终就是为了百姓就业、增收致富，现在乡村振兴中较为困难的问题就是留守老人、留守妇女问题，家门口就业是解决此类问题的关键措施。”针对村内留守老人、留守妇女较多的情况，她深度谋划，利用社会支持网络为他们介绍工作，让他们实现家门口就业。她还多方构建留守老年群众“二次就业”载体，细致谋划增收路径。

六、打好新冠疫情防控阻击战

在新冠疫情防控阻击战中，庄秋带领全体工作人员立下“战书”，共同向这场战“疫”发起冲锋。“核酸检测一个也不能少，一个也不能漏，这就是我签下的军令状！”当接到动员命令时，她迅速带着全体工作人员进行检测前培训，带领志愿者、村组干部一起布置检测场地，耐心疏导居民有序排队，通过大喇叭宣传通知居民进行核酸检测，并告知检测地点与检测时间。她说：“只要有需要，我就肯定在！我必须在疫情大考中交出一份满意的答卷！”庄秋的努力工作得到了群众的认可，居民群众都说：“她是我们的好支书，也是我们的好战友。”

2 产业富民

党的十八大以来，习近平总书记对“三农”问题作出一系列重要论述和指示。党的二十大报告指出，“全面建设社会主义现代化国家，最艰巨最繁重的任务仍然在农村”。为此，必须“加快建设农业强国，扎实推动乡村产业、人才、文化、生态、组织振兴”，“发展乡村特色产业，拓宽农民增收致富渠道”。

2021年8月，习近平总书记在河北承德考察时特别强调，“产业振兴是乡村振兴的重中之重”。作为推动乡村振兴的基础与关键，产业振兴是巩固脱贫攻坚成果的根本之策。发展并培育乡村产业不仅能够有效提升当地特色资源利用率，将多样化的市场需求转化为丰厚的经济来源，实现居民增收致富，同时也能够有效改善乡村供给体系质量与效率，并同新型工业化与城镇化一道解决好农村发展不平衡不充分问题，最终实现城乡一体化发展、构建区域新发展格局。

为了大力推进乡村产业振兴，全国各地基层工作者默默地开展着看似平凡实则伟大的实践，其中涌现了不少优秀模范代表。例如乡村振兴“领航员”刘泽辉打破传统种植习惯，打造“淮山立体套种”特色种植模式；“农民教授”裴忠富致力于在全国范围内推广优质果苗种植并进行技术跟踪服务，促进了乡村水果种植产业的振兴等等。可以说，这些“头雁”为带动当地农民脱贫致富、助力乡村产业振兴作出了杰出贡献。而在全国各地，还有很多为乡村产业振兴默默付出的普通人，虽然他们没有所谓的“头雁”光环，只是甘愿在乡村产业振兴的伟大工程中做一个“螺丝钉”，但聚沙成塔、集腋成裘，正是因为这些普通人艰苦卓绝的努力奋斗，我国乡村产业才能蓬勃发展。他们是产业振兴的中流砥柱，是真正实现乡村振兴的希望所在。

发挥地域优势，因地制宜壮大乡村特色产业。我国幅员辽阔、各地自然禀赋多样化，乡村产业振兴必须结合当地特色、发挥自身优势，走好差异化、特色化产业发展之路。近年来，各地按照习近平总书记“立足特色资源，关注市场需求，发展优势产业”的指示要求，开展了一系列成功的乡村产业振兴尝试。江苏省高邮市甘垛镇渔海村党总支书记戴玉庭通过对渔海村资产资源的摸底排查，综合运用公开招标等一系列手段盘活资源存量、促进居民增收。而在江苏省宿迁市宿城区耿车镇刘圩社区，党委书记丁义录不仅围绕“水美刘圩”的总体目标再现了刘圩社区的水乡风光与人文景观，还积极推动生态农业和乡村旅游协同发展，帮助村民就业创业，实现农民增收，助力脱贫攻坚。另一位乡村振兴领头人许剑在江苏省如皋市鞠庄社区担任党总支书记期间，决定与如皋市金鞠种植农地股份合作社合作，有效盘活了闲置的集体土地资源，增加了农民集体收入。

强化党建引领，凝心聚力夯实产业发展组织基础。党的二十大报告中明确提出“抓党建促乡村振兴”。近年来，我国各地都在积极探索发挥党建动能助推乡村振兴的路径和方法，通过一系列举措将党的政治优势、组织优势转化为乡村产业振兴的行动优势。在江苏省常州市武进区雪堰镇谢家村，党总支副书记董琪充分发挥党员先锋模范作用，增强领导班子的整体功能和合力，围绕农民增收、农业增效目标，大力调整农业产业结构，用实际行动繁荣产业、带民致富。而在江苏省宿迁市泗阳县颜圩村，党支部书记颜晓舟聚焦加强村级党组织建设，大力实施“强村计划”，紧紧围绕产业扶贫、产业富民持续推进产业结构调整，助推产业兴旺。

帮扶弱势群体，扎实推进共同富裕。“中国式现代化是全体人民共同富裕的现代化。”在全面建设社会主义现代化国家、扎实推进共同富裕的新征程上，“一个都不能少”。农村地区是我国弱势群体相对集中的地区，农民群体中弱势群体的比例是我国各群体中比例最高的。为了帮扶农村弱势群体搭上乡村产业振兴快车，与14亿中华儿女同走共富路，广大基层工作者俯身乡村，关爱帮扶弱势群体。江苏省海安市大公镇群益村妇联主席李小林就是其中的代表。任职期间，她针对越来越多的青壮年劳动力离开农村走入城市、留守妇女年龄较大外出打工不便的实际情况，发动、带领留守妇女在村内开展桑园套种、居家务工等多种脱贫增收活动，并为她们争取各种公益项目支持，被村民们亲切地称为“老舅妈”。

一个个鲜活的事例、一项项生动的实践，向我们诠释“民族要复兴，乡村必振兴”。在全面建设社会主义现代化国家的新征程上，我们必须充分认识并发挥乡村产业振兴在加快建设农业强国中的关键性作用。在乡村振兴战略的总体规划下，积极鼓励各地发挥自身特色优势，大力发展乡村特色产业，以乡村产业振兴的伟大实践进一步丰富中国式现代化的内涵，助力中华民族伟大复兴，并为发展中国家贡献实现现代化的新的选择。

浙江大学社会治理研究院副院长　陈宝胜

为产业添智慧　为乡村添颜色

陈超，1983年10月出生，中共党员，于2021年秋学期开始在江苏开放大学行政管理专业本科就读。2001年12月入伍，2006年11月退伍，2007年参加工作，2003年3月加入中国共产党。2017年至今在宿迁市洋河新区洋河镇三葛社区居委会工作，历任治保主任、民兵营营长、会计、社区副主任。

2019年至2022年连续3年被片区评为先进个人，2021年其家庭被宿迁市评为“文明家庭”。

陈超同志担任社区副主任以来，着力发挥党员干部带头作用，抓好队伍建设，办好群众实事，发展特色产业。自2017年上任以来，社区集体经济从年收入不到10万元迅速做大到57万元，三葛社区集体经济高速增长，村居面貌发生了翻天覆地的变化。他在任期间组织的村居“锄酒小筑”项目，多次被洋河新区作为区域名片展示，并多次被表彰为旅游示范点。三葛社区在陈超的带领下也多次获得“先进单位”“先进村居”“文明村”等荣誉。

一、加强队伍思想建设，提升队伍综合实力

自上任以来，陈超坚持把思想政治建设摆在首位，着力加强政治理论学习，坚持每周进行理论学习，并在学习内容上精挑细选，增强针对性，在结合实际上下功夫，在“对症下药”上选好题，使全体社区干部接受最新的政治理论教育，着力提升政治品德修养，不断增强战略思维、创新思维、辩证思维、法治思维、底线思维，切实从思想层面提高社区队伍工作能力，更好地服务于社区群众。

二、心系社区困难群众，用心服务社区居民

在工作上，陈超对待同事诚恳热心，对困难弱势群体倾心帮助，在平凡的岗位上兢兢业业、恪尽职守，积极为居民群众分忧解难，是居民群众信任的好干部、贴心人。社区内有一户孤寡老人，陈超每天下班后都会去探望老人，询问生活中的困难，并经常自费补贴老人。空闲时，他就去找老人聊天，给予其心理慰藉，人人都说陈超像老人的亲儿子一样。疫情期间，陈超带头冲锋上阵，积极加入疫情防控志愿者行列，带头服务群众，积极协助开展动员排查、信息采集、核酸检测、疫苗接种、物资分发、政策宣传、舆论引导、应急值守等工作，充分发挥了党员的先锋模范作用。

三、党建引领发展产业，带领群众增收致富

2017 年，陈超成功当选三蔼社区副主任。为了更好地发展农村经济，他勇于担当：一方面积极争取高标准农田建设项目，率先打破村组界线全盘整合；另一方面依托本地资源优势，完善基础设施，大力发展特色农旅产业。整合土地建设期间，困难不断。为了解决老百姓关心的问题，白天他奔波在施工现场，夜晚召集村干部和广大社员开会，探讨化解村民之间矛盾的方法，大会小会次数多达百余次。在 1000 多亩土地上，每一寸都有他的脚印和汗水，半年下来，他瘦了将近 50 斤。最终，项目顺利完工，渠路林农田基础设施完工，村组界线重新划分，彻底解决了村组之间因土地激发的矛盾。

同时，陈超整合利用三蒿社区闲置房屋，打造“锄酒小筑”农旅项目，积极和江苏省优质农旅策划团队合作，将三蒿社区农旅打造成当地的一张名片，每到节假日，三蒿社区的“锄酒小筑”都人满为患。“租金＋分红”的全新增收模式，在大大增加了村民收入的同时，也为产业振兴绘制了蓝图。

陈超时常说：“无论任何事，广大党员干部只有自己做好表率作用，发动群众、教育群众才有底气，才有说服力。”村里大大小小的事情，不论是在产业富民、乡村建设、培育文明乡风、乡村治理上，还是在调处家庭矛盾、探望村里生病老人上，他总是率先俯下身子、干出样子、做出表率。正如他常说的，“党员干部要起好带头作用，将自己全部身心投入到为社区群众服务上！”

以民生冷暖为坐标的“张阳答卷”

陈春才，1975年10月出生，中共党员，于2021年春学期开始在江苏开放大学行政管理专业专科就读。现任泰州市兴化市安丰镇张阳村党总支副书记。

曾在2014年、2016年至2020年被兴化市安丰镇党委评为优秀党员，2021年被兴化市安丰镇人民政府评为先进个人。

陈春才同志任张阳村党总支副书记以来，着力协助党总支书记带班子、带队伍、抓党建、抓产业，让原本负债累累的张阳村发生了翻天覆地的变化。重点聚焦机械工业园区、螃蟹养殖等，实现了村集体经济强、村民富、环境美、村民文明程度高，将张阳村打造成了“泰州市文明村”，在实现“强富美高”新安丰的道路上贡献了一份张阳力量。

一、党建引领产业发展

陈春才带领村党总支积极发挥基层党组织的主导作用，找准基层党组织建设与村级产业发展的契合点，坚持产业项目与党建同部署、同推进、同落实，发挥党组织的坚强堡垒作用，及时化解村级产业项目实施过程中遇到的问题和困难，推进产业项目不断做大做强。同时担任村务监督委员会主任，充分发挥其职责职能，不断探索和完善村级集体经济管理模式，使党组织在财务管理中发挥主导作用，提高集体资产的使用水平和管理水平，规避风险隐患，减少资金使用出错率。

张阳村位于兴化市安丰镇工业园区北区，是具有独特地理优势的“兴化北大门”，村里着力打造机械工业园区，聚焦招商引资。在陈春才及村“两委”的努力下，2018 年争取省扶贫奖补资金 80 万元，在张阳村新建农资超市门市 9 间，每年固定租金不少于 5 万元。张阳村是提水养殖大村，2018 年起张阳村通过土地规范流转，每年合法收取土地流转费 25 万余元。2021 年争取到泰州市妇联 60 万元资金用于标准厂房建设。为了改善村民生活污水排放问题，2015 年新建污水处理厂 1 座，逐渐将村民生活污水进行无害化处理，2022 年又新建 2 座污水处理厂。通过引进一批企业、建设一批门面房、改善一域环境，提升村集体经济，解决部分村民就业问题，践行“两山”理念，大大增强了村民的获得感、满足感、幸福感。

二、互联网赋能基层治理

江苏开放大学的开放教育是传统教育与网络教育的融合，在利用开放大学“互联网 +”的平台对知识进行再学习、对学历进行再提升的同时，陈春才结合自身工作有几点感悟：

第一，不仅学到了许多专业知识，工作能力也得到了一定提高。在乡村振兴战略中，产业振兴是重中之重，村级产业发展离不开基层党组织的引导和扶持。要发挥好党组织优势，切实将组织优势转化为产业发展的强大动力，全面助力乡村振兴。陈春才将学习成果做到内化于心、外化于行，切实把学习成效转化为工作实效。

第二，通过学习近现代历史、中国政治等课程，既重温了历史，又展望了未来。看得到多远的过去才能走得到多远的未来，新时代对基层干部提出了新的要求，对待农村工作不能吃祖宗饭、断子孙路，要用发展的眼光看问题，甘做铺垫工作，甘抓未成之事，既要做显功，也要做潜功，不计个人功名，只求人民群众的好口碑。

第三，农村基层干部学历的提升不仅改善了基层干部文化教育结构，提高了农村管理水平，还对加强基层党组织的建设、夯实党在农村的执政基础具有非凡意义。

做好“领头雁” 当好“排头兵”

戴玉庭，1967年9月出生，中共党员，于2020年9月至2022年7月在江苏开放大学行政管理专业本科就读。1988年9月参加工作，2014年加入中国共产党。2019年7月至今担任高邮市甘垛镇渔海村党总支书记兼村民委员会主任。

2016年，被选举为高邮市甘垛镇第十四届党代表；2019年10月，被高邮市农业农村局表彰为“十佳农民致富带头人”；2021年10月，被中共高邮市甘垛镇人民政府任命为助理级干部。

在高邮市甘垛镇渔海村，每当人们提起村委党总支书记、村主任戴玉庭，都会称赞：“他一心一意为村民办了不少实事、好事！”

戴玉庭1988年9月参加工作，2015年牵头成立玉庭农机专业合作社，35年的基层工作不仅淬炼了他作风顽强、勇于担当的血性，也使他养成了说干就干、干就干成的品格。9年党龄的他，始终不忘初心，不忘党员本性，勤勉服务，始终以一名党员的身份投入第一线。

一、因村施策强产业，盘活资源促增收

渔海村由于历史原因，村集体经济薄弱，曾经是甘垛镇唯一的资不抵债、无村集体资源的行政村。2019年7月，组织上任命戴玉庭全面主持渔海村工作。面对困境，他认真思考，深入调研，广征群众意见。为壮大村集体收入，戴玉庭带领“两委”班子对所有资产、资源进行摸底排查，研究后决定将村组资源对外流转，通过镇政府招标平台转包给种养殖户。通过公开招标，堵住了人情关系

网，增加了村民收入；通过收取资源基础设施服务费，又进一步提升了村集体收入。每当出现没人愿意种植的农田、没人愿意养殖的鱼塘，他都会义无反顾地主动承包下来，既增加了农民的收入，又盘活了资源。

二、加强乡村环境整治，打造省级绿美村庄

渔海村从事废品收购的村民众多，一度乱堆乱放现象严重，臭水沟、垃圾清运不及时，居民反映强烈。戴玉庭除了积极向镇有关职能部门反映，带领村“两委”成员现场走访调研以外，决定不推不等不靠，通过与上级部门对接、争取项目和资金，先后清理了全村 20 条河道，建成停车场 5 座，建成农用桥 12 座，农业项目区内建设了农用道路 1 条（长约 3 千米），另一条农业项目区农用道路及志祥路拓宽项目也正在进行中。渔海村对标省级“绿美村庄”，打造并通过项目验收，受到村民一致好评。与此同时，戴玉庭全程参与乡村振兴建设工作，在争取项目中提供了大量资料，在建设过程中深入一线，及时发现问题、解决问题。在基础设施方面，先后争取了渔海村农业项目区内 3 条道路建设项目，在项目实施过程中亲自监工，从不言累，乐在其中。

三、健全乡村治理，维护农村稳定

突如其来的新冠疫情将渔海村推到了防控基层的最前沿——渔海村在外务工人员多，人员流动性大，防控形势严峻。身为村党总支书记的戴玉庭担子重、责任大。在防疫最关键时期，他不分早晚带领村“两委”班子成员和网格员，深入村民家中进行排查、登记。他还制定了各村组干部划片包干巡查方案，自己带头冲锋在第一战线，经常泡方便面充饥。2022 年疫情出现反弹后，防疫常态化的弦再次绷紧，戴玉庭带领渔海村“两委”班子成员冲在前线。每当接到上级通知，他都及时开会落实分工；对于疫苗接种工作，他亲自监督村组干部挨家挨户走访登记造册、查漏补缺，带领村组干部上门动员并接送村民接种疫苗；

对于核酸检测任务，他不分昼夜组织志愿者，带着儿子戴嘉庆一起，父子并肩战斗在防疫第一线。对于上级交办的重点防控人员任务，他与村网格员立即核实，立即管控，不漏一人。

渔海村在戴玉庭书记的带领下，先后被评为2021年高邮市先进基层党组织、江苏省卫生村、高邮市文明村等，戴玉庭承办的玉庭农机专业合作社在2021年获得省级示范称号。

每当有人称赞渔海村、褒奖村支书工作时，戴玉庭都会回应道："我是农民的孩子，也是一名共产党员，在村委会我就应该是排头兵，就应该要为村民干实事、办好事！"

让产业生于乡村　长于乡村　留在乡村

丁玲玲，1981年12月出生，中共党员，于2020年秋学期至2023年春学期在江苏开放大学行政管理专业专科就读，在校就读期间曾获公共管理学院组织的村干部调研奖励。2019年11月加入中国共产党。2015年1月至2016年1月任如皋市搬经镇袁庄社区后备干部，2016年2月至2016年12月任袁庄社区文化管理员，2017年1月至2021年1月任袁庄社区记账员，2021年2月至今任袁庄社区团支部书记。

曾获2021年如皋市“城乡一体化住户调查工作”二等奖、如皋市安全生产网格员先进个人、搬经镇疫情防控先进个人、搬经镇优秀党务工作者等荣誉。

一、发展特色产业，助推乡村振兴

2017年，为了响应乡村振兴战略，丁玲玲对袁庄社区进行了认真的调研，发现社区农业转型升级较慢，绝大多数群众还是停留在“一熟小麦一熟稻，一直种到胡子白”的传统种植业上。丁玲玲认为，袁庄社区区位优势明显，区域内王石线贯穿南北，红旗路横贯东西，大路两侧有成块连片农田1000多亩，完全具备农业转型升级的基础条件。与此同时，她还到如皋部分商超、店铺进行市场消费需求调研，发现市场上对有机蔬果的需求量很大而且价格较高，反季节或者错季节有机蔬果的价格甚至能达到普通蔬果价格的10倍以上。她又带领社区部分在乡能人、群众到有机蔬果较发达的乡镇和苏南地区进行考察，鼓励群众学习先进地区的经验，大胆解放思想，“八仙过海，各显神通”，通过选择合适的有机蔬果项目，大力流转土地，从而发展高效农业。但大家在外参观的时候个个热血沸腾，真正让他们投资的时候却都打起了退堂鼓，因为大家都已习惯了面朝黄土背朝天的传统农耕，思想观念落后，接受新事物较慢，对信息社会、市场经济了解不够，都担心要投资十几万甚至几十万资金，万一血本无归怎么办？丁玲玲经过认真总结认识到，要想群众干，关键是要有个成功的带头人！

于是，她便做通家属的思想工作，因地制宜发展特色种植业，带头出资 20 万元在王石线路东承包 20 亩土地，用于大棚草莓种植，等显现出一定成效后再推广，带动周边群众积极参与。2017 年底至 2018 年初，由于草莓品种优良，果实无论是大小、外形还是甜度、口感都十分优秀，上市后供不应求，取得了很好的经济效益，广大农户也从质疑、观望到最后积极参与。2022 年，在丁玲玲的带领下，袁庄社区共发展大棚草莓种植 150 亩，带动农户 10 余户，注册 5 家家庭农场，并聘请专业技术人员多次对农户进行草莓栽培技术培训，使大家从一窍不通到基本掌握种植技术的要领，既解决了 100 多名农村剩余劳动力的就业问题，又提高了大家的劳动价值和社会价值。目前，草莓行情产销两旺，让周边群众看到了收益，看到了希望，预计后期还将有更多农户加入大棚草莓种植。

二、履职尽责，主动作为

为了更好地服务社会弱势群体，2019 年，丁玲玲借助袁庄社区“两委”会牵头成立了“她力量”志愿服务队，并带领服务队全体队员认真贯彻学习党的十九大精神，不忘初心，凝聚“她”力量，发挥“她”作用，在新时代书写新篇章，在新征程展现新作为。她带领志愿服务队的队员们对社区建档立卡低收入户进行一对一帮扶，为低收入农户排忧解难。志愿者们每星期都会对孤寡老人上门服务，为老人们做清洁、陪老人们聊天。“她力量”志愿服务队的队员们还会对袁庄社区举行的留守儿童暑期班的孩子们进行志愿服务，对孩子们进行书法、作文、才艺等方面的指导，希望孩子们能够在对的时间足够努力，学有所成。重阳节，“她力量”志愿服务队的队员们对高龄老人进行入户走访慰问，关

爱高龄老人，倾听老人的心声，让他们能够感受到党的关怀和温暖。

三、恪尽职守，发挥作用

作为一名村级新冠疫情防控人员，丁玲玲深知做好这项工作的责任和意义。生命安全重于泰山，关键时刻共担使命，疫情面前没有旁观者，疫情防控没有局外人。她大力加强疫情防护知识宣传普及，督促群众不信谣、不传谣，不随意、恶意造谣惑众，做到疫情防控形势人人知晓、防控行动人人参与；及时排查各类中高风险地区人员，确保底数清楚、一个不漏，做好居家隔离人员管控、疫苗接种、核酸采样工作，确保所有在村群众全部接种采样。就这样，丁玲玲一直冲在抗疫前线，为守护辖区居民群众的健康贡献自己的力量。

今后，丁玲玲同志将继续以更强的责任心、更高的热情、更清的思路，用自己的行动展现“奉献、友爱、互助、进步”的服务精神，始终不忘初心，砥砺奋进，坚持“以产业促振兴”的发展思路，走出一条独具特色的乡村振兴之路。

“大家长”力做领头雁　敢叫旧貌换新颜

丁义录，1978年12月出生，中共党员，于2020年秋学期至2023年春学期在江苏开放大学行政管理专业专科就读。1996年12月至2001年11月在武警指挥学院服兵役，1999年7月加入中国共产党。2004年3月至2014年11月在宿迁市宿城区耿车镇政府工作，2014年11月至2016年9月任耿车镇刘圩村党支部副书记，2016年9月至2020年8月任耿车镇刘圩村党支部书记、主任，现担任刘圩社区党委书记、主任。

曾多次荣获优秀士兵、优秀党务工作者、宿迁市文明城市建设优秀个人等荣誉。

丁义录，宿城区耿车镇刘圩社区党委书记。担任刘圩社区“大家长”以来，他凭着对党的执着信念、对群众的无限深情和对工作的满腔热爱，带领全村党员干部一心一意谋发展，克难奋进促振兴。他结合农房改善项目的实施，将刘圩社区这一耿车镇的小村打造成了远近闻名的水墨乡村，通过大力发展生态农业和乡村旅游，探索出了产业振兴、旅游富民的新出路。

一、乡村振兴，产业先行

依托刘圩社区保留完好的自然风貌，丁义录定下了打造“水美刘圩”的总体目标，邀请专家、组织乡贤共同研讨制定建设方案，围绕水圩文化，梳理水系、整治驳岸、连通节点、恢复水质，完善了天然的“8”字形水系，再现了优美的水圩特色；深入挖掘历史悠久的地方文化，复原了“天圆”“地方”两口古井，改造了始建于康熙年间的前王老宅，并按照“圩美记忆、圩人风骨”的布展结构全面展现了刘圩社区的人文历史；大力实施农房改善项目，同步配建党群服务中心、文化活动广场等公共服务场所，并规划建设 3 处民宿共 12 个房间，奠定乡村旅游硬件基础；积极推动生态农业和乡村旅游协同发展，依托耿车镇生态农业园，勇于尝试“乡村旅游＋特色农业＋互联网”的融合发展模式，帮助村民就业创业，助力脱贫攻坚，实现农民增收。

二、守土有责，恪尽职守

在多次文明城市迎检工作中，丁义录不断创新工作方式，抓重点、攻难点、促亮点，用心、用情、用力，出色完成了所承担的工作任务，做到守土有责、恪尽职守。在文明城市创建工作开展期间，丁义录总是最早出现在工作一线，检查社区的环境卫生，确保社区道路整洁、人居环境优美，为文明城市迎检工作打下了良好的基础。他结合刘圩社区的实际情况与文明城市创建测评细则，多次召开部署会议，将创建工作进行分解，将目标任务进一步细化，力求工作落实到人、责任分担到人。他带领党员干部深入庄、组，分发宣传手册 1500 余份，创造出“创建文明城市我知晓、我参与、我奉献”的浓厚氛围。

三、勇于创新，事必躬亲

丁义录深入挖掘刘圩社区的人文历史、地方文化，并多次邀请专家、组织乡贤共同研讨制定建设方案，大力实施农房改善项目，还规划出文化活动广场、居家养老服务中心、未成年儿童活动中心等多个功能区域，丰富了村民的物质与精神文化，全力助推文明城市创建工作。

近 2 年来，在支部书记丁义录的带领下，刘圩社区先后荣获“全国乡村旅游重点村”“中国美丽休闲乡村”“江苏省特色田园乡村”“江苏省乡村旅游重点村”“江苏省水美乡村”“江苏省传统村落”“江苏省最美公共文化空间”“江苏省网红美丽乡村”等多项荣誉。

现在的刘圩社区真是“旧貌换新颜，天蓝、水绿、风景美，旅游产业潜力大；整装再出发，业兴、人和、百姓富，乡村振兴正当时”！

强化基层党建引领　奏响谢家村“富民曲”

董琪，1974年4月出生，中共党员，于2021年春学期至2023年秋学期在江苏开放大学行政管理专业本科就读。1993年12月参加工作，1996年4月加入中国共产党。2009年5月至2014年11月任常州市武进区雪堰镇谢家村委副主任，2014年12月至今任武进区雪堰镇谢家村党总支副书记。

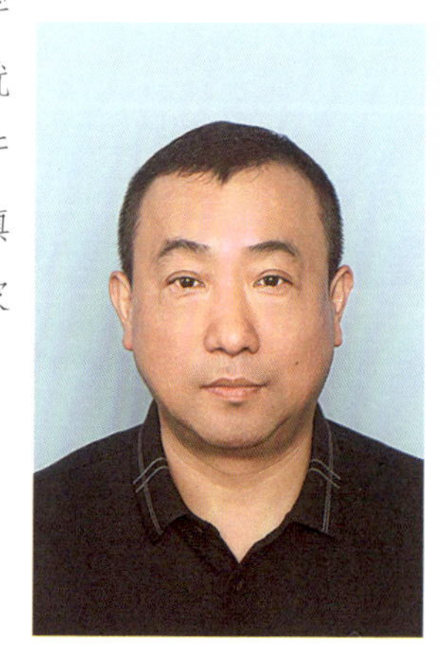

自任职雪堰镇谢家村党总支副书记以来，董琪负责村党务、村监委、工业、农林水利、土地管理、规划建设、安全生产、工会、关工委等工作，事务繁杂，工作量大。他充分发挥党员先锋模范作用，抓好党员队伍，办好民生实事，着重发展水蜜桃特色种植。数年间，村规上企业由1家增加至5家，全村工业产值由2019年的1.72亿元增至2021年的2.89亿元，2022年工业产值约为3.2亿元。2021年谢家村获得“武进区安全生产目标考核优秀村”的荣誉。

一、坚持党建引领，班子建设成效显著

谢家村党总支注重加强对党员的教育管理，董琪充分发挥党员先锋模范作用，要求党员严格遵守党章规定，按照党员目标管理责任要求，认真履行义务，正确行使权利。规范村“两委”工作，增强领导班子的整体功能和合力。在他的带动下，村“两委”成员积极主动做好职责范围内的工作，维护班子团结，落实“三务公开”，使群众的监督职能充分发挥。

二、党建引领产业发展，带领百姓增收致富

谢家村紧紧围绕农民增收、农业增效目标，大力调整农业产业结构，全村现有水蜜桃种植面积3000多亩。董琪努力抓好谢家村水蜜桃特色种植，推进水蜜桃合作社建设并对其进行科学管理，用学到的现代企业管理知识打造村里的水蜜桃销售电商平台。同时他还引导村民成为懂技术、会经营的新型农民，利用互联网等现代化销售手段进一步拓宽销售渠道，并通过增加水蜜桃的附加值来增加农民收入，带领水蜜桃种植户走上致富路。水蜜桃种植给广大农户带来了可观的经济收益，让更多的农民走上了勤劳致富的道路，也为谢家村未来发展观光农业打下了良好的基础。

三、抓基层党建促脱贫攻坚，落实民生惠农政策

董琪通过开展多种多样的党群共建活动，充分调动了党员参加组织生活的积极性和主动性，增强了村党总支的凝聚力和创造力，为扶贫工作奠定了良好的组织基础。谢家村是经济薄弱村，作为谢家村的帮扶单位，武进区财政局联合5家单位成立了“鑫丰红盟”。“鑫丰红盟”的成立将为谢家村的父老乡亲做更多的为民办实事项目，比如：建好百姓身边的健身场地、圆村里大学生青年实习梦、以金融创新“贷”动乡村振兴、建好谢家村党建活动室等。这些事项充分体现了“鑫丰红盟”的设立目的——“精准为民办实事，提升百姓获得感”。董琪积极配合区财政局做好扶贫工作，组织帮扶责任人下乡，走访联系贫困户，逐户核实信息、填写扶贫手册，建立“一户一档”，为扶贫工作的开展提供依据。同时，他设身处地为群众办实事、办好事、解难事，用实际行动繁荣产业、带民致富，得到了村民的一致好评。

引领贫困妇女跑出脱贫“加速度”

李小林，1982 年 3 月出生，中共党员，于 2020 年秋学期至 2022 年秋学期在江苏开放大学行政管理专业本科就读。2001 年 8 月参加工作，2017 年 8 月加入中国共产党。2015 年 1 月至 2017 年 3 月在海安市大公镇群益村任后备干部，2017 年 4 月至今在大公镇群益村任妇联主席。

曾获得海安市“金牌老舅妈”“城乡妇女岗位建功先进个人”、优秀村干部、优秀党员、妇女先进工作者等荣誉。

李小林自任群益村妇联主席以来，始终以“感恩社会，回馈他人”为服务原则，致力于传播社会正能量，并结合自身优势与特长，积极主动学习业务知识，强化自身工作能力。通过走访摸排，李小林全面分析全村贫困妇女年龄结构和劳动力情况，结合群益村作为“全国一村一品蚕桑示范村”桑园面积覆盖率高的实际情况，以产业兴旺为抓手，利用多种方式带动贫困妇女在家门口脱贫致富，助推乡村振兴。她待人真诚热情，工作认真负责，村民们都亲切地称她为“老舅妈”。

一、富民增收，精准“输血”转“造血”

富民增收是脱贫攻坚的重要抓手。面对本村贫困妇女年龄较大、外出打工不便的实际情况，李小林可谓动足了脑筋。群益村桑园面积大，基本家家户户都有桑园，而桑园一年只能饲养春、夏、秋、晚秋四期蚕，绝大部分时间桑园都空闲着，她就发动在家的贫困妇女在桑园内套种荠菜、豌豆苗、榨菜等蔬菜，让桑园的经济效益最大化。除此之外，她还找到经销商，与他们签订收购价格保护合同，让妇女们吃下定心丸，这样每亩桑园能增加800~1000元的产能，让贫困妇女足不出村就能挣到一份辛苦钱，贫困由“输血”转化成“造血”，填满了她们的钱袋子。

二、结对帮扶，带动贫困妇女就业增收

结对帮扶是一项扶贫政策，也是一种精准帮扶。要让贫困家庭从根本上摆脱贫困，就需要善听民意、寻找根源。群益村20组陈祥林家是建档立卡户家庭，一家五口中两个老人患有长期慢性病，儿子是二级残疾，儿媳田小明是远嫁过来的，孙女还在上大学。怎样让这个家庭走出困境、早日脱贫一直是李小林思考的问题。想了又想，只有帮儿媳田小明找份工作，让她走出家庭自食其力才是根本的办法。其实，田小明也尝试找过几次工作，但一是因为文化程度不高，二是因为家离单位远，往往做一段时间就不做了。得知这一情况后，李小林一方面帮她联系社保部门，将她交的保险进行衔接，另一方面通过警网融合将她介绍到离家不远的厂区上班，使她有了一份稳定的工作，减轻了家庭的负担。

三、零距离倾听，激发贫困妇女内生动力

贫困妇女一般身心比较脆弱，不怎么与外人沟通，不能正确认识到自己存在的价值，让她们走出家门、有自己的社交圈也尤为重要。群益村10组焦远全患有白血病，儿子长期在外打工，儿媳离异后不知去向，孙女还在上学，家庭生活一直没有起色。焦远全为人厚道，待人热情，在村“两委”的关心和支持下，身体逐步转好，还担当起了村里的兼职网格员，全家也渐渐脱了贫。然而，李小林并没有停止对这个特殊家庭的关心。村里有个服装加工厂招聘包装工，她知道后立马赶到焦远全家里，跟他妻子陈秀云分析相关情况：一是家里的田地不多，绝大部分被高速公路流转了；二是老焦的身体现在挺好不需要人照顾；三是孙女已经不需要每天接送；四是工作地点在本村，离家比较近，早晚都可以在家，还可以增加一份收入。陈秀云听后内心十分高兴，随后就去报了名，现在不但每个月能拿到一些钱补贴家用，还结交了几个好姐妹，心情也越来越好了。

四、惠及民生，照亮贫困妇女回家之路

农村“亮化”工程是实施乡村振兴战略、建设美丽乡村的基础工程，也是改善农村人居环境、助力脱贫攻坚的有效举措。前几年，群益村在群兴路提档升级

的基础上还安装了5千米的路灯。然而，由于桑园茂盛时期桑条较高，主干道与次干道亮度反差较大，部分妇女晚上下班在回家路上还是会有些害怕。李小林在心里想，如果路灯能亮到家门口就好了。想到就要做到。她发挥党员的先锋模范带头作用，和兼职网格员一起帮忙筹办，在25组内动员大家捐款6万元，村民们也纷纷帮忙做起了义工。在大家的共同努力下，最终安装路灯42盏，照亮了村民家门口的“最后1米”，也照亮了贫困妇女的回家之路。

五、公益项目，救助贫困妇女成效显著

2020年，群益村妇联申报了省级公益扶持项目——“群”策群力·“益”心关爱贫困妇女公益项目，争取到省补资金3万元。项目主要服务于群益村的贫困妇女（含单亲母亲、两癌妇女）及留守妇女，针对她们生活状况窘迫、心理压抑自卑、身体患有疾病等现状，围绕身体健康、心理疏导、精神娱乐和妇女创业培训等方面开展系列公益志愿服务活动。项目开展以来，累计为234人次提供了免费服务，累计为200余人进行了培训，得到了社会大众的一致好评。

学习最终是为了应用。李小林在工作中最大限度地发挥了知识对实践的指导促进作用。作为一名社区工作人员，事务繁杂，工作量大，她借鉴行政管理学中的知识对工作进行统筹安排，突出重点、稳步推进，分清轻重缓急、决定工作次序，有条有理地逐项落实，不以事小而不为，不以事杂而乱为，不以事急而盲为，不以事难而怕为，得到了社区领导和同事的肯定。同时，她作为群益村广大妇女的“娘家人”，结合“大数据＋网格化＋铁脚板”服务机制，积极响应政府号召，以“党建”带“妇建”，引领贫困妇女跑出脱贫“加速度”。在发挥贫困妇女特点和优势、挖掘发展潜能上下功夫、想办法，提高她们自身的发展能力，拓展增收途径，强化关爱帮扶，致力公益项目，惠及民生实事，以一抹“巾帼红”助推乡村振兴，为社会主义新农村建设添砖加瓦。

“老兵书记”的乡村振兴路

梁宗国，1971年3月出生，中共党员，于2021年春学期至2023年春学期在江苏开放大学行政管理专业本科就读。1990年12月参加工作，1991年9月加入中国共产党。2010年11月至今担任盐城市射阳县经开区合东社区居委会主任、党总支书记。

2016年至2018年，连续3年被中共射阳县委员会、射阳县人民政府表彰为综合先进个人。

梁宗国，年过半百，瘦高个子，1990年12月入伍，1994年12月退役，4年军旅生涯，始终保持“一个兵”的本色。在射阳县经济开发区合东居委会，一说到梁宗国，群众都会啧啧称赞：“他不愧是经过部队大熔炉锻造过的人才，是个做实事、做好事的实干家！”

一、多措并举促村集体经济增收

合东社区经济多年来一直处于疲软状态。2010年，经过组织安排，梁宗国接手合东社区工作。在面临多重困境的形势下，梁宗国多方思考并深入群众，了解群众呼声，倾听群众诉求。

为了增收，“两委”班子做出了建立创业园筑巢引凤的决策，他们整合集体的厂房、场地资源，采取承包和出租等形式，引进小企业进驻园区。现有16家企业进园，每年厂房和场地租金达46万元以上，同时拓宽了农民的就业渠道。在居委会的协调下，到辖区企业就业的居民高达500多人，这不仅增加了居民的收入，也帮助企业解决了招工难的问题。

梁宗国对所有集体公共资源资产全部登记造册，张榜公示，并邀请老党员、老干部和老居民进行监督，阳光处理遗留问题，公开招租，堵了人情关系网。从2015年起，规定合同到期的厂房、场地统一到开发区里进行公开招标，通过一系列措施，租金平均比原来增加了50%，仅此一项每年就为集体增收22万余元。永丹电器厂原每年租金6.48万元，招标后租金达到13.6万元，增长了109.9%。市政公司原租金只有1万元，招标后为2.3万元，增长了130%。

他将位于射阳县河闸东南侧的20多亩柴滩收回集体，并随相邻镇的柴滩一同发包，高出原来收入4倍多。为充分利用宝贵的土地资源，他把征地后留下的边角地打包出租给铝合金公司、供水公司、花卉公司等，每年增加10多万元的集体经济收入。他还搞了村企联建，利用土地厂房入股，每年分红6.3万元。如今，合东社区每年经营性收入110万元，集体资产累积超过2500万元，人均纯收入29 093元。

二、多路并进深化村居环境整治

由于居民集中居住在街后小巷，而小巷正是环境污染的重灾区，河道恶臭、垃圾漂浮，严重影响县容县貌和居民的身体健康。“群众的小事就是大事”，这话是梁宗国常在居委会会上说的，他也是这样做的。针对环境遭受严重污染的恶劣状况，梁宗国多次联系环保部门、水利部门，表达治理诉求，还从集体经济中拿出295万多元，预埋好排水管道，填平11条臭水沟，新修8条便民硬化路；把所有垃圾清运工作交给县环卫所负责，居委会又从集体资金中拿出9万多元，安排专人常年保洁。振阳西区政府改造后没有物业，环境管理成了空白，居委会又担起了临时保洁的责任。

三、多方并行解决村民生活困难

在梁宗国心里有本“温暖账”，创办的兴东物业管理服务有限公司和企业招工，他都要跑前跑后为困难群众牵线搭桥，安排合适岗位。他说：“安排一人就能稳定一家。”2021年至2022年底，他共为25名困难家庭安排就业。退伍军人缪某因病致贫，除了组织上照顾外，梁宗国还设法帮助救急和报支医药费用。在关心照顾特困家庭和困难群众上他更舍得，居委会每年从集体资金中安排给困难户每人300元左右补助，每年春节为年满60岁以上的老人发放“欢喜钱”100~300元。针对居民小区缺一个幼儿园的情况，梁宗国还引进“家家乐幼儿园”，年租金达 13.5 万元，这既解决了附近小区居民孩子入园难问题，又利用部分空闲楼层增收壮大了集体经济，给群众办了件实事。

“爱心工场”助力富民增收

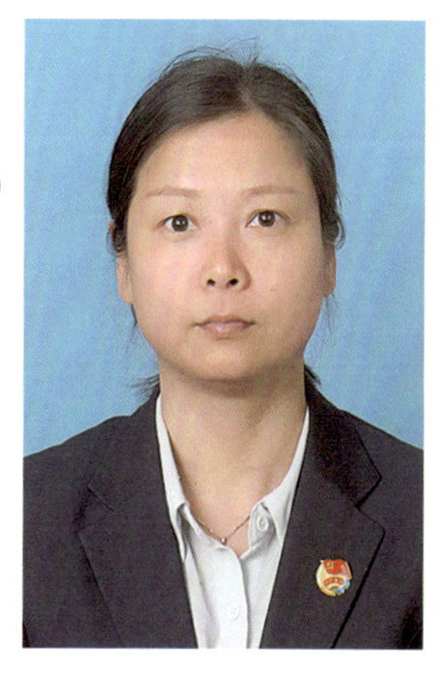

苏辉卉，1979年1月出生，中共党员，中级社工师，于2022年春学期开始在江苏开放大学行政管理专业本科就读。2013年6月加入中国共产党。2011年7月至2020年8月历任无锡市梁溪区广瑞路街道广丰三村社居委民政主任、社工站站长（主持工作）、街道计生办主任、社区党总支副书记、社居委代理主任、社区党总支副书记（主持工作）、社工站站长（代）、社区党总支书记、社工站站长，2020年8月至2021年1月任无锡市梁溪区广瑞路街道广瑞一村社区党委书记，2021年1月至今任无锡市梁溪区广益街道广瑞一村社区党委书记、居委会主任。

曾荣获无锡市共青团“青春榜样”最美代言人、梁溪区优秀共产党员、优秀社区党组织书记、十佳助残先进个人、无锡市“五一巾帼标兵”、优秀党务工作者、“千名领先”村（社区）书记等荣誉。

苏辉卉自任职以来，围绕完善广瑞一村社区基础设施建设、老旧小区改造、文明城市创建、城市精细化管理、新冠疫情防控、乡村振兴等重难点工作，开拓创新、勤奋工作，有力推进社区全面建设。所负责的社区分别获得了江苏省无锡市巾帼来料加工示范基地、江苏省绿色社区、无锡市十大最佳志愿服务项目、优秀基层党组织、安全生产示范社区等10多项荣誉。

一、富民增收的实践者

2011年8月，苏辉卉以军属身份被安置进社区工作。10余年来，她按照“革命同志是块砖，哪里需要哪里搬”的要求，讲大局，作奉献，自觉服从组织安排，先后到基础较薄弱、任务较艰巨的多个社区及岗位任职，在基层一线岗位上默默无闻、任劳任怨，每到一个岗位都做出了较好的工作成绩。

苏辉卉坚持党建引领、融合发展的工作思路，将党群平台载体与辖区社会资源有效对接，由广通卫生服务中心、协新技工学校等12个党支部组成党建助残联盟，开展十大公益服务项目和“六个一”主题活动；整合南禅寺“良犀爱翼盟”义卖店等爱心助残资源，组建了爱心工场，构建了市场化的产供销合作体系，为城市社区精准扶贫“扶”出一片新天地。

慈善爱心工场先后吸收残疾人员、刑释人员、低保人员近40人，帮助20余名困难群众在家就业。目前，这些困难人员月增收超千元，部分人员月增收可达1 800元。苏辉卉还带领大家参加市公益创投“授渔”实训就业项目，推进扶贫扶弱方式由“授鱼”向“授渔”转变。她充分发挥帮扶对象的特长优势，让他们分任工场内部各事务性工作，形成工场协商机制，提升大家参与的热情和创业增收的信心。另外，她还通过树立典型、年会发言、举办“我的故事分享”活动等方式，帮助帮扶对象转变观念，激发增收内生动力，形成“幸福是奋斗出来的”的积极向上的社区风尚。有关事迹先后被中央电视台、《中国社工报》、《无锡日报》等10余家媒体报道20余次，接待各级企事业单位考察、参观120余批次。

二、“疫”无反顾的先行者

苏辉卉是一名军嫂，曾长期生活在军营里，耳濡目染中培养了冲锋在前、敢于担当的优良作风。不管遇到什么大事难事，她总是冲锋在第一线，无形中树立了先锋形象。新冠肺炎疫情暴发以来，哪里任务最繁重、哪里情况最复杂，苏辉卉就第一时间出现在哪里。摸排疫区来的人员和车辆时，苏辉卉冲锋在前；排查广瑞一村社区隐患时，苏辉卉敢打头阵。她成天奔波于广瑞一村社区各个场所，开展拉网式排查。针对老旧小区人员管控难度大的实际情况，苏辉卉坚持“扩大范围、精准排查、上门到户”的工作方针，大力开展拉网式、地毯式排查，筑牢“外防输入，内防扩散”的有力防线。

为了加强宣传和防控力度，苏辉卉积极开动脑筋，带领广瑞一村社区工作人员编写宣传标语、自制宣传音频，不管天晴下雨、白天黑夜，大家时常会看见身材娇小的她，拉着移动音响在广瑞一村社区流动播报预防疫情注意事项。围绕严守、死守目标，构建大宣传、大防控的格局，在广瑞一村社区形成了“平时人人为我，‘疫’时我为人人”的联防联控浓厚氛围。

放飞青春梦想　追求网络事业

田千春，1989年3月出生，中共党员，于2019年春学期至2021年秋学期在江苏开放大学行政管理专业本科就读。2011年参加工作，2012年加入中国共产党。2011年1月至2011年11月先后在宿迁市泗洪县曹庙乡、城头乡、梅花镇邮政局任营业员、投递员、代理局长等职，2013年10月至2014年任宿迁市半城镇穆墩岛村青年书记，2015年6月任穆墩岛村农村淘宝服务站站长，2016年至今任宿迁市穆墩岛村副书记。

曾获得优秀党员、先进工作者、县十佳村居干部等荣誉，2016年被农村淘宝评为“优秀合伙人”。

田千春，现担任宿迁市半城镇穆墩岛村专职副书记，同时还担任穆墩岛村农村淘宝服务站站长，主要职责是村党建和网络创业。在穆墩岛村创建“省级文明示范村”活动中，他积极参与，在村居日常工作中也积极地帮助村里的其他村干部学习和使用电脑，在学生节假日期间还组织学生学习和阅读。

2015年6月4日，田千春的农村淘宝服务站正式开业，当天以35 000元的销售额荣获全县第三名。令人惊喜的是，2015年6月18日，在镇政府和村干部的支持下，服务站以53万元的成绩荣获全国第一，同时穆墩岛村也被淘宝誉为“第一土豪村”。村里人买东西再也不用到镇上或县里，只要借助农村淘宝，看一看大屏幕，动一动鼠标，就可以在家门口买到自己称心的东西。农村淘宝让原本偏僻宁静的小岛日益变得喧闹繁荣。田千春有幸参加了阿里巴巴“2015年新智库大会”并进行了演讲。

一、网络唱响渔岛

2015年6月5日，村里开通了电子商务服务部，这也是目前全国唯一的岛上电子商务服务部，村民们买卖东西的渠道变得畅通快速。

田千春认为，作为一名党员，就要时刻想着群众，带领群众致富，做好群众的领路人。岛上的大闸蟹、甲鱼、银鱼等土特产品质优良，深受游客喜爱。对这些土特产进行统一设计、统一包装，开发成为风味小零食、真空冷冻干燥食品、新型可微波方便食品等产品，不仅可供人们居家、休闲、旅游食用，更能大大提高低值水产品的利用率和附加值，也能让村民实实在在受益。现在服务部每月的营业额平均在5万元左右。因为很好地发挥了党员的先锋作用，田千春受到县委县政府的一致好评，2016年2月被中共泗洪县委、泗洪县人民政府表彰为“十佳村居干部”，同时其事迹也得到了央视财经频道的报道，以及县电视台的采访和各大媒体的报道。

二、相传渔香书院

2014年3月，田千春获得“江苏省2013年优秀农家书屋管理员”称号。他长期负责这个小岛上的图书管理，并组织孩子们的校外活动。因为地理环境原因，许多渔民都生活在船上，所以他把图书按渔民小组分类，每个星期分给每个小组20本书，以方便渔民阅读。在寒暑假，他会给孩子们进行电脑培训，并开展一些有趣的校外活动，如摸鱼比赛、采莲比赛、亲子活动、参观村居民俗文化展览馆等，寒假里还举办专门的书法比赛、对联比赛等。每周的校外辅导站他都会准时开放，得到了家长和孩子们的一致好评。

三、共建致富之路

穆墩岛村主营螃蟹水产养殖，网络的开发利用促进了养殖技术的不断进步和养殖产量的持续提升，从前闭塞的信息也通过网络打开了，现在越来越多的年轻人选择通过网络销售螃蟹。田千春在村居先后帮忙建立网络销售网店200多家，并带领村民通过网络和南方一些养殖大户交流、讨论，开发了适合穆墩岛村的一系列养殖模式和养殖技巧，带动了村民增收致富。

因地制宜发展特色农业　招商引资助力强村富民

王海峰，1974 年 3 月出生，中共党员，于 2020 年春学期至 2022 年秋学期在江苏开放大学行政管理专业专科就读。2012 年 3 月加入中国共产党。2010 年 3 月至 2020 年 8 月在如皋市东陈镇南凌社区任民兵营营长，2020 年 8 月至今在东陈镇南凌社区任社区党总支书记。

曾获南凌社区优秀党务工作者、污染防治攻坚先进个人、招商引资工作先进个人、项目服务工作先进个人等荣誉。

任职东陈镇南凌社区党总支书记以来，王海峰带领社区“两委”班子，以党建为引领，发扬如皋治沙精神，以“跳起摸高、爬坡过坎”的奋进姿态，突出重点，克难求进。

一、党建引领，大力发展特色农业

传统的耕种模式收益有限，为了提升老百姓的生活水平，作为社区书记的王海峰牵头发展草莓栽植产业，目前已达 80 亩的种植规模，注册的东凌家庭农场获评南通市“优秀家庭农场”称号，该农场的草莓多次在全国农产品博览会上获奖。王海峰免费将草莓栽植技术传授给周边群众，对于群众在栽种中遇到的技术难题，安排专人上门解决，带动了周边群众致富。另外，王海峰还利用如皋长寿之乡的品牌优势，成立南凌社区土地股份合作社，发展生态有机稻米生产基地，生产的优质大米是普通大米价格的 2 倍。这增加了农民收入，全面提升了群众的生活水平。

二、招商引资，盘活社区闲置资产

王海峰积极盘活南凌社区闲置资产。南凌社区有一块闲置多年的土地，王海峰多方奔走寻求合作项目，成功引进了南通二轻精密装备有限公司。该公司年利税可达100多万元。这不但增加了集体收入，还解决了周边一部分群众的就业问题。

他通过党建引领与多渠道发展的路子，将南凌社区建为环境美、群众富、社区强的优秀社区，南凌社区集体经济年收入从10万元增长到了98万元。王海峰认为，办好农村事，实现乡村振兴，关键在党。虽然农村干部对基层情况熟、会办事、好办事，但是缺乏专业性知识，对于产业发展的技术问题缺乏培训。所以，要加强党对“三农”工作的全面领导，建强农村基层组织，打造专业的干部队伍，以党为核心、人才为支撑，充分发挥党建引领乡村振兴的作用，扎实将乡村产业落到实处，统筹推进新时代乡村全面振兴。

三、大力整治社区人居环境，倾心关注困难群众

南凌社区目前有大小企业26家，其中有4家亿元企业。社区党总支大力实施“村企联建”计划，以村企联建促进乡村振兴，为群众排忧解难。王海峰多次组织召开“乡贤座谈会”，请乡贤为南凌社区的发展出谋划策。南通哥班玻璃纤维制品有限公司董事长顾华情系家乡，出资为社区高标准整治了一条长约800米的居住河，并多次为新冠疫情防控捐款，获评“爱心企业家”称号。南通冠峰铸造有限公司每年中秋节、重阳节都组织到镇敬老院开展慰问活动。对于一些就业困难的群众，南凌社区企业也总是会优先考虑录用。

王海峰热心帮助南凌社区每一户困难家庭。村民刘某某身患肝癌，爱人又身患多种疾病，女儿是精神病患者，作为家中顶梁柱的女婿也刚刚病故，孙子还在读研究生，一家人收入有限。了解到刘某某家的情况后，王海峰发动南凌社区干部捐款，暂解其燃眉之急，并对接民政相关部门给予救助，帮其渡过难关。

王海峰坚持抓好党员队伍建设，办好民生实事，发展特色农业。现在的南凌社区，环境美、群众富、社区强，正向着新时代大踏步迈进。

与时俱进促振兴　锐意创新展宏图

邢龙，1976年1月出生，中共党员，于2021年秋学期至2023年秋学期在江苏开放大学公共事业管理专业本科就读。1992年7月参加工作，1995年6月加入中国共产党。1992年7月至1998年9月任苏州市昆山市巴城镇武神潭村民兵营营长、团支部书记，1998年10月至2013年7月任武神潭村村主任，2013年8月至2015年1月任昆山市巴城镇爱卫办主任，2015年2月至2020年11月任武神潭村党总支书记、村委会主任，2020年12月至2022年10月任巴城镇农村工作局副局长、巴城镇阳澄湖农业发展有限公司总经理，2022年10月至今任巴城镇正仪村党总支书记、巴城镇农村工作局副局长、巴城镇阳澄湖农业发展有限公司总经理。

曾获苏州市“农业农村现代化”先进个人、昆山市担当作为好干部、昆山市劳动模范、昆山市乡村振兴人才（乡村治理类）等荣誉，曾任苏州市第十七届人大代表。

邢龙扎根基层30载，服务农村不忘初心，始终以“撸起袖子、挽起裤脚”的姿态和“带头弯腰、肩扛大梁”的心态，认真履职，尽心尽责，有力促进了昆山市巴城镇农业高质高效、农村宜居宜业、农民富裕富足，带头走出了一条农业强、农村美、农民富的农业农村现代化发展路径。

一、扎根基层紧靠群众，探索现代化农村发展

作为一名成长在农村、生活在农村、工作在农村的“三农”党员干部，邢龙始终秉持“贴近群众、服务农村”理念，在带头做好助农、惠农、利农工作的同时，不断发挥专长，带头做好总结回顾和细化研究。在他的努力探索下，“三级水循环系统”养殖、绿色生态种植与发展现代农业、实施生态文明建设无缝衔接，巴城“农业+”产业融合发展步伐不断加快，并以此为技术核心，创新设立昆山市阳澄湖大闸蟹产业园、江苏省现代农业产业示范园等，为阳澄湖大闸蟹获颁国家农产品地理标志、巴城镇整体纳入地域范围奠定了扎实基础。昆山市阳澄

湖大闸蟹产业园先后获得“农业部健康养殖示范场”“国家虾蟹产业技术体系苏州综合试验站示范点”“江苏省智慧农业示范基地”“江苏省数字农业新技术应用新型农业经营主体”“苏州市级现代农业园区”等荣誉称号。邢龙个人也先后获得苏州市“农业农村现代化”先进个人、昆山市担当作为好干部、昆山市劳动模范、昆山市乡村振兴人才（乡村治理类）等荣誉称号。

二、着眼美丽村庄建设，心系乡村振兴战略

就任巴城镇农村工作局副局长后，邢龙贯彻落实乡村振兴战略，加快推进农业农村现代化建设步伐，全力推进镇村布局规划和乡村产业发展；加快农村基础设施提档升级，持续深入开展农村人居环境整治，序时推动全镇35个苏州市特色康居乡村和4个苏州市农村人居环境整治示范村创建工作，推动基本公共服务向农村下沉、向农民倾斜，全力打造乡村振兴巴城“样板”，谱写乡村振兴新篇章，并推动巴城镇先后获得“苏州市农村人居环境整治示范镇”、苏州市“农业农村现代化先进集体”等荣誉称号。

在任职武神潭村党总支书记期间，邢龙以“粉墙黛瓦、清清爽爽”为理念，带头全面梳理江南水乡村落肌理，保护传承自然村庄的“精气神”，推动武神潭村成功创建“全国‘一村一品’示范村”“江苏省文明村”“江苏省生态文明建设示范村”“江苏省特色田园乡村”“苏州市先锋村”“苏州市农村人居环境整治示范村”等。

三、时刻秉持空杯心态，日常重视学习提升

虽然身兼数职，工作异常繁忙，但是他仍然挤出时间充电学习，不断提升自己。为了让自己的理论知识素养和工作水平能进一步提高，他在2021年报名了江苏开放大学公共管理学院的本科学历教育，就读公共事业管理专业。通过系统化的理论学习，再结合实践经验，他对做好“三农”工作有了更多新的认识和体会。在工作和学习中，他始终以“一懂两爱”的标准来衡量自己，切实做到懂理论、有信念、讲情怀、善工作。

挖掘本地潜能　助力乡村振兴

许剑，1973年6月出生，中共党员，于2020年秋学期至2023年春学期在江苏开放大学行政管理专业本科就读。1995年5月加入中国共产党。1997年3月至2000年5月在如皋市高场村任党支部副书记，2000年6月至2014年1月在如皋市鞠庄村村委会任副主任，2014年2月至2016年8月在如皋市新堰社区任党委副书记，2016年9月至2022年5月在新堰社区任党委书记，2022年6月至今在如皋市鞠庄社区任党总支书记。

曾获优秀党务工作者、选民最满意人大代表、全国文明城市创建先进个人、河长制工作先进个人、三个全覆盖先进个人、如皋市劳动模范等荣誉。

作为一名党员、一名退伍军人、一名乡村振兴带头人，许剑时时处处以优秀共产党员的标准严格要求自己，始终把群众是否满意作为衡量工作是否做好的根本标准，主动从群众最盼、最愿、最急、最难的事情做起，以人民为中心，无私奉献、恪尽职守、自我加压，尽心尽力为群众办实事、办好事，赢得了广大群众的理解和支持，形成了干群一心、共谋发展的良好工作氛围。

一、抓资源整合利用，集体收入直线上升

许剑仔细调研鞠庄社区，了解鞠庄社区的基本情况，通过与相关干部讨论，他决定与如皋市金鞠农地股份合作社合作，把工业园区建设中的边角料土地及部分偏僻组的荒地集中起来。经过开垦土地、改善土壤等前期工作之后，他带领农户集体经营玉米、大豆及果树苗木等经济作物。这项举措让鞠庄社区老百姓年均增收20 000多元，是一项非常成功的农业振兴举措。

随着镇工业园区建设规模的不断扩大，有效盘活闲置资产，既能服务园区企

业，也能在提供服务中增加集体收入。在许剑的领导下，鞠庄社区将南通市“三个全覆盖”项目中的农机库房进行了整合租赁，为园区内多家企业提供仓储服务，在解决了企业困难的同时也让社区搭上了园区发展的直通车，增加了集体收入。

为了最大限度用好集体土地资源，许剑领导的鞠庄社区在工业园区建设及相关省市道路建设项目中，始终把集体预留的路、渠、沟、塘等公用面积抓在手中，在不侵害群众利益的同时，通过征、租、转等途径又增加了土地收入 11 万元。

二、抓农民就地转型，农民口袋日益充实

全力促进创业创新，推动农民转型。许剑清醒地认识到，转变农业发展方式，就是要带动农民创业创新，实现农民身份的转变、理念的转变、增收方式的转变。

强化土地流转，培育新型经营主体，让农民不离土地就地就业是有效促使农民增收、实现乡村振兴的途径之一。在许剑的领导下，鞠庄社区共流转土地 3000 多亩，成立家庭农场 10 多个，通过农业项目及鼓励家庭农场自主投入改造土地等途径，不断扩大种植面积，培育壮大家庭经营主体，实现农民增收。

农民增收的另一条出路是务工。因此，许剑在积极推进农业产业化的同时，也鼓励大家在园区企业就近务工。他积极与园区企业沟通，尽可能让企业吸纳更多的社区人员就业。现如今，鞠庄社区 95% 的农户除了继续发展农业外，也都

有一份务工的额外收入。根据统计，打工收入已成为鞠庄社区家庭收入的重要来源，人均增收可达23 000元。

三、倾情为民兴办实事，集体经济大餐人人品尝

随着集体经济的日益壮大，鞠庄社区也加大了公共事业的投资力度。在许剑的领导下，社区修建硬质化水泥路12.7千米；整治黑臭河3条，共计1.6千米；修建防渗渠13.2千米、地下涵1.4千米；翻建泵站3座、污水处理站2座。社区还着力解决了部分因病致贫家庭和部分农村老人生活困难等问题。

许剑时时刻刻牢记全心全意为人民服务的宗旨，在工作中开拓创新、求真务实，受到领导和群众的一致好评。老百姓提起许剑，都说他是带领大家建设新农村的主心骨，是群众的贴心人。

颜圩村的乡村振兴“领头雁”

颜晓舟，1971年5月出生，中共党员，于2021年春学期开始在江苏开放大学行政管理专业专科就读。1989年6月参加工作，1996年7月加入中国共产党。2013年12月至今任宿迁市泗阳县颜圩村党支部书记。

曾获得江苏省脱贫致富奖、“全省百名领先村书记”、“泗阳劳动模范”等荣誉。

颜晓舟任职颜圩村党支部书记以来，着力带好“两委”班子，抓好党员队伍建设，办好民生实事，发展特色产业，让省定经济薄弱村颜圩村发生了翻天覆地的变化。现在的颜圩村摘掉了贫困村的帽子，村集体经济飞速增长，实现了村居富、百姓富。近3年，颜圩村先后获得“全国乡村治理示范村”“江苏省文明村”“江苏省卫生村”“省级创业型村（社区）”等荣誉。

一、广泛发动群众自治，提升村支“两委”凝聚力

颜晓舟带领村党支部聚焦加强村级党组织建设，大力实施“强村计划”，以组织振兴促进乡村振兴。针对原党群服务中心面积不足、功能不全等突出问题，他迅速贯彻基层党建排查整改“百日攻坚”行动要求，按照“五个规范化”建设标准，着力打造党的阵地，建设了700平方米的党群服务中心，设置了便民服务室、综合会议室、群众工作室和新时代文明实践站（“一站二室一堂一广场”）等，强化政治功能、完善设施配置、加强管理运行、突出作用发挥、落实基本保

障，聚焦管好、用好党群服务中心，聚力打造党员群众都想来、人气旺、离不开的“红磁场”。

为解决群众疑难问题，颜晓舟大力推行有情必知、有疑必解、有事必帮“三有三必”工作法，以“小村监事会”“小村说事日”等为议事载体，广泛发动群众自治，提升村支“两委”凝聚力。培育“士学农技”“茂林党员”“相邦文化”“亮西健康”等四支特色志愿服务队伍，包括党员代表、农技人才、退休文化教育工作者、返乡创业人士等336名志愿者。他们活跃在田间地头、庄台家中，“点单式”开展农技服务、“田间快板”、入户义诊、文化小课堂等志愿服务活动，满足群众精神文化需求，丰富群众空闲时间。

二、党建引领产业发展，带领百姓增收致富

针对村集体资产较少、村民增收途径少等问题，颜晓舟积极思考、系统谋划，紧紧围绕产业扶贫、产业富民，持续推进产业结构调整，助推产业兴旺。他盘活公共空间资源，由村党支部牵头，镇会计中心、小村监事会、党员群众代表“四方联动”，对河道两岸公共河滩土地进行实地丈量，并登记造册，做到情况明、底数真、权属清。动员党员带头退资产，坚持发动党员干部带头，率先主动退出私占的资产资源，同时组织镇纪检、公安、司法等部门，对个别“久占为业”、不愿退出土地的群众耐心动员，讲清政策。共回收颜倪河两岸320亩土地，共为村集体增收19.2万元。颜圩村的优秀做法被推广到颜倪河沿岸的6个村居，带动了全镇集体资产的有效增长。

针对村里传统种植方式土地收益较低的情况，颜晓舟领头发展菊花栽植产业。他积极对接南京农业大学、江苏省农科院专家，从亳州、嘉兴、盐城等地筛选引进亳菊、杭白菊、金丝皇菊、多肉植物、蝴蝶兰优质种苗，保证产业发展基础高起点。同时，他利用扶贫资金200万元，创立颜圩村土地股份合作社，流转700余亩土地用于发展菊花产业。2021年菊花销售额达到220万元，为村集体经济增收45万元，远超传统一麦一稻产生的收益。2022年继续扩大菊花种植规模，引进2条烘干设备，将菊花烘干包装出售，大大增加了收益。

三、关注困难群体，帮扶解困

颜晓舟说："产业发展最终是为了百姓就业，增收致富，现在乡村振兴中有个较为困难的群体是留守居民，家门口就业是帮扶这个群体的关键措施。"村内留守老人、留守妇女较多，且由于年龄偏大、无专业技能、家中有孙辈需照看等原因，他们无法到县城、镇区打工。颜晓舟经过深度谋划，从既能解决感情交流需求又能满足就业增收渴求出发，多方构建留守老年群众、留守妇女"二次就业"载体，细致谋划增收路径。

颜圩村土地股份合作社的菊花、多肉植物、蝴蝶兰等花卉产业需要大量的人力，颜晓舟带领村干部积极动员群众参与花卉栽种、除草、打药、打头、采摘等农民都会干的农事，工资平时60元/天，采摘高峰期达100元/天，2021年共带动200余人务工。同时，颜圩村建设了2栋家门口就业厂房，通过出租厂房招引家门口就业企业。现已招引香皂包装等项目入驻，新增就业岗位50余个，厂内员工最大年龄60多岁，每人每月平均增收2600元。

颜晓舟通过党建引领产业发展的路子，成功地为省定经济薄弱村颜圩村脱贫摘帽，全村不落一户、不丢一人，全部脱贫。他带头成立的土地股份合作社，成功为留守人员提供了就业去处。经过"十三五"期间的奋斗，颜圩村从一个落魄的村庄，变成了被全省人民广泛关注的优秀村落，村集体年收入从10万元增长到了103万元，人均年收入从15 000元增长到了21000元。村里新建6条共7千米"四好农村路"、12千米生产路、8座生产桥，新建了污水厂、卫生室等基础配套设施，民生发生了巨大变化。

党建引领发展　促进乡村产业结构转型

叶卫，1978年11月出生，中共党员，于2021年春学期开始在江苏开放大学行政管理专业专科就读。1998年9月加入中国共产党。1996年12月至1999年12月在部队服役，2000年11月至2003年6月在悦来粮管所工作，2004年4月至2013年8月在江苏通达运输有限公司从事客运工作，2014年3月至2019年12月在上海市化工物品汽车运输有限公司任驾驶员，2020年11月至今在宿迁市沭阳县悦来镇双蔡村担任村党总支书记、村委会主任。

曾获沭阳县悦来镇2021年先进党务工作者、先进个人等荣誉，所在支部2021年获评“四星级党支部”。

叶卫任职悦来镇双蔡村党总支书记以来，着力带好“两委”班子，抓好党员队伍建设，办好民生实事，发展特色产业，让原本的经济薄弱村发生了翻天覆地的变化。现在的双蔡村摘掉了贫困村的帽子，村集体经济飞速增长，实现了村居富、百姓富。2021年双蔡村实现村集体经济收入53万元。2021年双蔡村获得全面先进，支部也被评为“四星级党支部”。

一、聚焦党建引领，增强双蔡村党组织活力

在叶卫同志的带领下，双蔡村坚持以党建促脱贫，以党建带动发展，不断助推脱贫攻坚和乡村振兴各项工作。聚焦加强村级党组织建设，大力实施“强村计划”，以组织振兴促进乡村振兴。党支部加强自身建设的同时，积极发展优秀年轻人入党，为党组织输送新鲜血液。几年来，发展党员3名，培养积极分子4名，培养后备干部1名。为解决群众疑难问题，大力推行“有情必知、有疑必解、有事必帮”工作法，以“村监事会”“村书记述存村事”等为议事载体，广

泛发动群众参与自治，提升村支“两委”凝聚力。2021年，共投入20万元进行党群服务中心提档升级，对便民服务大厅、功能室及其他基础设施进行全方位改造，对阅览室、儿童活动室设备进行全面更新。

二、党建引领产业发展，实现产业转型

针对村传统种植方式土地收益较低的情况，叶卫领头发展花木电商产业。通过深入了解双蔡村的村情，叶卫发现双蔡村有很多剩余劳动力赋闲在家，于是，他积极流转土地500余亩用于花木种植，并发展电商产业，让一些妇女老人也参与其中，极大地解决了村里剩余劳动力的问题。2021年双蔡村电商销售额达到了上千万元，为村集体增收十几万元，同时也带动了村民致富。他大力支持青年回乡创业，利用现有政策，盘活土地资源，流转20多亩土地用于葡萄种植，同时鼓励农户进行土地流转，实现村居产业转型。他以党建为核心，以人才为支撑，充分发挥党建引领乡村振兴发展的作用，扎实将乡村产业落到实处，助推双蔡村乡村振兴。

三、多方发力，促进村集体经济增收

叶卫坚持多方发力，大力促进村集体经济增收。一是以农村公共空间治理工作为抓手，及时收回公共空间，为村集体集聚发展资源，盘活现有存量资产，增加稳定收入；二是全面加快农业结构调整，流转土地500余亩用于花木种植，150亩用于水产养殖，增加农民经济收入；三是发挥在外乡贤作用，助力乡村振兴，获得乡贤捐款数万元，并为村居主干道购买22盏路灯，方便百姓夜晚出行；四是大力进行招商引资工作，利用自己的人际关系，多次邀请企业到村现场查看资源，盘活土地资源，促进村集体经济收入增收。

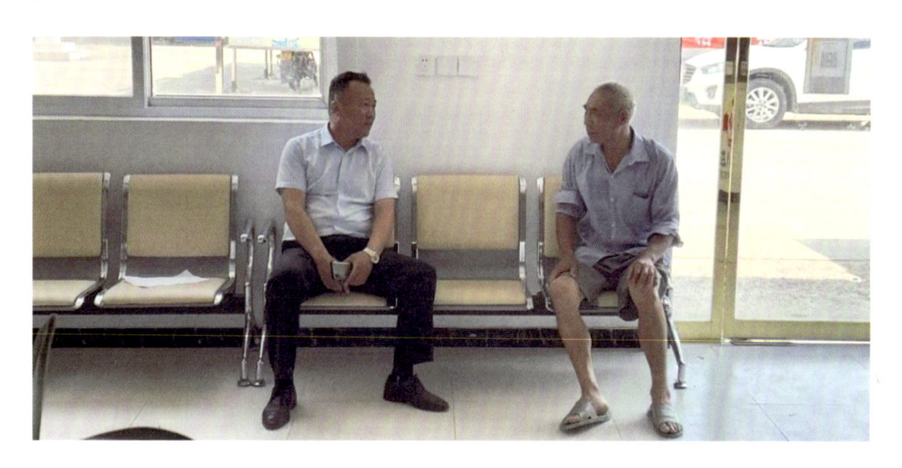

党建找准路　村庄致富添动力

赵刚，1977年12月出生，中共党员，于2021年春学期开始在江苏开放大学行政管理专科就读。1997年7月加入中国共产党。2019年担任宿迁市泗阳县裴圩镇新四社区党总支书记、社区主任。

2021年当选宿迁市泗阳县裴圩镇人大代表，曾连续获优秀共产党员、先进党务工作者、先进农村农业带头人等荣誉。

担任村干部以来，赵刚努力学习宣传并认真贯彻执行党的路线、方针、政策，积极带领全村群众发展经济奔小康，在发展本村农业、巩固基础设施建设、改变村容村貌、提高村民素质、改善村级经济状况等方面作出了突出的贡献。

自参加工作以来，他在平凡的岗位上，扎扎实实工作，默默无闻奉献，干出了不平凡的成绩，同时也得到了上级党委政府的认可，连续被评为“优秀共产党员”“先进党务工作者”“先进农村农业带头人”。社区在他的带领下，被评为“工作先进单位”“农村社区建设先进单位”，这些集体荣誉，凝结着一名党的基层组织带头人的一点一滴的心血和汗水。

一、以党建为画笔，引领乡村振兴

赵刚充分发挥基层党组织战斗堡垒作用和党员先锋模范作用，以党建引领群众为主体，就地取材、因地制宜，探索出一条“低成本、可持续”的乡村治理模式，让村容村貌大变样。在村旁建设家门口就业厂房，让群众在家门口就业，使群众的幸福指数得到提升。他还搭建“村党支部—村民委员会—村民理事会—群众农户”联合的乡村治理平台，推动网格化管理，任各组长为网格员，他自己担任网格长，积极带领基层党员干部深入群众中。同时，他注重加强移风易俗的宣传教育，引导村民遵守村规民约，弘扬社会文明新风尚。

二、严格要求自己，一切从自身做起

赵刚认为，要想带领群众致富奔小康，必须从自身做起，严格要求，率先垂范，努力学习，提高思想认识、理论水平、政策水平，树立全心全意为人民服务的理念。为此，他严格以“创先争优”的要求规范自己，以党的先进思想武装自己，努力提高自身参政、议政、理政的能力。他对工作要求十分严谨，每做一件事都要深入到群众中，调查研究、吃透实情，依靠群众的智慧，力求实事求是。针对个别群众产生的思想问题，他通过说服教育、利益驱动等多种措施，着手调动群众的积极性，使每位村民都能与村集体产生互动。他还注重加强自身的学习，充分利用网络，学习农村政策法规、科学种养、计算机等相关知识，提高自身的综合素质。

三、抓建设、强队伍，带领乡亲们走上致富道路

新冠疫情期间，赵刚认真贯彻落实党在农村的工作方针，坚持“两手抓”，一手抓疫情防控，一手抓经济建设，使全村经济水平不断提高。在疫情防控工作中，他主动作为，守一方净土，带领村组干部重点排查返乡人员，并按要求进行管控。同时，他也不忘精神文明建设，不断改观村风村貌，带领全村走上了致富奔小康的道路，集体经济年收入突破60万元。

长期以来他都牢记党的宗旨，并以实际行动认真贯彻落实。他带领广大党员同志，振奋精神，转变工作作风，以超常规的工作状态、求真务实的工作作风，紧紧围绕乡村振兴的稳定、安全、高效、健康、和谐发展，认真做好本职工作，完成组织交给的各项任务。

退伍不褪色　老兵新担当

赵金龙，1983年6月出生，中共党员，于2021年秋学期开始在江苏开放大学行政管理专业本科就读。2000年12月参加工作。曾服役于武警天津总队第四支队，现任宿迁市宿豫区来龙镇韩集村党委书记。

服役期间获得支队嘉奖1次，获评“优秀士兵”2次；曾获宿豫区优秀党务工作者荣誉。

宿迁市宿豫区来龙镇韩集村是一个合并村，人口多，区域大，经济基础差，村情复杂。2019年初赵金龙到任后，勇于担当乡村振兴重任，以一名退伍军人的姿态，奔走在全民奔小康的道路上。

一、狠抓党员队伍建设，不断提高党员整体素质

赵金龙始终把建设高素质党员干部队伍作为一项根本任务来抓，任务再重，工作再忙，从未动摇。他经常教育大家，要做好新形势下的农村基层工作，务必保持与时俱进的精神状态，把学习作为终身的理念、作为立身做人的一部分。他能够认真学习党的农村工作路线、方针、政策，并经常给群众讲解说明。他十分注重对全体党员的学习培养教育，不断提高党员的思想素质。他领导支部严格执行“三会一课”、村“两委”会学习、党员议事、民主生活会、党风廉政建设、党员一对一帮扶等制度，使支部工作制度化、规范化，支部班子整体合力不断增强。他从提高班子执行政策的水平和解决处理问题的能力入手，针对个别党员干

部认识不清、方向不明的问题，有针对性地加以分析，个别谈话，帮助他们在认识上找差距、在行动上找原因。他高度重视党员发展工作，不断为党组织增添新鲜血液。在上级党委的指导下，他把有经济头脑、敢闯敢干、年轻有为的能人吸收到党组织中来，进入村“两委”班子。他担任支部书记以来，先后发展了6名中共党员，涌现出了一批觉悟高、观念新、带富潜力强的党员。

二、狠抓产业结构调整，带领群众脱贫致富奔小康

长期以来，由于农业基础设施薄弱、群众思想落后等原因，韩集村发展一直滞后，群众增收困难，民事纠纷多，村干部大部分精力都用在调解民事纠纷上，产业调整、脱贫攻坚等工作难以推动。村民们长期延续着传统的种植方式，生产效率极低，守着一坝好田土，却过着贫困的苦日子。赵金龙到任后，明确“发展才是硬道理”的理念，为了发展经济，带领群众奔小康，他先后多次赴山东、福建、广东等地考察学习，组织党员干部参加技术培训，奔忙于农户家中进行指导。他紧紧围绕“重基础，扩产能”的工作思路，全面分析本村的发展形势，坚持“长短结合”，确定发展种植业、养殖业为“长产业”，从根本上解决了部分农村党员和群众“想干不敢干，想干不会干”的问题。村级领办蜜薯种苗繁育基地，以“支部＋合作社＋农户”的模式，种植蜜薯520亩。“做给群众看，带领群众干”，村里带动26户农户参与种植，当年销售蜜薯种苗1600万棵，种苗销售收入100余万元，亩产蜜薯5000斤，实现亩均增收4000元以上，解决了80多户人家门口就业问题，为村集体增收40余万元。与此同时，他还从基础设施入手，积极申请高标准农田建设项目，2年内全村7400亩耕地全部建设为高标准农田，为接下来的产业结构调整奠定了基础。在他的带领下，2023年韩集村蜜薯种苗繁育面积将扩大至2000亩以上，带动更多的村民从事蜜薯种苗繁育，实现增收致富。

三、抓好精神面貌建设，推动各项事业发展

赵金龙不仅带领乡亲们走勤劳致富之路，更重视精神风貌建设。针对村公共活动场所小、设备简陋、满足不了村民需求的状况，他多方筹措资金200余万元，在村党群服务中心西侧原废水塘上新建2000多平方米的党群休闲广场，栽植香樟、广玉兰、桂花等树木100余棵，铺设草坪1200平方米，配套篮球场、休闲驿站、公共厕所、党建长廊等设施，大大方便了党员群众的精神文化生活。狠抓环境卫生整治，提升群众的文明卫生意识。针对集镇区域村人口多、住户较密、文

明卫生比较差的情况，率先创建卫生文明示范村。同时，建立健全了治保会、红白理事会、治安巡逻队，设立了村组卫生保洁员，全村精神文明程度也得到较大提高。他狠抓打黑除恶、安全生产，提升群众安全守法意识，营造良好的安全、法治环境。眼下，全村社会安定，邻里和睦，村民遵纪守法，全村无上访，民风得到了极大转变，村里一心一意发展经济的新风尚已经形成。

赵金龙始终牢记共产党员的初心和使命，模范践行敢于担当的新时代精神，干事创业，服务群众，赢得了干部群众的广泛赞誉。

强化党建引领 奋力谱写乡村振兴新画卷

赵怡霖，1970年12月11日出生，中共党员，于2019年秋学期至2022年秋学期在江苏开放大学行政管理专业本科就读。1999年9月参加工作，2002年6月加入中国共产党。2018年10月至今任宿迁市周庄社区党支部书记。

曾获宿迁市优秀共产党员、湖滨新区优秀共产党员等荣誉。

赵怡霖同志任职宿迁市周庄社区党支部书记以来，带领“两委”班子，以党员群众为依托，坚持以党建为引领，奋力创新，多方面工作共同发力，重点在增加村级集体经济收入、为民办实事上做文章。2020年村级集体经济收入50.34万元，2021年收入60.84万元，2022年取得重大突破，村级集体经济年收入超百万。他在2020年新冠疫情防控期间创新推出的“双代一微”工作模式和2021年推出的“爱心理发屋”被央视媒体宣传报道。

一、党建引领，切实把产业发展摆在首位

2022年周庄社区深度挖掘“支部+合作社”经营模式，利用一切可以利用的机遇，大力发展村级集体经济。在现有老学校房屋出租、门面房出租等基础上，将公共空间治理收回的土地进行流转，让集体经济收入有了保底。但这些还远远不能满足如今的发展需求。经居委会集体研究，在2021年吃到甜头后，对已征收未利用的土地进行复垦耕种，并扩大种植面积，不断摸索，种植黄豆、小

麦等较为熟悉的农作物，同时增加合作社工作人员，明确分工，责任到人，确保每季种植的农作物都能得到最大产能。

二、强基固本，切实把阵地建设放到高处

“百姓富不富，首先看村部”，随着社会的快速发展，越来越多的原始村庄都拆迁至新小区新住所。人搬走了，如何把他们的心留住，是摆在赵怡霖面前最迫切的问题。面对以资代劳、河工款、一事一议款等以前需要上缴的费用被逐步减免，而发放的种粮补贴、杂工款又全部由银行代转代发，使得干群之间面对面交流的机会少了这种局面，赵怡霖觉得要利用有限的村民到村办事的机会，增加干群之间的交流，给群众留下深刻美好的印象。阵地好了，村部好了，服务好了，老百姓来办完事情之后会带着满意的心态离开，这样他们才会更加相信组织。最近 2 年，赵怡霖在街道领导的关心支持下，正逐步将这一想法付诸实践。他通过新建一体化便民服务中心，对党群服务中心内的农家书屋、科普室、健身室、老年活动室等进行提升改善，采取更新绿化、安装路灯、更换破门破窗、墙面粉刷一新、翻建改造公厕等一系列举措，使得村部周边环境大大提升，村部旧貌换新颜，成为党员群众平时爱来、办事想来、休闲都来的“红磁场”。

三、让群众享，切实把民生实事落到实处

周庄社区始终坚持习近平总书记以人民为中心的指导思想，秉承“一切发展为了群众”的发展思路。近年来，社区不断加大对弱势群体的关注关爱，每逢春节、端午、中秋、重阳、国庆等节假日，社区干部总是第一时间到困难户家中，给他们送去生活物资，也送去来自组织的暖心问候。连续多年对应届本科生给予爱心助学，发动干部群众对大病癌症患者家庭进行爱心募捐，为生活困难群众提供上门服务等。这一切都是对“一切发展为了群众”这一发展思路的最好落实。2021 年为全村 60 岁以上老人、全体低保户、五保户、残疾人、退役军人等免费开办的“爱心理发屋”，深得群众好评，并被央视媒体宣传点赞。2022 年又对老年人活动室进行装修改善，为老人提供娱乐休闲场所，做到老有所医、老有所享、老有所乐。正如习近平总书记在 2022 年新年贺词中说的那样，“民之所忧，我必念之；民之所盼，我必行之”。

今后，赵怡霖书记仍将继续带领周庄社区全体干群进一步强化党建引领，在经济发展和社会治理等方面多点发力，继续依托区位条件，整合现有资源，发展

好优势项目；同时积极同上级挂钩包保单位联动，争取政策扶持，拓展新兴项目，奋力谱写乡村振兴新篇章。

3 民生实事

党的十八大以来，以习近平同志为核心的党中央依据国际国内形势的新变化，提出了“以人民为中心”的发展思想，始终抓住与人民利益关系最紧密的问题，让广大人民共享发展成果，深化民生体制机制改革，真抓实干解民忧、纾民怨、暖民心。习近平总书记在党的二十大报告中明确提出“必须坚持在发展中保障和改善民生，鼓励共同奋斗创造美好生活，不断实现人民对美好生活的向往”。

“以人民为中心”根植于中国传统文化的民本思想，是马克思主义民生思想与中国民生实际相结合的产物，坚持人民至上，始终为人民的根本利益和幸福而奋斗，心系人民，尤其是生活有困难的群众。

目前人民的需要由低层次的物质文化生活需要转向对美好生活的需要，在教育、收入、社会保障、医疗服务、生活环境和精神生活等方面都体现出多维度和多层次的需求。党中央带领全国人民，从人民最关心最直接最现实的利益问题入手，努力“使人民获得感、幸福感、安全感更加充实、更有保障、更可持续”。在复杂的工作中，不少优秀模范代表在看似平凡的工作中默默为人民美好生活无私奉献着。例如：海安市新园社区主任顾爱华同志通过整治老旧小区、背街里巷，清理垃圾死角、“僵尸车”、小广告等等，逐步改变了居民的居住环境，让社区面貌有了整体提升。常州市雪堰镇城西回民村副主任兼妇联主席杭燕芬同志在水果滞销时转变思路，当起摆摊卖水果的“推销员”和朋友圈里的“微商”，爱心助力解决农产品滞销问题。她带领农户们清晨4点下田采摘，将水果重重筛选、细心装箱，通过快递送到客户手中，为城西回民村积攒了人气。

可以说，这些“头雁”为了当地的民生保障呕心沥血，早出晚归。而在全国各地，还有很多为民生事业默默付出的普通人，虽然他们没有所谓的“头雁”光环，只是甘愿在艰巨的任务中做一个“螺丝钉”，但是正是这些中流砥柱，才让我国人民对美好生活的向往不断得到满足。

因地制宜，打造特色产业帮助村民就业。我国幅员辽阔、各地自然禀赋多样化，民生发展必须结合当地特色、发挥自身优势，走好差异化发展之路。各地按照习近平总书记“立足特色资源，关注市场需求，发展优势产业”的指示要求，开展了一系列尝试，同时也实现了就业和收入的保障。溧阳市百家塘村党总支书记潘凤娟同志为了村里的白芹生产和村民就业始终奔波在前线。百家塘村的土壤适合种植溧阳白芹，自古以来村民们都有着种植、售卖白芹的习惯。随着社会发展，外出打工、进企业工作的人越来越多，种植白芹的人家越来越少。潘凤娟带领村委干部牵头，组织村里的种白芹好手进行规模化种植，有效盘活了闲置的集体土地资源，增加了农民集体收入，促进了村民就业。同时百家塘村辖区内有几家大型企业，潘凤娟带领党员干部多次与企业联系、跑路子，帮助村民完善就业技能，近年来陆续为村民解决就业约100人次。

紧跟时代，用创新和智慧解难题。农村互联网使用程度较低、较困难，这导致农村的信息交换问题、安全问题一直难以解决。疫情期间，线下召开议事会受到影响。如东县河口镇烈士陵村妇女主任王金凤同志提出可以通过网上会议听取大家的意见、汇报工作和进行信息交换，但是很多人家没有网络、没有设备，王金凤就积极联系移动运营商，申请帮忙免费安装宽带设备，并挨家挨户帮忙下载软件并教他们如何操作，帮助村民足不出户就完成了意见反馈、交流沟通等活动。她还充分利用农村剩余妇女劳动力，创办“巾帼志愿者”团队，成立信访排查、治安巡逻、爱心帮扶等“巾帼娘子军”，认真巡逻，仔细排查，降低了犯罪率，保证了村民生活安宁。她自己更是带头走进困难户家中，多次到困苦家庭进行走访慰问，帮助解决生活困难群体的难题。

务实苦干，居民居住环境焕然一新。老旧社区公共空间存在诸多问题，如基础设施年久失修、建筑设计标准低、规划使用面积受限、交通规划落后、环保意识薄弱、安全防范设施缺乏等等。老旧社区在满足居民的基本生活需求方面面临着越来越多的挑战。2020年7月发布的《国务院办公厅关于全面推进城镇老旧小区改造工作的指导意见》提出，到“十四五”期末，结合各地实际，力争基本完成2000年底前建成的需改造城镇老旧小区改造任务（2019年7月住建部在政策例行吹风会上表示，经过摸底排查，各地上报需要改造的城镇老旧小区有17万个）。这也意味着未来城市居住环境发展的主要方向之一为现有建筑空间、老旧空间的改造升级与设计。溧阳市大营巷社区党支部书记殷春玲同志从2019年开始，带领社区工作人员以居民共性诉求为出发点，走进每户居民家中，听取和收集居民的意见、建议，形成书面材料；同时，积极与市住建局沟通协商，请专业人员现场勘查，确定改造方案，公示后落实改造，实现了老旧小区居民多年的梦想。并且为了解决停车难的问题，她积极与规划和城管部门协调联系，完成了小区散住楼工人新村、平陵中路26号等停车位整改，大大缓解了居民停车难的问题。这些举措的实施让社区面貌焕然一新，让居民生活环境质量大大提高。

普及法律，从基层推动法治现代化。中国式法治现代化应聚焦人民群众的美好生活需要，推出更多解民忧、谋民利、护民权、惠民生、保民安的制度举措，以良法善治增强人民群众的获得感、幸福感、安全感。百姓信得过的“金牌老舅妈”于丽丽同志在海安市白甸镇着力抓好民主法治村建设，开展法治宣传教育，依法做好民事调解工作，严格按照调解工作原则处理大小纠纷，讲政策、讲法律、讲事实，以理服人，以情感人，促进各类矛盾纠纷的有效化解。她带头学习《中华人民共和国民法典》等相关法律法规，并组织和开展各种法治宣传活动，向广大人民群众宣传《中华人民共和国环境保护法》《中华人民共和国大气污染防治法》《中华人民共和国民法典》《中华人民共和国妇女权益保障法》《中华人民共和国未成年人保护法》等关于民生的重要法律，做到人人明白。

一个个鲜活的事例、一项项生动的实践，向我们诠释了“民生无小事，枝叶总关情”。面临世界大发展大变革大调整的国际环境和中国特色社会主义新时代的历史变化，中国共产党人始终坚守“为中国人民谋幸福、为中华民族谋复兴”的初心和使命，坚定人民立场，最大限度地增进人民福祉，解决人民群众所想所急所盼所忧所怨，解放民生、发展民生、提升民生、改善民生和共享民生。

南京工业大学法政学院副院长　王春婷

一心一意扎根基层　全心全力守护平安

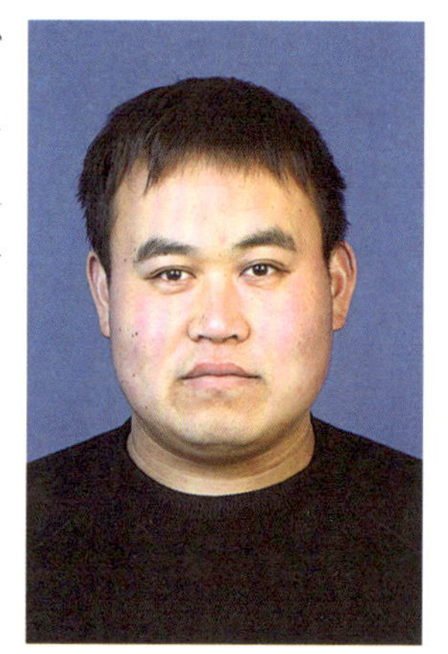

仇棒，男，1994年4月出生，于2019年春学期开始在江苏开放大学行政管理专业本科就读。2017年通过组织招考选拔成为宿迁市湖滨新区晓店镇一名村干部（返乡新村干），现就职于宿迁市湖滨新区晓店街道戴场村村委会。

作为一名返乡新村干，仇棒在工作中以党建为引领，以业务为抓手，积极参与到村部的各项工作中。基于戴场村人员流动性较大的情况，为增强党支部的凝聚力和向心力，仇棒利用电话、微信和其他网络平台等方式，联系在外工作的党员同志，定期开展学习，传达相关的政策法规，开展思想交流活动，对戴场村的经济发展、社会稳定、民生改善等出谋划策。他和支部党员一起，利用戴场村的地理优势和资源优势，积极带动村民打起“旅游牌”，提高了居民收入，充分发挥了基层党组织战斗堡垒作用和广大党员先锋模范作用。戴场村党支部在2020年、2021年连续2年被湖滨新区管委会评为“四星级党支部”。

一、一户一档力保百舸安全

2022年2月，宿迁市开展对骆马湖水域六小船舶整治工作，晓店街道内的600艘船只必须要按照要求登记建档，但有些渔民不配合此项工作。为了按期完成统计工作，仇棒联系水警、渔政、农村工作局和建设局等单位，在面上开展广泛的、多渠道的宣传。他采取入户走访的形式逐户做好宣传和解释，使渔民们从原先的抵触到主动参与，最终顺利完成了376艘船只的建档。为保证376艘船只的安全作业，仇棒又邀请交通执法大队的同志开展水上安全培训，并统一要求每艘船只均须配齐救生设施，每名水上作业人员均须掌握自救技能。这次整治共清理三无船只200多艘，营造了良好的行船环境，为绿色生态文明建设做出了积极的努力。

二、一根针牵起千根线

作为戴场村的党建负责人，仇棒还牵头其他多项工作：骆马湖渔船整治、道路交通安全劝导、农村道路维护、桥梁破损维修及道路铺设硬化等工作。尽管工作千头万绪，在他的统筹安排和夜以继日的努力下，目前已经完成三巨村晓克路和三刘路的道路铺设工作、袁庄桥和小营三组桥等桥梁建设维修、骆马湖全域晓店街道片区渔船整治和道路交通安全劝导工作。畅通平整的道路、文明的交通出行受到了居民的广泛好评，也得到了宿迁市农路办的充分肯定，他的工作业绩被湖滨新区定为典范，其他各村（社区）纷纷前来观摩学习。

在街道农路办工作期间，仇棒对戴场村的各项工作均能兼顾，总是能挤出时间完成村部交办的各项任务。工作繁忙的时候，他每天早上6：00就赶到单位。忙起工作来，他没有周六、周日，只有提前上班和延迟下班。单位的门卫师傅和仇棒说得最多的话就是："你天天太忙了，怎么也不休息一下呢？"仇棒总是一笑，匆匆而过。

三、一人奔赴只为万家灯火

新冠肺炎疫情总是反反复复，为了保证戴场村村民安全，仇棒主动当上了"联络员"和"运输员"。每天下午与村民们逐个电话沟通，了解他们所缺的生活物资。第二天一早5：00前就到菜市场采购村民们所需的生活用品，并于8：00前送到村民手中。因为抗疫工作需要，他又成了"白衣战士"，转运村民的咽拭子，每次均将它们准时、安全地送到市疾控中心检测。2022年4月，在泽达学院出现检测阳性结果后，附近的运河春天等小区被划分为高风险地区。仇棒临危受命，全力保障运河春天等小区"单采"样本的转运。由于气温较高，身着防护服的他很快就汗流浃背。但当时由于防疫物资不充裕，每人每天只有1套防护服，再热也不能换。在这样艰苦的条件下，仇棒每天早上6：00穿防护服开始工作，饭也不敢吃、水也不敢喝，坚持完成每一天的工作。就这样，一直持续了半个月，圆满完成了泽达学院的疫情防控工作，但由于吃饭不及时，他人也消瘦了很多。

仇棒工作中的坚持、付出和努力，得到了村民的广泛认可，也更加坚定了他认真工作、服务基层的决心和信心。他将戴场村作为自己的家，在不断努力和奉献中探索戴场村美好的未来，做一根有责任的杠棒，扛起了千百村民的期待，无愧于“村官”这个职位，绽放出自己的光彩。

心中有信仰　服务有温度

戴拥军，1973年12月出生，中共党员，于2019年秋学期至2022年秋学期在江苏开放大学行政管理专业专科就读。1993年12月至1996年12月在部队服役，2000年11月至2014年3月在海安县城东派出所工作，2014年3月至2016年12月在海安县城东镇上湖村任民调治保主任，2016年12月至2020年12月在上湖村任村委会副主任、民调治保主任，2021年1月至今在上湖村任党总支副书记、村委会副主任。

曾获项目服务先进个人、优秀共产党员、优秀村干部等荣誉。

戴拥军，2019年进入江苏开放大学行政管理专业，以在职、业余及自主学习为主，接受必要的面授辅导和学习支持服务。

一、爱岗敬业、任劳任怨

作为基层工作人员，他主要负责农业农村工作，从自身做起，打开“拼激情，比争先进位；拼干劲，比工作实绩；拼服务，比美好环境；拼担当，比责任落实；拼作风，比群众满意”的“五拼五比格局”。在村庄环境整治工作中，他组织人员以广播、登门下户等多种方式宣传环境整治的好处，以期构成浓烈的村庄环境整治大氛围，使整治工作家喻户晓。此外，他发动10余名党员投入到环境卫生整治活动中，对村内的环境进行长效管护，构成人人动手、共建共享的良好局面。

二、做好矛盾纠纷的“调解员”

有人的地方就有矛盾。新城花苑是一个几千人的拆迁安置小区，难免有小摩擦产生。停车位问题一直是居民的主要矛盾所在，其中一栋楼的居民希望把绿化带取消，建设成停车位，对面楼的居民则希望保留绿化带，双方跟物业都产生了纠纷。戴拥军积极组织群众代表参与事务协商，分析利弊问题，最终将矛盾解决。他将小区停车位使用、楼道文化等群众关心事、烦心事办成暖心事、开心事，成为辖区百姓的“知心人”。

在他的耐心调解下，“离婚不离家”的老夫妻经济纠纷、四兄弟不愿抚养老母亲的赡养纠纷、小夫妻因家庭琐事发生的婚姻纠纷等一一被成功化解。作为第三方，他依法依规、据理据实、讲情讲义进行调解，发挥了桥梁纽带作用，解开了症结，消除了社会隐患。

三、关爱辖区特殊人群

他非常乐于帮助困难群体。张阿姨属于独居老人，平时小病小痛都是在社区医务室取点药就能解决，但这次身体很不舒服，希望戴拥军能带她去医院彻底检查一下。戴拥军了解情况后，二话不说立马开车带老人到医院挂号、看病和拿药，再将张阿姨安全送回家。之后，戴拥军天天定时定点上门探望，叮嘱她吃药，直至老人好起来。谁家大事小事只要力所能及，他都会尽力帮忙。村委会有公益活动，他从来都是不遗余力，每次都是第一个到，在各项志愿活动中也都会看到他的身影。

四、冲在疫情防控第一线

上湖村新城花苑属于大型安置小区，周边有工地、学校，流动人口比较多，因此也增加了疫情防控的难度。他带领村里的志愿者到小区做疫情防控宣传，并发动党员、志愿者入户走访，做到一户一档，定期摸排流动人口信息。核酸检测期间，他会及时布置好核酸场地，每次都第一个到达现场维持秩序，最后一个收拾好场地再离开。

多年勤勤恳恳、踏踏实实的基层实践，让戴拥军的服务温暖人心，群众满意度不断提升。今后，他也会一直走下去，用暖心服务保障一方平安，守护村民的幸福生活。

初心如磐　本色依旧

丁同年，1977年2月出生，于2022年春学期开始在江苏开放大学行政管理专业专科就读。2015年5月到海安县雅周镇张莫天村村委会工作；2016年至2020年在张莫天村任民兵营营长，分管人武、征兵、安全生产等工作；2020年8月至今被借用到海安市雅周镇为民服务中心退役军人服务站工作。

曾连续2年获“双拥工作先进个人”荣誉。

丁同年出身于普通军人家庭，从小耳濡目染军人的精神。他临危不惧，舍身为人，见义勇为，彰显了一名优秀公民的崇高美德，用行动默默践行着中华民族的优秀传统，传播了当代社会正能量。

一、侠义铸肝胆，勇为见精神

2014年2月6日，在海安县江海路与镇南路交叉口发生一起两辆汽车相撞的交通事故，其中一辆面包车被撞翻在十字路口，车上有大人、小孩共8人。撞翻后只见面包车冒着白烟，车内喊叫声一片，路上车子行人很多，情况十分危急。刚开始行人看见车子冒着烟都不敢靠近，只是打电话报警等待救援。这时，丁同年正好路过此地，看到这样紧急的情况，他箭一般地冲过去，见坐在副驾驶座位上的妇女额头上鲜血往外直冒，车内多人受伤，救援刻不容缓，随即大声呼喊：“快！大伙儿过来帮帮忙！”随着丁同年的一声呼喊，多人上前一齐用力把面包车扶正并抢救车内人员。由于抢救及时，车内8人都得到了及时治疗，恢复了健康。但不幸的是，参加救援的赵顺秋同志，因为用力过猛突发心梗，不幸离世。对于赵顺秋同志的不幸离世，参加救援的其他人都感到无比悲痛和惋惜。但他们坚信，以后遇到这样的紧急情况依然会伸出援手、挺身而出。他们的英雄事迹得到了社会和广大市民的积极赞誉，事迹被众多媒体报道，中央电视台新闻联播、深圳卫视、湖南卫视等主流媒体也报道了他们的英雄事迹。2014 年 3 月，他们被南通市人民政府授予“见义勇为先进群体”光荣称号。

二、深怀爱民之心，恪守为民之职

2015 年，丁同年参加镇后备干部选拔，成为张莫天村一名普通的农村干部。在村工作期间，他勤勤恳恳，任劳任怨，积极完成各项工作。他总是急百姓之所急，想百姓之所想，解百姓之所忧，经常起早贪黑、走村入户，帮助百姓排忧解难。

某天傍晚，忙碌了一天的丁同年下班刚刚回到家里，外面就下起了滂沱大雨。他突然想起村里困难独居老人韩永川居住的房屋十分破旧，极有可能漏雨或倒塌。于是，他顾不上告诉还未下班的妻子，独自带上自家的塑料薄膜，就往老人家中赶去。当推开老人家破旧的大门，丁同年的眼泪不禁夺眶而出。无助的老人撑着破旧的雨伞躲藏在角落里，浑身都被雨水淋透，屋里的东西全部都泡在水里，情况非常危险。丁同年不顾自身安危，马上投入了“战斗”。他搬来桌椅，爬上屋顶，冒着危险将塑料薄膜铺到屋面上。屋里的雨终于停了，可他仍然不放心，决定把老人带回家过夜。当他把老人安顿好，已是深夜，老人握着他的手久久不愿松开，直说：“我不知是哪里修来的福哦！”

三、胸怀双拥之心，诠释优抚之情

丁同年年少时经常听到军人刚强正直、英勇无畏的事迹，这使他对军营充满向往。初中毕业后，他积极报名参军，遗憾的是未能够实现参军的梦想。这点遗憾使他更加崇尚军人，总是期待着为军人做些什么。

2020 年 8 月 24 日，丁同年被借调到雅周镇退役军人服务站，负责信息采集、数据核查、退役军人来访、优抚对象体检等工作。“万物升华通过火，人类升华通过爱。”优抚对象是为中国革命和社会主义建设作出过牺牲和贡献的人，被誉为当代“最可爱的人”。历史遗留问题导致部分退役军人对国家政策的理解存在偏差，上访事件时有发生，影响社会和谐稳定。丁同年用爱作为动力，满腔热情地做好他们的思想工作，晓之以理，动之以情，为党委政府分忧。

雅周镇现有退役军人2000多人，由于受到外部环境的影响，常有退役军人聚集上访。丁同年知晓后，认真分析、抓住重点，多次挨家挨户走访，讲解国家相关文件精神，宣传国家政策。他把退役志愿兵的诉求整理归类，按照程序上报，还积极帮助困难志愿兵排忧解难，自觉做退役军人的贴心人，打开了退役军人的心结，使得志愿兵思想稳定了，稳妥地预防了赴市进京、越级上访事件的发生。

家住钱庄村26组的王长征，系退役志愿兵，近年来患有脑梗死，右半身行动受阻，给生活和工作带来诸多不便。其没有生活来源，妻子又不知去向。丁同年知道这个情况后，主动找上门去，帮助王长征树立生活的信心。他在政策范围内无法帮扶的情况下，自己想办法帮助王长征找到了较为理想的工作，解决了王长征的后顾之忧。然而，天有不测风云，王长征古稀之年的母亲突然中风，这对原本困难的家庭更是雪上加霜。丁同年立即组织志愿者队伍上门帮忙，收麦、割菜籽、采桑养蚕……

为了更好地营造拥军优属、拥政爱民的良好氛围，激发全社会的拥军热情，丁同年精心组织和筹划了许多活动：雅周镇每年春节前都召开现役军人家属座谈会，六一儿童节时邀请老党员、退伍军人到学校讲革命战争年代的故事，八一建军节走访、慰问抗战老兵等。丰富多彩的活动使雅周镇现役军人和退役军人沐浴在阳光下，感受到了社会的温暖，增强了获得感和满足感。

丁同年的工作受到了领导和百姓的一致好评，在镇服务站工作期间，他连续2年被评为“双拥工作先进个人”。

丁同年虽然不是一名共产党员，但他处处以党员的标准严格要求自己。他始终不忘初心、牢记使命，立志用自己的行动去帮助更多的人，加入见义勇为的队伍中，传递爱心、传播文明。

助民之所求　急民之所盼

丁小峰，1978年12月出生，中共党员，于2021年春学期开始在江苏开放大学行政管理专业专科就读。2012年3月加入中国共产党。2000年3月至2005年12月为福建马尾造船厂工人，2006年2月至2013年12月为江苏熔盛重工工人，2014年2月至2016年12月为上海江南造船厂工人，2017年1月至今任如皋市搬经镇群岸社区副主任。

曾获2017年搬经镇“先进工作者”荣誉称号。

作为千千万万社区民政工作者中的一员，丁小峰在这个平凡而神圣的工作岗位上已度过了6个春秋。从就职那天起，他就决心牢记“上为政府分忧、下为百姓解愁”的民政工作宗旨，恪尽职守，脚踏实地，为了理想和信念，用自己的青春和汗水谱写群岸社区民政工作的新篇章。

一、加强理论学习，不断增强思想道德素质

丁小峰一直以一名共产党员的标准严格要求自己，将理论学习作为自身的重要任务，自觉做到勤学多想，认真学习贯彻落实党的二十大精神，增强党性观念，提高思想政治素质，牢固树立马克思主义的世界观、人生观、价值观，保持良好的道德风尚。在群岸社区工作期间，他虚心向身边的老同志请教，向他们学习如何为人、如何正确处理各类矛盾、如何与辖区的居民融洽相处。

为了更好地宣传党的路线、方针、政策和国家的有关法律法规，丁小峰积极参加“三会一课”的学习。工作中，他顾全大局，从不争名夺利，不计较个人得

失，全心全意为人民服务，在思想上、政治上不断地完善自己、更新自己，把实际工作中的苦累转变成“苦中有乐”，并且“乐在其中”，真正树立科学的发展观和牢固的群众观，为群岸社区的进一步发展尽职尽责。

二、为民解困，做困难群众的贴心人

丁小峰牢固树立全心全意为人民服务的理念，坚持以人为本、实事求是，认真落实民政低保、困难群众救助、医疗救助等各项民生救助的方针政策，做到民生对象有进有出、应保尽保、不漏保、不虚报，充分把党和政府的关怀及时送到困难居民家中。

救灾工作是基层民政工作的重点和难点，突如其来的自然灾害是考验民政工作者的关键时刻。为加强救灾工作管理，尽量使损失降到最低，丁小峰在群岸社区走访调查，做好记录，进一步规范完善了救灾款物的发放制度。

群岸社区一户特困供养对象年事已高，其房子年久失修，随时都有倒塌的可能，丁小峰便和同事一起，多次动员其去敬老院住，可老人始终不愿意去。2020年4月30日，受强对流天气影响，出现大风暴雨。丁小峰担心老人，冒着狂风暴雨来到他家动员他搬出，但老人并没意识到危险的到来，仍不愿意搬。丁小峰和其他村干部一起，耐心做老人的思想工作，终于让老人同意转移。灾情过后，丁小峰第一时间上报受灾情况，通过与上级沟通协调，为该户争取救助资金重新盖起了新房子。

三、走访慰问，做特殊群众的知心人

群岸社区有一位退役军人，因患脑癌，行动不便，药费不断。其父亲身患残疾行走不便，母亲体质差，儿子读高中，家庭生活十分困难。丁小峰多次上门看望，送去慰问金，多次为该家庭申请临时救助，帮助该家庭渡过难关。

最低生活保障制度是解决特困群体基本生活困难的有效途径。该制度的落实是党和政府关注民生、重视民生、保障民生、改善民生的伟大工程。特困户、低保户是社会的弱势群体。群岸社区一户村民，家中4口人，女儿读高中；母亲是高龄老人，行走不便；妻子又罹患重病，卧床不起，到处寻医也不见好转，花掉了家中所有积蓄，还欠下不少外债，生活十分困难。丁小峰得知情况后，将该户情况向上级部门汇报，经过上级部门的核实，将该户纳入农村低保户予以救济。

社区民生工作难度大、挑战多，处理民生问题时需要付出很多精力和时间，但丁小峰却乐在其中，群众的笑脸是对他最好的慰藉。他认为，做好民生工作能切实帮助群众解决问题，他愿意在这个平凡的岗位上实现自己的人生价值。

“文明实践 + 志愿服务”打通基层治理“最后一公里”

杭燕芬，1980年10月出生，中共党员，于2021年春学期至2023年秋学期在江苏开放大学行政管理专业专科就读。1999年7月参加工作，2010年12月加入中国共产党。2013年9月至2019年11月任常州市武进区雪堰镇城西回民村妇联主席，2019年12月至今任城西回民村副主任兼妇联主席。

曾获雪堰镇妇联工作先进个人、计生工作先进个人、妇联宣传信息工作先进个人、优秀妇联工作者、雪堰镇“书香家庭”、民政工作先进个人、优秀共产党员、疫情防控战“疫”先锋、武进区最美巾帼志愿者、食品药品先进工作者等荣誉。

一、梦归田园，情暖人心

“有一种胜境是回乡风韵，有一种向往叫百果飘香”，位于武进区雪堰镇的城西回民村风光宜人，有水有亭有酒坊，是中国少数民族特色村寨，也是常州市美丽乡村示范点，还于2020年成功入选了第一批江苏省传统村落。昔日的经济薄弱村，一跃成为常州市新农村建设的样板，杭燕芬感慨万千。“镇党委、政府根据自身特点，大力推广‘美学 + 旅游’发展模式，将美学融入乡村建设，融入基层治理。建设美丽乡村，不等不靠，我们决心走出一条‘巾帼不让须眉，自己动手改造家园’的乡村建设新路子。群众信‘干’不信‘吹’，用心给群众干实事好事，群众才会从心里信任你。”

二、营造书香尚学氛围

“人生最靠谱的是修炼自己”，杭燕芬把这句话当作座右铭。她喜欢阅读，经常带着孩子边阅读边做笔记，摘录好词好句。“要是村里也有一座书房，供大家阅读交流该有多好！”有了想法后，杭燕芬立即行动起来。在美丽乡村建设之初，她将眼光瞄准了其中一座五间四进、有上百年历史的老宅，把这座有丰厚历史底蕴的老宅改造成了书屋。青砖、黛瓦、白墙，极具江南特色的“阳湖书房”诞生了。书房一楼设有青少年阅览室、休闲茶室、书法文创室，二楼设有图书室、妇女儿童谈心室等。2019 年 2 月正式建成后，书房陆续开展了各类读书、书画活动，丰富了村民的业余生活，形成了良好的尚学氛围。

阳湖书房建成伊始，杭燕芬便和村民们一起当起了图书管理员。书柜的定制、书桌椅凳的购买、书籍的选择及分类，甚至连绿植的摆放，都是由她和同事们一起完成的。近几年，受新冠肺炎疫情影响，阳湖书房关闭了一段时间。随着疫情防控形势好转，书房开始举办一些小型的阅读活动。村委限制每天的阅读人次，采用隔座阅读的方式，在确保疫情防控安全的前提下，为村民提供精神食粮。“防疫工作不能掉以轻心，阳湖书房在白天分 4 个时间段对村民开放，每次开放 1 小时，村民进书房阅读必须佩戴口罩并且要保持距离。”杭燕芬说。杭燕芬还和同事们开展调研，根据村民喜好，不断为阳湖书房填充文化资源。如今，阳湖书房共有各类书籍、刊物 2000 余册。2020 年，阳湖书房已接待各级各类活动参观人员 5000 余人次。

三、“她力量”助乡村振兴

同事们被杭燕芬称为“大城西的兄弟姐妹”，多年来，她与这群兄弟姐妹一起，当起了村民的贴心人。武进区妇联联合保险公司为全区妇女定制“美丽人生”妇女健康保险，杭燕芬深知这是利民好事，即使宣传保险工作艰难，容易被误会，她仍坚持带领同事们宣传到每一户，向持怀疑态度的妇女耐心解释，直到她们都了解清楚，她才放心。

村里有部分群众就业困难，杭燕芬联络巾帼“常阿姐”家庭服务培育计划家政服务实操小组来到村里，邀请专业家政老师上门进行一对一实操训练。通过学习，学员们提高了自身素质和职业技能，有了广阔的就业空间。

疫情期间，农户们的果蔬滞销了。杭燕芬看在眼里，急在心里。众人集思广益，转变思路，当起摆摊卖水果的“推销员”和朋友圈里的“微商”，爱心助力解决农产品滞销问题。农户们清晨 4 点下田采摘，并将经过重重筛选、细心装箱的水果通过快递送到客户手中，为城西回民村积攒了人气。疫情防控形势好转后，杭燕芬牵头旅游公司组织游客前来采摘。可口的水果、秀美的山水、田园安逸舒适的氛围收获了游客的好评。

“幸福是奋斗出来的。”走进城西回民村就能看到这句话，红色的大字映衬着秀美村庄，澎湃在心。杭燕芬也是这句话的实践者，她坚信幸福要靠奋斗争取，“一个人只有通过干事，才能增长才干和智慧；一个干部只有想干事、能干事、干成事，才能为工作所需要，让群众满意”。

办实事　惠民生　谱写乡村振兴新篇章

胡国民，1983 年 10 月出生，中共党员，于 2020 年春学期至 2022 年春学期在江苏开放大学行政管理专业本科就读。2002 年 7 月参加工作，2008 年 11 月加入中国共产党。2017 年 5 月至 2021 年 1 月在常州市金坛区薛埠村村民委员会任党总支副书记，2021 年 1 月至今在薛埠村村民委员会任党总支书记、村委会主任。

曾获优秀党务工作者、江苏省第七次全国人口普查工作成绩显著个人等荣誉。

一、深入推动“五乱”治理，建设美丽新农村

胡国民根据“五乱”治理任务清单，组织村干部逐一对辖区内自然村“五乱”现象进行治理，建立“每日一档”，将治理前、中、后进行对比，切实做到治理有方向、有记录、有成果。从 2022 年 5 月开展“五乱”整治以来，村域内原来的“脏乱差”情况得到明显改善。胡国民还借助整治工作，将村内的一个臭水塘改造成了健身广场，既改善了村民的生活环境，又为村民休闲娱乐活动提供了场所。

二、重视基础设施建设，改善生产生活条件

薛埠村地处山区丘陵，农业生产条件比较艰苦。胡国民始终将搞好基础设施建设作为工作的重心：2020 年争取省级库区移民项目资金 280 余万元，完成村域内的 2.8 千米农田渠道建设；2021 年上半年争取项目资金 340 余万元，完成村域

内的顺水桥水库坝建设，并被常州市评为市级“幸福河湖”，切实保障了村民的农业生产生活；2021 年下半年争取项目资金 180 余万元，对村域内的青龙坝桥危桥进行了拆旧建新，保障了村民的出行安全。

三、致力于社会综治，农村社会和谐稳定

2020 年，第七次全国人口普查工作开始，胡国民作为负责人，及时组织村干部和工作人员逐户开展入户调查。他在上门走访过程中，细心了解村民的情况，针对一些村民提出的问题和困难及时给予解答和帮助，并在入户调查过程中及时化解了多起邻里矛盾纠纷。在胡国民的带领下，薛埠村人口普查工作圆满完成，共普查常住人口 16 629 人、常住户数 5005 户。2021 年 11 月，胡国民获得江苏省第七次全国人口普查领导小组办公室颁发的“江苏省第七次全国人口普查工作成绩显著个人”称号。

四、科学精准防控，落实防控政策

胡国民带领村干部制定全民核酸检测工作实施方案，以确保核酸检测工作有序有质开展。针对有特殊情况的村民，他以上门采样的方式对其进行核酸采样，力保做到不丢一户、不漏一人。他广泛发动党员群众，宣传疫苗接种工作，提高群众对新冠肺炎疫苗接种的知晓率和接种率。对村 60 周岁以上户籍人口新冠疫苗接种工作高度重视，及时组织工作人员对村域内未接种人员逐个摸排并通知到位。对于行动不便的老年人，采用专车上门接送及全程陪同服务，提高全民的免疫力。目前，薛埠村 60 周岁以上老年人接种率达到 99.5%。

五、工作严谨作风扎实，一心为民谋利益

2021 年，胡国民带领村“两委”人员完成了村域内工矿土地复垦 47 亩、占补复垦 4.7 亩、增减挂钩 11 亩，土地复垦工作的完成进一步壮大了村集体经济，也为薛埠镇实现“两个加快”目标和经济社会高质量发展提供了资源保障。他持续致力于整合盘活村集体闲置和老旧资源，不断壮大村集体经济，推进富民强村。2021 年初，村新增出租标准厂房 2400 平方米、办公场所 200 平方米，为村新增年收入约 30 余万元。

作为一名共产党员，胡国民始终对自己高标准、严要求，赢得了领导和同事们的一致好评，得到了组织的认可。对于大家的认可和好评，他谦虚地说：“成绩不是我一个人取得的，这里有领导的支持，有同事们的辛勤劳作，我只是做了一名共产党员应该做的事，尽了我应尽的职责。能够当村干部，是我的心愿，也是我最大的荣耀。”

服务百姓守初心

黄胜灵，1986年10月出生，中共党员，于2020年春学期开始在江苏开放大学行政管理专业本科就读。2009年6月加入中国共产党。2020年12月在南通市通州区先锋街道三圩头村村委会工作，2021年2月至今任先锋街道三圩头村定编干部、党委会委员。

黄胜灵，作为一名村定编干部及中共党员，用自身的热量温暖着社会，默默地奉献自己，在联系群众、服务群众等各方面都较好地发挥了党员的先锋模范作用，得到了领导和群众的一致好评。

“我们每个人，无论做什么工作，都必须要有钉钉子精神，一钉到底！”他是这么说的，也是这么做的。

一、服务群众有担当

2022年4月，辖区内疫情防控形势突然严峻，作为一名年轻的村定编干部，黄胜灵自然成为此次防控工作的主要力量，这是他继2020年、2021年疫情防控攻坚战后第三次参与疫情防控一线工作。

2022年3月31日凌晨，接到通知要紧急集合的时候，黄胜灵二话不说，第一时间出现在了核酸点位上。一轮、二轮、三轮……到最后连他自己也不记得做了多少轮核酸。在后期的上门核酸中，他带领上门核酸小队走街串巷，平均每天完成180人左右的重点人员上门核酸工作。在下乡过程中，好多老百姓由于没有听到敲门声或者其他原因无法及时开门，他便一个个耐心地打电话提醒老百姓出来采样。遇到对居家隔离政策不理解的老百姓，他仔细咨询过街道疫情防控指挥部相关人员后再一一解答。疫情形势紧张，家人劝说他要注意身体、有空多休息，但黄胜灵说："我不怕，村里现在人手不够，我休息了岂不是更加雪上加霜了，我相信我们一定能打赢这场防疫战！"在先锋街道防疫工作结束后，黄胜灵被街道授予"在疫情防控期间表现突出的村干部"称号。

二、服务群众有作为

作为到村只有2年时间的定编干部，不是要干多少惊天动地的大事，而是要把老百姓的小事做好。对于群众中的任何突发情况，黄胜灵都能主动询问，及时发现问题、解决问题，化解群众邻里纠纷，做到了"小事不出组、大事不出村"。

"黄主任，你快过来看看吧，徐家与邻居吵起来了！"有一次，黄胜灵接到了村民张某打来的求助电话。放下电话，他立马赶了过去。经了解，徐家与张家相邻不远，早年通过两家和平谈判，置换了同等亩数的土地。但由于年代久远，当年的分界桩早已不复存在，虽然当时也签订了协议，但没有第三方证明，所以无法认定双方述词的真伪。在现场听取双方的陈述后，黄胜灵表示："远亲不如近邻，没必要为这些事情吵得不可开交。既然事情发生了，我们就要心平气和地坐在一起协商着解决，吵架伤身，也解决不了问题。我们还是好好协商，才是最好的办法。"随后，黄胜灵提出了自己的建议，最终两家都接受了他的建议并重新设置了显著的分界线，两家冰释前嫌。而这只是黄胜灵为群众办实事的一个缩影。

三、服务群众讲奉献

作为一名入党多年的老党员，黄胜灵始终以一名优秀的共产党员的标准严格要求自己，恪尽职守，勤奋努力，凭着脚踏实地的干劲、奋力拼搏的韧劲，出色地完成了各项工作任务。

“不仅自己不烧秸秆，我还主动向家人、邻居及朋友宣传秸秆禁烧，做好禁烧劝导工作，营造人人知晓、人人有责的秸秆禁烧氛围。我是一名党员，我有义务带好这个头。”黄胜灵郑重表态。自三圩头村开展秸秆禁烧工作以来，黄胜灵起早贪黑，定期开展禁烧巡查，对巡查中发现的问题隐患第一时间报告并处置到位，确保辖区“不燃一把火，不冒一股烟”。除了参加秸秆禁烧工作，黄胜灵还积极参与村禁燃烟花爆竹、人居环境整治、文明城市创建宣传、关爱未成年人等各项活动，为群众排忧解难、办实事办好事。

几年如一日，总是冲在最前头，一直干在最实处，这就是黄胜灵工作的真实写照。他就像一颗永不生锈的螺丝钉，哪里需要，就出现在哪里。

民生实事解烦忧　件件落实暖民心

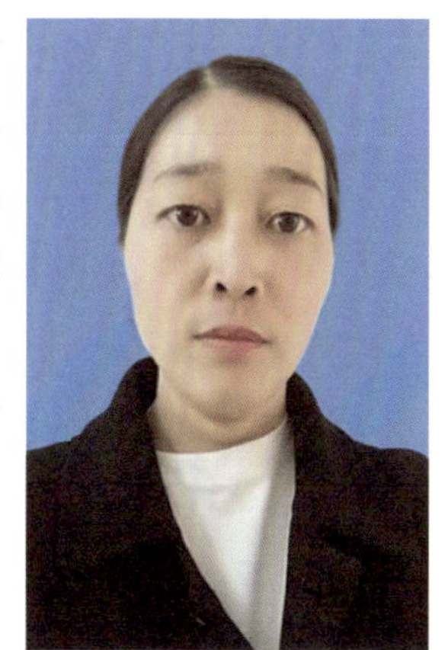

李秀丽，1986年9月出生，中共党员，于2021年秋季开始在江苏开放大学行政管理专业专科就读。2021年1月参加工作，2009年12月正式加入中国共产党。2021年至今在连云港市东海县温泉镇甘汪村担任妇联主任。

曾获得连云港市东海县“五好家庭”和“优秀共产党员”等荣誉。

一、扎根基层担使命

2020年12月，李秀丽通过换届选举，被选为连云港市东海县温泉镇甘汪村支委会委员、村委会委员兼妇联主任。日常在做好妇联工作的同时，她还协助会计做好养老保险、医疗保险的征收工作。除此之外，她还兼任社区网格员、图书管理员。参加工作以来，李秀丽脚踏实地、兢兢业业，每年都会为困难妇女儿童捐款，关注留守儿童、孤儿、孤寡老人、特殊群体的生活状况，认真完成妇联、村委会的每项任务，团结同事，互相帮助，时刻谨记自己是村委会集体的一分子，处事公私分明，坚持原则，一心为人民解决实际困难。2017年她家被评为连云港市东海县“五好家庭”，2021年她被推选为连云港市东海县党代表、人大代表和优秀共产党员，2022年她家被评为连云港市东海县“文明家庭”。

二、突发风险勇担责

2022年3月，新冠疫情暴发，全国疫情防控形势严峻，连云港市工厂停工、

交通停运、学校停课、封路封村。大疫面前，李秀丽毫不畏惧，冲向一线参加卡口执勤工作。她带着1岁多的孩子，夜里执勤往往一夜不睡，白天电话一响，又随叫随到。在路口检查过往车辆，对人员进行详细登记，查验行程码、苏康码、核酸检测信息，并提醒过往行人佩戴口罩、做好防护、减少外出，让他们在家注意卫生，常通风、勤洗手。在卡口执勤的同时，她还参与了核酸检测信息登记工作，经常凌晨4点多做准备，5点半准时开始核酸检测，9点半结束以后再继续去卡口参加执勤工作。她从没抱怨过辛苦，她觉得为了大家的安全做什么都是值得的。除此以外，疫情期间她还主动帮助孤寡老人、独居老人和特殊群体打扫卫生，与老人们促膝长谈，询问他们近期的家庭情况和身体状况，告诉他们疫情尚未结束，要做好自我防护，少出门、勤洗手，保持家庭环境卫生，有什么需要随时找村委会。

三、无私奉献暖民心

李秀丽不仅每年为连云港市困难妇女儿童捐款，而且组建了甘汪村爱心团队，呼吁更多人献出爱心。每年的端午节，镇上或县里都会举办包粽子比赛，李秀丽积极组织动员妇女参加比赛，丰富业余生活。她还组织妇女参加两年一次的免费两癌筛查，为女性群体的健康保驾护航。每当县里有免费资源或者救助政策，例如在线直播信息、免费救助名额等，李秀丽都会第一时间传达给有需要的居民，帮助他们快速获取到急需的社会资源。对于村里的孤儿群体，她会定期去询问他们的读书升学情况，记录他们的身高、体重，拍下照片送到妇联，及时给资助人提供信息。妇联每年都会给留守儿童发放心愿卡，收集心愿并尽最大的努力实现孩子们的愿望。对于行动不便、卧床不起的老年人，全部采用上门服务的方式，服务事项包括老年人信息认证、疫苗接种等等。李秀丽在工作中用心、用情，尽力解决群众的操心事、烦心事，架起了服务群众的“连心桥”。

用工作“力度”呵护民生“温度”

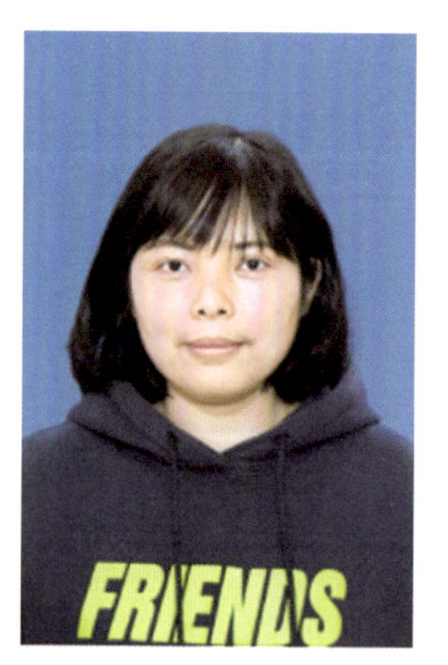

楼小芳，1979年9月出生，中共党员，于2021年秋学期开始在江苏开放大学行政管理专业专科就读。2003年8月参加工作，2006年7月加入中国共产党。2004年至2019年担任过团支书、妇女主任（村妇联主席），2019年6月至今担任苏州市昆山市玉山镇广福村会计。

曾获得昆山市玉山镇先进个人、妇女工作先进个人、优秀志愿者、高新区“践行‘三严三实’，我为‘昆山服务’做什么”专项教育活动先进个人、2018年全国流动人口动态监测调查省级优秀调查员等荣誉。

一、以身作则，传扬志愿精神

楼小芳自进入昆山市玉山镇广福村工作以来，兢兢业业，勤勤恳恳，经常深入到群众中，与群众打成一片，真真切切地为群众办事，以实际行动展现自我。她在基层工作已经快20个年头了，她把青春都奉献在工作岗位上，从团支部书记、妇女主任到现在的村会计，无论什么岗位她都能得心应手，一如既往地践行着自己的人生誓言。楼小芳在担任团支书时，带领团支部成员紧紧围绕在村党支部的周围，积极参加青年志愿者活动，帮助广大团员青年自觉树立为人民服务的意识，弘扬团结友爱精神，始终保持团员的先进性。

二、扎扎实实，提供优质服务

任职妇女主任期间，楼小芳关爱每一个育龄妇女，经常组织妇女学习《中华人民共和国妇女权益保障法》《中华人民共和国婚姻法》，带领广大妇女参加“文明和谐家庭”和“平安家庭”评选工作。在妇女群众中大力宣传生育政策，特别是宣传二孩政策，开展优质服务。从事妇女工作10余年来，在平凡的工作岗位中，她以奋发有为的工作热情，为妇女工作作出了自己的贡献。现在，楼小芳担任村会计一职。作为一名村会计，她遵守各项规章制度，做到爱岗、敬业，严格把守财务关，认真学习业务知识，收支规范化，定期进行财务公开，时刻不忘会计准则及各项规章制度，守住法律底线，做到实事求是，并不断进行反腐倡廉学习，廉洁自律、严于律己，时时事事自警自律，扎扎实实做好本职工作。工作期间，楼小芳获得了先进个人、优秀志愿者和优秀妇女工作等荣誉称号。

三、勇于担当，牢记初心使命

新冠疫情期间，楼小芳以实际行动发挥党员的先锋模范作用。她坚守在疫情一线，24小时随时待命，早上不到5点就起床为医务人员、工作人员、志愿者准备早餐。早餐过后，马上投入到忙碌的核酸工作中，发放防疫物资、维持群众秩序，给做好核酸的群众发放标签贴等等。任务完成后，她又投入社区门岗，协助门岗人员一起查验两码，严格控制好小区住户出入小区的频率。晚上和同事一起进行数据排查、核实。她每天用最简单的方式解决午餐和晚餐，有时在办公室边扒拉盒饭边接听电话，每天都是忙忙碌碌，一心扑在工作上，工作间隙只能通过视频通话和家中女儿说上几句话。作为一位基层工作者，她始终把群众利益放在第一位，舍小家顾大家。她经常说："我是革命一块砖，哪里需要往哪里搬。"她以饱满的工作热情、扎实的工作作风，赢得了领导和群众的一致好评。

践行为民服务初心　争当民政岗位先锋

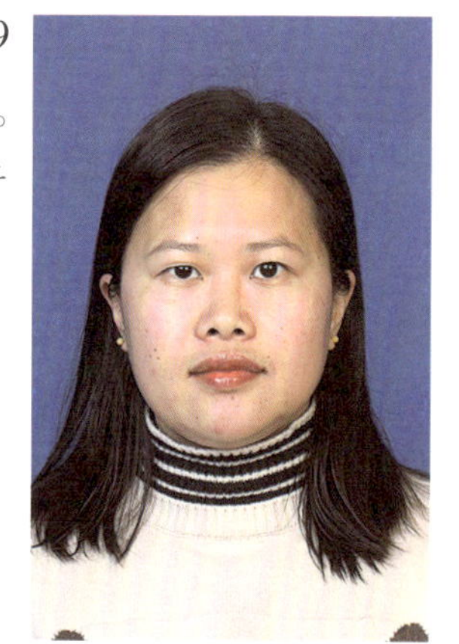

陆慧，女，1991年1月出生，中共党员，于2019年春学期开始在江苏开放大学行政管理专业本科就读。2017年成为宿迁市首批返乡兴村大学生村官，现就职于宿迁市湖滨新区晓店街道晓店居民委员会。

曾获“宿迁市民政系统工作先进个人”荣誉称号。

陆慧在湖滨新区晓店街道晓店居委会任纪检委员，同时也负责民政方面的工作。虽然基层工作头绪多、事情杂，处理起来有一定的难度，但是她知难不惧难，通过不断的学习和坚持，用自己的热心、爱心和耐心破解了工作中一个又一个难题，一步步成长为可以独立解决问题的基层工作人员。

一、勤奋好学，迅速成为行家里手

民政岗是“上为政府分忧，下为百姓解难”的民心岗位，要履行好这一职责，不光靠青春的激情、服务的热情，更需要强烈的责任感和妥善处理问题的能力。为了让自己迅速成为行家里手，她努力学习相关的政策、法规，补充民政工作方面的专业知识，特别是社会救助方面的各种条例、政策及操作指南等专业知识。为便于实时学习和强化巩固，她将政策、法规和实操要点整理成小册子，随身携带、随时翻阅。工作中遇到难以把握的政策、法规解释方面的问题，抑或是实践方面的具体操作问题，她总是虚心请教同事，仔细揣摩“老前辈”办理过的经典案例，不断提升业务知识水平和实际工作能力，将落实政策、服务群众的职能担当好、履行好。5 年多时间里，陆慧协助民政部门入户走访 1000 多户群众，接待来访群众 2000 余人，帮助近 600 名困难群众申请到困难救助补贴。

二、爱岗敬业，用心用情奉献

民政工作面对的是困难群众和弱势群体，要把政策落实好，把党的温暖和政府的关心送给有需要的人，这些陆慧一直谨记在心。工作中，她坚持多走访、多帮助，她用自己的爱心和责任心守护着辖区的居民。

2019 年，她听说相邻居委会童某患有重病，因家庭困难想放弃治疗。尽管童某不是她所负责辖区的居民，但是为了帮助他家早日走出困境，她立即入户了解其家庭情况：童某患有肺癌，老伴年老体弱多病，儿媳智力残疾无法外出打工，孙子上初中，肢体轻度残疾的儿子打零工的收入是家中唯一的经济来源。面对这样一个极度困难的家庭，她立即与童某所在居委会的干部联系，并进一步走访调查，如实记录童某的家庭情况并上报协调，在最短的时间内帮童某一家申请了低保，同时为童某申请了大病医疗保障。

三、严纪守责，疫情面前无情面

2020 年初，全国突发新冠肺炎疫情，形势严峻，多地工厂停工、企业停产、交通停运、学校停课。各村（社区）按上级党委统一部署在交通要道设卡口阻断疫情，陆慧被街道纪检部门抽借去检查各村庄要道卡口的设置是否规范。20 多个卡口，每天检查 3 遍，不管到哪个卡口她都严格执行防疫要求。有的卡口工作人员纪律松懈，防疫配套物品不全、卡口设置不规范，她会一一记录下来并限定整改要求和时限。工作人员想跟她套近乎，希望她不记录、不通报，她总会很严肃地说："人有情，但疫无情，记录和通报是为了督促所有参与防疫的人员更规范、更严格地对待疫情防控，保障群众的安全，争取早日战胜疫情。疫情面前无情面，严纪守责是我的职责所在。"

陆慧是一名普通的基层工作人员，同时也是 2 个孩子的妈妈。尽管孩子们需要妈妈的照顾，但她常常忽略了小家，照顾了大家。她用自己的行动和努力践行着为民服务的初心，为和谐社会建设默默地作着自己的贡献。

齐心协力为民办实事　党旗引领老街换新颜

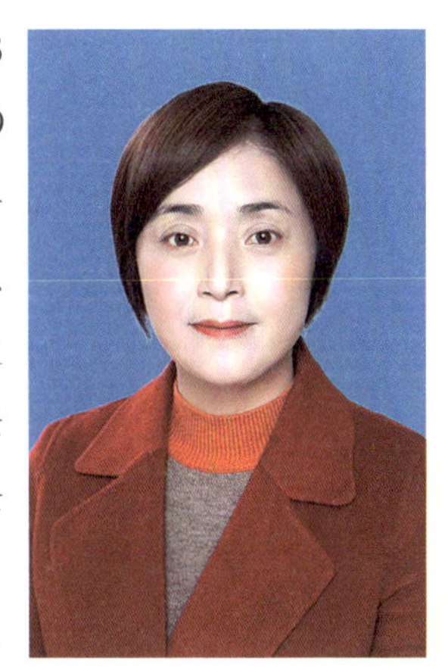

潘凤娟，1975 年 1 月出生，于 2021 年春学期至 2023 年秋学期在溧阳开放大学行政管理专业本科就读。1999 年 9 月参加工作，2001 年 7 月加入中国共产党。1999 年 9 月至 2010 年 3 月任溧阳市古县街道百家塘村妇联主任、团支部书记，2010 年 3 月至 2013 年 6 月任百家塘村党支部副书记、团支部书记、妇联主任，2013 年 7 月至今任百家塘村党总支书记，2020 年 1 月当选百家塘村村主任（书记、主任一肩挑）。

连续 2 年获得常州市委组织部颁发的“5A”级村书记称号。

潘凤娟担任百家塘村党总支书记以来，积极团结“两委”班子，自觉接受群众监督，时刻不忘党和人民群众赋予的权力和义务，尽职尽责、廉洁奉公，以务真求实的作风，开拓进取、团结奋斗。百家塘村先后获得“江苏省文明村”“常州市文明村”“江苏省特色田园乡村”“常州旅游重点乡村”“常州市平安和谐法治示范点”等荣誉。

一、加强学习，提升队伍水平

百家塘村党总支部严格落实“三会一课”制度，定期开展组织生活会、党员民主评议、谈心谈话等组织生活，依托日常组织生活、学习活动、群众走访等，不断推进学习贯彻习近平新时代中国特色社会主义思想的热潮，激励百家塘村近 60 名党员同志在学习中进一步增强党性、提高思想政治觉悟。百家塘村党总支部要求全体党员同志定期向支部汇报学习成果和思想情况。支部书记潘凤娟说：“党组织生活与学习，一方面是为了能让每一位党员同志始终保持良好的学习状态，另一方面也是通过学习，提高党员同志的理想信念与思想觉悟，让党员同志能够真正理解习近平新时代中国特色主义思想的深刻内涵，关心国家，关爱群众，关注百家塘村的发展。”面对突如其来的新冠疫情，潘凤娟带领党员干部始终冲在最前线，用坚定的信念筑起抵抗疫情、维护群众身体健康和生命安全的坚强堡垒。

二、真心实意，服务家乡百姓

全心全意为人民服务是共产党人的基本准则与信念基础，作为一名党员干部，就要为党、为国家、为老百姓多做实事、多做贡献。潘凤娟是这样想的，也是这样做的。“心里装着老百姓，嘴上念着老百姓，常常看看老百姓，做事听听老百姓。”这 4 句话是她经常对党员干部和村委干部说的。村里工作就是“上面千条线，下面一根针”，农村基层干部每天要面对和处理的事纷繁复杂，看起来都是小事，但关乎老百姓的事都是大事。

为了能让村里百姓的腰包鼓起来，潘凤娟可谓是操碎了心。百家塘村辖区内有几家大型企业，潘凤娟带领党员干部多次与企业联系，跑路子、托关系是经常的事，近年来陆续为村民解决就业约 100 人次。百家塘村的土壤适合种植溧阳白芹，自古以来村民们都有着种植、售卖白芹的传统。随着社会发展，外出打工、进企业工作的人越来越多，种植白芹的人越来越少。潘凤娟带领村委干部牵头，组织村里的种白芹好手进行规模化种植，在有效利用闲置耕地的同时也增加了村民收入。

三、脚踏实地，守住朴素情怀

作为一名党员干部，最根本的情怀是“讲良心，不忘本；有良知，不忘责；善良行，不忘耻”。百家塘村几百年来都有着良好的村风民风，老百姓有着朴素的村民情怀，看到家乡、村里、田边的变化都会心生喜悦，遇到什么不好的事也会为之愤愤不平。近年来，依托“美丽乡村”建设，潘凤娟带领党员干部定点到村、责任到人，逐村进行卫生整治，挨家挨户进行环境整顿，无论酷暑还是严冬，党员干部个个都走在整治最前线，搬砖、拖枝、扫地……村民们也为之所感动，纷纷加入到环境整治的队伍中。村民们说：“一号公路修了，村里干净了，晚上可以到公园里健身跳舞，现在村里比城里都好了，城里也不住了，大家都搬到村里来住了。”

四、群策群力，打造生态家园

说到百家塘老街，人们第一个想到的就是“七星灶”、青石板、豆腐作坊、王氏宅院、猪肉墩头店……随着时代变迁、国家发展，人民生活水平不断提高，老街的新生力量大部分都进城生活了，留下了年纪较大的村民守着老街的本色。由于年代久远，长时间不维护，老街的房屋、路面、街边都已经破败不堪。为了守住这一份记忆与本色，潘凤娟充分利用“美丽乡村”建设这一良机，带领村“两委”干部寻求多方力量的支持与合作。合作过程中，村“两委”干部全程参与现场勘查、方案论证、图样设计、村民沟通等行动。虽然过程充满艰辛，但是看到村里的变化以及村民脸上的笑容，大家深感这一切付出都是值得的。

五、齐心协力，增强百姓福祉

金杯银杯不如老百姓的口碑。多年来，潘凤娟带领党员干部齐心协力，为村民办实事、做好事，始终把增强老百姓的获得感、幸福感和安全感作为工作的重中之重。净化民院村落、感化村民心灵、绿化周边环境、黑化乡间道路、美化老街形象……潘凤娟坚信，老百姓生活水平提高了，幸福指数提升了，就是党员干部最大的成绩。

退伍不褪色　投身基层续华章

宋道亮，1977年1月出生，中共党员，于2021年春学期开始在江苏开放大学行政管理专业本科就读。2002年在长庄居委会工作，2008年任长庄民兵营营长，2014年任沂河居委会副主任，现任宿迁市沭阳县沭城街道西园社区主任、副书记。

曾获“优秀共产党员”荣誉称号。

宋道亮于1998年入伍，于2002年从部队退伍。退伍后，转业到沭阳县沭城镇企管站工作，后因为编制体制调整失业。面对工作上的变故，他没有消沉，而是积极调整情绪，思考个人价值的发挥空间。他始终不忘为人民服务的使命，最后选择担任社区民兵营营长一职，后因表现出色、能将工作做到群众心坎里，升任社区副主任、副书记。2013年，他因工作成绩突出，被推选为沭阳县沭城街道西园社区主任。无论在哪一个工作岗位，宋道亮都认认真真、兢兢业业，努力做好自己的本职工作，受到群众和同事的一致好评。

一、维护信访稳定，化解群众邻里纠纷

作为西园社区主任，宋道亮承担了社区工作的绝大部分，尤其是信访稳定工作和小区管理工作。由于自身缺乏信访工作经验，加上社区事务繁重琐碎，开始时他难以应对。为了早日掌握信访相关知识，他不断开展业务学习，提升专业能力，虚心向老同志请教，接受老同志的批评和帮助。工作中，他经常不分白天

黑夜、刮风下雨，挨家挨户上门走访，进行入户登记，了解基层情况。功夫不负有心人，近年来，他成功化解了30多起邻里纠纷，处理了8个异常赴省上访事件。

二、防控新冠疫情，维持军人本色

自新冠疫情防控工作开展以来，宋道亮带领社区网格员、志愿者和机关下沉干部，认真开展社区的疫情防控工作。全域共有6个居民小区、2个检测点、400多个商户、近14 000名居民，每天大家都能看到他忙碌的身影，时刻都看到他在准备核酸检测所需物资、为医务人员安排医疗设备、分发慰问物资、随时协调解决各卡点的突发状况等等。身处抗疫一线，宋道亮常常一忙就是一整天，晚了就睡在社区。长时间的加班使他高血压病情加重，但是他没有因此而停步休息，而是依旧坚守岗位，把疫情监测、排查、宣传、防控等作为第一职责，勇挑重担、冲锋在前，努力践行着共产党员和退伍军人的使命和担当。

三、深入走访，帮扶弱势群体

宋道亮深入贯彻街道大走访精神，对辖区内困难群众逐户进行走访，深入了解群众“急、难、愁、盼”问题，对独居老人、失亲孤儿、困难群众等进行帮助。他不计个人得失，自掏腰包购买慰问品送给他们，使社区内的弱势群体感受到党组织的关爱。他的行为受到广大居民群众的一致好评。

为了提高自己服务群众的能力和水平，宋道亮自费参加远程学习。学习中，他不懂就问，刻苦努力，成绩优异，受到老师和同学的好评。工作上，他尽职尽责、踏实主动、认真细心，以社区为家，视居民为家人，群众见了他都亲切地称他为“宋大哥”。

以民为本解千困　为民服务暖万家

孙益峰，1982年2月出生，中共党员，于2021年春学期至2023年春学期在江苏开放大学行政管理专业本科就读。2005年11月加入中国共产党。2009年6月至2010年8月担任如皋市如城街道城东社区借用人员，2010年8月至2016年10月担任城东社区部门干部，2016年11月至2019年5月担任城东社区居委会副主任，2019年5月至今担任城东社区党总支副书记。

曾荣获南通市“好青年”、如皋市“未成年人思想道德建设工作先进个人”、优秀团干部、优秀党务工作者、先进工作者、优秀共产党员等荣誉。

孙益峰作为社区副书记，对很多工作都坚持事必躬亲，对于党建、搬迁、创建、新冠疫情防控、安全生产等中心工作，都要亲自统筹安排，经常是不分昼夜、连轴工作。他默默工作在城东社区第一线，认真履行全心全意为人民服务的宗旨，认真负责，甘于奉献，以饱满的热情投入到社区的各项工作中去。在孙益峰的带领下，城东社区先后获得省级文明社区、充分就业示范社区、和谐示范社区、妇女儿童之家、农村党建突出贡献奖、南通市文明社区、“五星级”党组织、如皋市文明社区、“四星级”党组织、生活富裕村、如城街道红旗单位等诸多荣誉。

一、重视党建引领，注重民生实效

孙益峰时刻提醒自己是一名党员，坚持做到“讲学习、讲政治、讲正气”，具有正确的政治方向、政治立场、政治观点，始终保持高度的政治敏锐力和政治鉴别力，保持政治上的清醒和坚定。党建工作中，孙益峰注重学用结合、知行合一，在“两学一做”“我为群众办实事”“走帮扶”和党史学习等主题教育活动中，他将解决老百姓的实际困难作为工作的宗旨。在他的统筹协调组织下，安置区的停车位改造、电动车充电桩的增设得到了落实，黑臭水沟得到了整治，能耗“双控”、搬迁改造、疫情防控、防汛防台等工作全面到位。他积极同广大党员一起，投身到文明典范城市创建的行动中去，发挥了党员的先锋模范作用。对于书记项目，孙益峰全程参与并积极组织，高标准打造了“新风家园易俗堂”，解决了城东社区居民无场所办理“红白事”的难题，也为小区管理树立了典范，得到了南通、如皋及园区的高度肯定。

二、心系群众，热心服务

城东社区居民的难事，就是孙益峰放不下的心事。谁家有困难，谁家需要救助，孙益峰心里都有一本账。他及时了解相关政策，对号入座，及时解决。马某某家是他对接的低收入户，他只要有时间就到马某某家中问寒问暖、了解情况，还自己出资为其购买生活物资，帮助其解决家庭的实际困难；同时，他也及时宣传党的扶贫政策，帮助马某某一家树立信心。在孙益峰的帮助下，马某某家的日子越来越好。

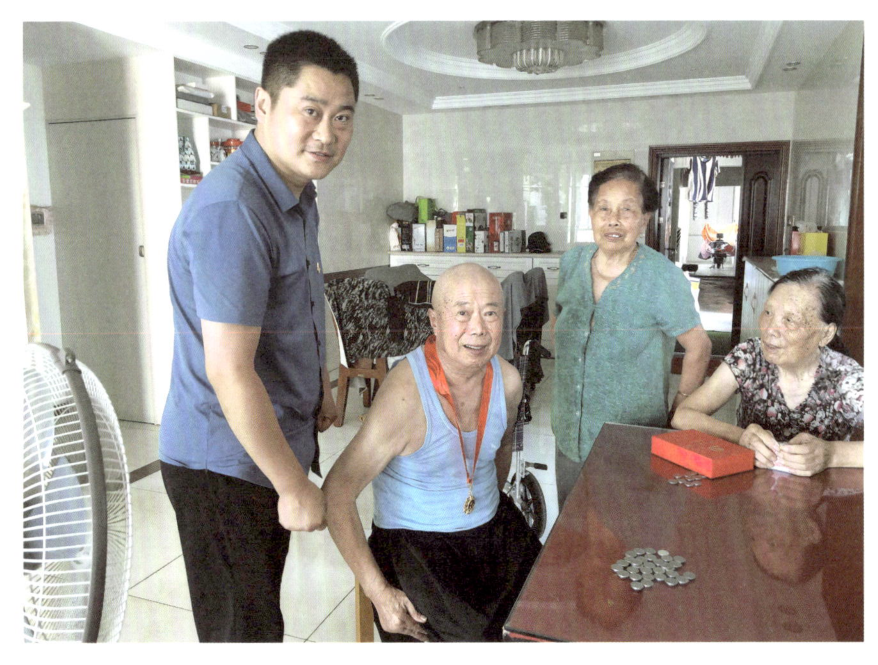

2020年以来，城东社区开展文明典范城市创建工作，孙益峰顶着酷暑组织人员在小区、村组、河道整治环境卫生，一连几个月不能休息。在他的组织下，社区文明城市创建取得了优异成绩。搬迁改造任务繁重，作为城东社区分工搬迁工作的负责人，孙益峰总是把老百姓的事当作自己的事来关心，认真宣传政策，合理解释处理好每户的特殊情况，让每一户搬迁户都能理解搬迁、配合搬迁。最终，所有搬迁户均顺利搬迁，未出现任何遗留问题。

三、身先士卒，抗击疫情

在抗击新冠肺炎疫情的工作中，孙益峰总是带头走门串户，详细了解人员情况。发现涉重点疫区人员时，他带头入户布置医学观察方案；在得到指挥部排查出密接人员的消息时，他亲自上门做好隔离人员的思想工作，连夜组织人员前往隔离点进行隔离；遇到临产特殊隔离人员时，他主动请缨前往医院陪护产检：真正做到险情在哪里，工作到哪里。他的女儿在写给奋斗在一线的勇士们的信中写道："爸爸为什么不在家好好陪陪我们？外面那么危险，你为什么还是要出去？不是说宅在家就安全了吗？"而孙益峰告诉女儿，因为他是党员，是社区干部，他得对整个城东社区的老百姓负责。

作为一名基层工作者，孙益峰坚持把群众的根本利益作为工作的出发点和落脚点，他承担着城东社区各项重点工作，不辞辛苦，服务居民。他在城东社区工作和社会生活中都发挥了共产党员的先锋模范作用，为城东社区的和谐文明建设贡献了力量。

保持党员本色　助力乡村振兴

王建东，1975年6月出生，中共党员，于2021年春学期开始在江苏开放大学行政管理专业专科就读，任学习委员。1996年8月参加工作，1996年6月加入中国共产党。2020年3月至2021年1月任盐城市射阳县经济开发区条洋村人力资源协理员、四组组长，2021年1月至今任条洋村委会副主任、人力资源协理员、四组组长。

作为一名中共党员，王建东同志自担任射阳县条洋村委会副主任以来，一直牢记“全心全意为人民服务”的宗旨，将“服务为民”作为自己的工作准则，深入群众，做上级方针政策与基层群众之间的“穿针人”。他不忘初心，在做好基层民生实事的同时，锻炼自身工作能力，在中国特色社会主义现代化建设道路上贡献了自己的一份力量。

一、立足乡村难题，实现服务提档升级

王建东紧跟射阳县开发区步伐，协助村主任完成乡村治理日常工作。他坚持每日下村，走访农户，了解村民需求，解决群众困难，做好帮扶工作，提升群众幸福感；完成新党员发展、村委换届、第七次全国人口普查等工作；深入落实垃圾分类、禁止秸秆焚烧、新型农村养老保险等宣传工作，为全村4400余人的居住环境、养老、医疗等做好保障工作。与此同时，为提升服务水平，王建东同志积极参与市、县及乡镇组织的各项基层培训会，申请就读江苏开放大学，系统

学习管理知识，提高自身文化水平和管理能力，并取得优异成绩。他坚持学以致用，在基层实践中将理论知识与实际工作相结合，推进基层他治、自治和共治建设，创新乡村治理新模式。

二、化解村民矛盾，完善乡村治理格局

王建东在工作中以细心、耐心和用心的工作态度，“和为贵”的工作思想，摸清村民矛盾根源，取得了群众信任。他采用柔性工作理念，晓之以理，动之以情，情理结合，做好调解工作，有效化解矛盾。自参加工作以来，他已有效化解家庭邻里矛盾、基层治理矛盾等20余起。六组周某根家和胡某香家因宅基地界址问题发生矛盾，相互毁坏对方部分庄稼。得知情况后，为避免矛盾激化，王建东立即联系六组组长，分别到两户人家里了解情况，讲解毁坏庄稼的严重后果。他又从家庭关系、邻里关系和睦相处的重要性出发，和两户人家沟通了1个多小时，并冒着酷暑钻进玉米地里拉尺丈量了土地，确定了双方界址，妥善解决了矛盾，得到了当事人的认可。2022年6月，盐城市发生了多年难见的干旱，连续多日不下雨，大部分中沟、干沟都已经干涸，只有部分大沟还有一点点水，全村2000多亩稻田严重缺水。王建东向村书记汇报后，立即组织10多名人员和2台机械，打坝、挖沟、疏通河道，同时和供电部门联系，架设临时三相用电设备，集中20多台大小水泵连夜向内河抽水，并逐户通知农户抓紧向稻田打水灌溉。由于安排及时、处理得当，全村稻谷收成没有因干旱受到影响。王建东的工作得到了群众的认可。

三、持续招才引智，促进乡村就业发展

受新冠肺炎疫情影响，全县部分工厂停工停产，一些工人因此失业。为解决乡村劳动力就业问题，王建东一是实地走访，广泛收集工厂信息和村民特长，在乡村群中持续推送工厂招聘信息，鼓励未就业村民参与招聘面试，保障乡村居民稳就业；二是招商引资，扩大就业渠道，增加乡镇村民就业机会。比亚迪工厂是射阳县目前最大的企业，在村委的努力之下，目前仅比亚迪一家企业就已在村里招工 20 多人（已入职 9 人），这大大促进了乡村就业形势的进一步发展。

虽然乡村工作条件艰苦，但王建东并不后悔。他认为，基层工作虽困难重重，但意义深远。只有在基层一线扎根磨炼、挥洒汗水，才能使贫瘠的土地里开出绚烂的花。

心系妇女有作为　真情履职展风采

王金凤，1972年5月出生，中共党员，于2022年春学期开始在江苏开放大学行政管理专业专科就读。2017年5月参加工作，2022年加入中国共产党。2017年5月至今在南通市如东县河口镇烈士陵村村委会任妇女主任。

曾获得南通市如东县烈士陵村优秀先进个人、综治工作先进个人等荣誉。

一、扎根基层不忘初心，为民服务牢记使命

王金凤自2017年任南通市如东县河口镇烈士陵村妇女主任至今已有6个年头，她身兼数职，统筹兼顾，克服各种难题，做好组织交给她的各项任务，包括妇女工作、综治台账整理、文字处理、网格录入、指导帮助年轻村干工作等。面对自身学历条件不足的情况，51岁的王金凤毅然报名江苏开放大学远程教育来提升自己。她热爱生活，笑对困难。面对难题，她总是笑着说："我可以。"在任职期间，她走访了村里每一户人家，对村里困难妇女的情况了如指掌，积极帮助困难妇女办理各种手续，帮助她们申请政府补助，想尽一切办法努力提高妇女的生活水平，为村民办实事。村民们在背后都给她竖大拇指。

二、为民生办实事，用智慧解难题

她热心基层妇女议事工作，理性分析并积极解决提出的问题。创新是她工作

最大的特点，她关心时事，总能提出不一样的问题和解决办法。在疫情的大环境下，议事会不能线下召开，她提出可以像在江苏开放大学上网课一样来开会。但是在农村，看似简单的工作实际需要耗费大量的精力。一些人家里没有网络、没有设备，王金凤就积极联系移动运营商，申请帮忙免费安装宽带设备，然后挨家挨户帮忙下载软件并教他们如何操作。面对过程中的难题和老百姓提出的问题，王金凤有一个专门记账本，每当有好的方法和措施，她都记下来，后面和大家一起分享交流，因此深受好评。她还充分利用农村剩余妇女劳动力，创办“巾帼志愿者”团队，成立信访排查、治安巡逻、爱心帮扶等“巾帼娘子军”，她自己则作为一名巾帼志愿者和妇联干部带头走进困难户家中，到困苦家庭进行走访慰问，帮助解决生活困难群体的难题。

三、尽心尽责，优化综合治理

在新冠疫情暴发的背景下，王金凤同志根据“平安村”“平安烈士陵村”创立工作的具体要求和部署，紧密结合本村实际，投身平安创立活动，依法行政，严厉打击违法犯罪行为，稳定居民生活，确保一方平安。王金凤带头组织村网格员认真巡逻、仔细排查，做到及时排查、及时发现，以最快的速度将问题解决在萌芽状态，避免了矛盾激化，降低了犯罪率，保证了村民生活安宁。在自己学习的同时，王金凤还将自己在江苏开放大学学到的知识普及给老百姓，分享自己的学习感悟，尤其是大力开展法治宣传教育活动，不断提高村民的法律意识和防范意识，从根本上改变村民的思想观念，有效抵制了一些不良风气。在她积极努力的工作下，烈士陵村妇联工作取得了一定成绩，她也被评选为先进工作者，深受群众的好评。

做好群众的“心里人”

王伟，1988年6月出生，于2020年秋学期至2022年秋学期在江苏开放大学行政管理专业专科就读。2018年参加工作，2020年5月至今任宿迁市洋河新区洋河镇东圩社区妇联主席。

曾获“江苏省第七次全国人口普查工作成绩显著个人”“全省计生协工作成绩突出个人”等荣誉。

一、以需求为导向，开展群众工作

作为一名基层工作人员，王伟深知肩上担子的分量。在群众工作中，她擅长体察居民群众的情绪，能看出他们的难处、看出问题、看出情绪、看出需求，并从一言一行、一举一动中深入了解群众，打开群众工作这扇门，从而找准问题所在，回应群众的关切和期待，解群众之所难，帮群众之所需，诉群众之所求。她知道，群众来办事，很多是带着一些情绪来的，所以她都是以包容的心态仔细倾听，理解群众的难处。在沟通中，她留足时间、留足空间，让群众把“心窝子”里的话掏出来。她耐心地为群众解读新政策、新理念，用心理解群众的内心需求，针对问题分清主次、化解矛盾、对症下药。

二、守初心，担使命，做好分内事

王伟参加了2020年第七次全国人口普查工作，本着“做好、做细、做实”

的工作态度，担当了普查指导员、普查员、指挥员、宣传员等多重角色。她认真学习人口普查相关法规政策，自始至终都保持着高度的责任感和使命感。在这次普查工作中，她不仅参与了前期的方案制定、区域划分、宣传计划制订等工作，还负责后期整个社区17个普查区的业务指导工作，前前后后忙活了好几个月，但她一直兢兢业业、毫无怨言。

人口普查需要划分区域，这是她第一次接触电子地图软件。很多时候，她顶着太阳或者冒着大雨，挨家挨户入户勘察，只为了能使电脑绘图更加精确。遇到问题，她及时和上级领导沟通，确保后续工作顺利开展。从普查方案的制定、宣传到普查物资的配送，她都亲自参与，尤其是对于入户摸底工作，她格外用心，因为她深知入户登记工作直接关系到整个普查工作的成效。

她始终坚持在一线指导各个普查区的工作，全程参与登记汇总工作，确保数据的真实性和准确性。对于片区组织的业务培训，她永远是最认真的一个，遇到不会的问题及时向上级寻求答案，并在会后组织同事们进行集中讨论。王伟经常感慨："学习做事只要用心，就永远不会有难题。"

三、舍小身，顾大义，诠释"逆行者"

新冠疫情发生后，一边是7岁和11岁的2个年幼的孩子，另一边是需要守护的辖区居民，王伟毫不犹豫地选择了后者，把孩子完全交给丈夫。她第一时间投入疫情防控工作中，每天在社区忙碌，排查返乡人员信息、整理台账、领取全员核酸检测物资、调配村内物资、指导核酸检测信息登记……为保障工作环境安全，她每天早上都是最早到现场进行消毒工作的。同事们和防疫人员都经常说："王伟就是我们坚强的后盾，有她在，我们就能安心做好自己手头上的事。"

胸怀赤子之心　深耕基层服务群众

王伟方，1985年8月出生，中共党员，于2020年秋学期开始就读于江苏开放大学行政管理专业本科。2005年10月加入中国共产党，2007年6月从江苏食品职业技术学院（全日制大专）毕业，在校期间多次获得一等奖学金，并被评为优秀毕业生，2007年7月正式踏入社会开始工作。2020年3月至今在宿迁市沭阳县沂涛镇王团庄村任党支部副书记及村委会副主任。

曾获得沂涛镇优秀党务工作者、“第七次全国人口普查省级优秀个人”等荣誉。

自从2020年3月参加王团庄村“两委”工作以来，王伟方严以律己、宽以待人、勤劳务实，得到了广大群众的好评。

一、赤子之心，走进组织队伍

2020年初新冠疫情大暴发，往返乡村的路口多了许多防控值班卡口，那时候人们对新冠病毒是比较陌生和恐慌的，然而卡口值班的村干部和志愿者们依然坚守岗位，无私奉献着。看到这样的场景，王伟方内心无比感动，她开始思考：作为一名党员，在这种情况下，自己做了什么，自己又能做什么？但是没多久她就知道自己可以派上用场了——她看到了政府招聘新型村干部的消息。在对照了招聘要求后，她没有做任何考虑直接联系报了名。就这样，她怀着一颗为人民服务的赤子之心走进了组织队伍。

二、耐心细致，完成人口普查工作

入职初期，王伟方便参与了第七次全国人口普查工作，不仅负责王团庄村人口普查工作，同时还被抽调负责全镇人口普查工作。在顺利完成工作后，她被评为江苏省“第七次全国人口普查省级优秀个人”并且名单入册。

人口普查工作时间紧、任务重。农村人口外出打工多、流动性大，房屋建筑多，给普查工作增加了一定的难度。如果没有精心的策划组织以及合理的安排，普查工作是不可能顺利开展的。提前2个月，王伟方就与村干部们开展了人口普查的前期工作：排查房屋建筑、摸查人口数量、标绘地图地标，对每家每户的地理位置、家庭人口、联系电话等进行登记。在前期地图标绘工作完成以后，紧接着就开始了常住人口核查。在上门登记时，有的村民担心信息泄露，不愿意透露自己的家庭信息。她向住户承诺：会严格遵守《全国人口普查条例》的规定，绝不泄露住户信息。取得住户信任后，2020年10月，人口普查工作顺利开展。她与村干部们挨门挨户进行入户走访，加班加点收集相关信息，并统筹指导其他村的普查工作。在所有人的共同努力下，全镇如期完成了全国第七次人口普查工作。

三、疫情就是命令，防控即是责任

2022年疫情形势仍然不容乐观，但已经进入常态化管控状态。全员核酸期间，凌晨4点准时开始采集核酸，王团庄村里有很多腿脚不便或者卧床不起的老人，他们来不了检测现场，王伟方就带上其他村干部和核酸采样者，骑上电动车，挨家挨户去给不方便的老人采集核酸。就这样，王团庄的采集进度没有耽误，老人们也省去了颠簸之苦。经过再后来的每一场全员核酸，她已经是身经百战的“行内人”。工作中，她没有怕过苦，也没有喊过累，她一直牢记着自己是一名有着十几年党龄的老党员，牢记着入党初心，要尽自己所能服务于群众。严冬酷暑没有拦住她的脚步，疫情肆虐没有削减她的热情，她时刻准备着与各种突如其来的情况作“斗争”。

用王伟方的话说，在基层工作，不仅仅是磨炼了一个人的心志，更多的是历练了一个人的责任心与担当，一定要时刻谨记自己的初心。

创新工作方法　践行民主法治

翁习锋，1973年4月出生，中共党员，于2019年春学期至2021年秋学期在江苏开放大学行政管理专业本科就读。1997年7月加入中国共产党。2010年3月至2017年7月任扬州市宝应县西荡村党支部书记、村主任，2017年8月至2019年2月任扬州市宝应县望直港镇驻外招商主任，2019年2月至2020年8月任望直港镇兴港社区党支部书记、主任，2020年9月至今任望直港镇经济发展局招商专干。

曾获望直港镇优秀党务工作者、先进个人等荣誉。

翁习锋任职村居党支部书记10余年来，着力带好“两委”班子，抓好党员队伍建设，办好民生实事，忠于党、忠于事业，坚持学政治、学文化，自警自励，自觉践行社会主义核心价值观。工作中求真务实，秉持一心为民的服务理念，集群众智慧总结出兴港社区“七面工作法”，并积极推动社区民主法治建设。

一、完善民主管理制度，打造示范社区

翁习锋紧紧围绕民主选举、民主决策、民主管理和民主监督四大民主元素，不断提升兴港社区民主规范化建设，完善社区居民大会、居民代表大会、党员议事会等制度，完善社区居务、党务及财务等各项管理制度，有效促进居务管理规范化、制度化，使社区管理有章可循、有据可依。保证民主选举依法进行，按照选举法的规定，通过民主选举产生群众性组织、居委会、监督委员会成员，产生程序合法；民主决策科学规范，每年召开4次居民代表大会，落实“一事一议”制度，凡涉及居民利益的重大问题，均由居民代表大会讨论决定，居民委员会依

法办事，所做决定不得与法律法规相抵触；民主管理扎实有序，兴港社区每年至少召开1次村民会议，每季度至少召开1次居民代表会议，居委会公章、财务、用人用工等管理有序，台账资料完整，并有专人保管；民主监督切实有效，在兴港社区大门口设立意见箱并建有固定的室外公示栏，居委干部依法接受群众监督，全面实行居委会向居民代表大会报告的工作制度，群众满意率达到95%以上。

二、扎实开展法治宣传，提升居民法治意识

根据兴港社区的“八五”普法规划，翁习锋组建了法律志愿者队伍，每个季度至少上门开展活动1次。他每个季度充分利用德法大讲堂、法治学校，举办普法讲座，对党员干部进行有计划、有教案的学法教育——社区“两委”成员都有学法记录；以“法治宣传月”“全国法治宣传日”等主题日为契机，大力宣传宪法、刑法、治安管理处罚法等法律法规，使广大居民的法律意识不断增强、依法办事的社会氛围更加浓厚。

兴港社区法律咨询服务站为广大居民提供便捷服务，使居民熟悉寻求法律服务的渠道，能依法维护自身合法权益，自觉履行法定义务，正确寻求处理涉法问题的途径。充分发挥调解委员会的组织作用，建有规范的调解室，调解登记完整，民间纠纷受理率达100%，成功率达90%以上。

为了加强兴港社区依法自治工作，翁习锋组建了由党员志愿服务队伍、社区文艺队伍、楼栋长队伍、夜间巡逻队伍、青少年志愿服务队伍、社会组织队伍等组成的社区治安巡逻联防组织，建立了巡逻联防制度，建有规范的警务室、电子监控研判室。

在翁习锋的领导下，兴港社区扎实推进民主法治社区创建工作，不断加强基层法治实践，全面开展法治宣传教育，基层政权组织得到强化，基层事务管理不断规范，基层社会和谐稳定，形成了社区各项工作民主化、法治化和规范化的良好局面。

三、强化组织建设，创新工作方法

翁习锋聚焦加强党组织建设，大力实施“强居计划”，以组织振兴促进乡村振兴。为解决群众疑难问题，他大力推行有情必知、有疑必解、有事必帮的“三有三必”工作法和“一个宗旨，两个提升，三项理念，四方组织，五型活动，六支队伍，七类服务”的“七面”工作法，并以“小村监事会”“小村说事日”等为议事载体，广泛发动群众参与自治，提升基层组织凝聚力。

新的征程已经开始，在二十大精神的鼓舞下，翁习锋将会更加努力工作，为百姓的富裕、幸福、安康，为基层民主法治建设，尽一名共产党员应尽的责任。

为民服务　实干担当

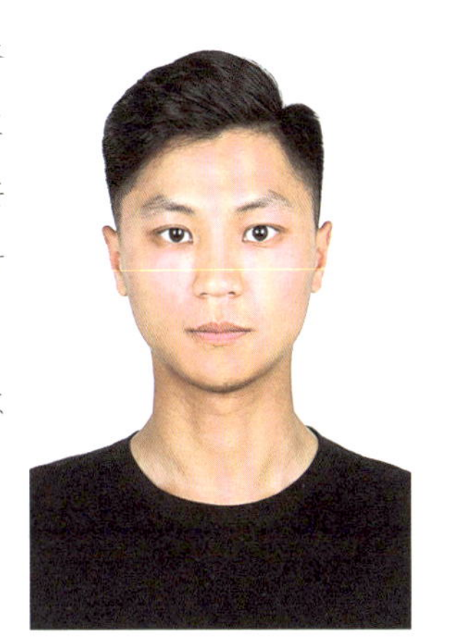

吴子建，1994年7月出生，中共党员，于2021年春学期至2023年秋学期在江苏开放大学行政管理本科专业就读。2011年12月参加工作，2013年11月加入中国共产党。2019年4月至今在宿迁市宿城区耿车镇红卫村村民委员会任副书记（挂职）。

曾被评为2021年度宿迁市学雷锋志愿服务优秀志愿者。

一、助力疫情防控，他是群众健康的“守门员”

抗击新冠疫情战役打响后，吴子建便主动申请加入红卫村疫情防控志愿服务队，担任村疫情防控宣传员、值班员、服务员。每日不等天亮，他就戴好口罩赶到村委会，先是熟练地发动装着喇叭的宣传车，打开喇叭播放，从村部出发，沿着村里的大街小巷反复宣传，然后到疫情防控卡点值勤值班，再给居家隔离观察户做服务代办，为村民家院子消毒……连轴转是他在疫情防控期间的常态。问他是否辛苦是否吃得消时，他说：“疫情暴发以来，我们所有村组干部、网格员都一直战斗在一线，挂横幅、发传单、贴标语、设卡口，任何一个环节都不曾掉以轻心。在他们的影响下，我这个‘新兵’也越战越勇，不觉得辛苦。同时，我也希望自己的行为可以感染到其他人，增强大家战胜疫情的信心。”

二、热心扶困助困，他是群众心中的“暖宝宝”

工作后，吴子建便加入了红卫村党员志愿服务队，开展了助老、助学、助残等一系列弘扬社会正能量、助推精神文明建设的爱心公益活动。他对每一户困难家庭基本情况和具体困难进行了全面了解，每逢重要节点送去“刚需”慰问品，时常与留守老人、留守儿童谈心谈话，给予他们陪伴，并鼓励他们保持乐观的心态积极面对生活。虽然送去的慰问品并不是很多，但这份关爱是最温暖的礼物，不仅温暖了贫困家庭的心灵，更实实在在地让他们感受到了社会的关怀与温暖。

三、带动脱贫致富，他是脱贫路上的“点灯人”

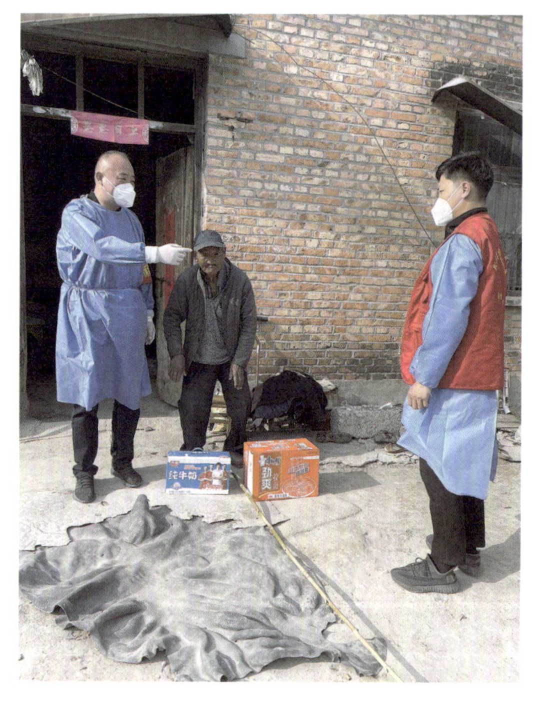

红卫村曾经是出了名的破烂村、贫穷村。随着生态农业示范园的设立，越来越多的村民加入到多肉种植的行业中来，但是产品的单一与同质化让销售量一直不理想。“作为一名志愿者，我能为村民们做些什么？”吴子建每天都在思考这个问题。为了更好地打开产品销路，他不断摸索市场规律，利用熟悉的互联网知识与运用技巧，最终将视线投向“互联网＋农业”领域。他积极带领20多名村民进行网络销售，毫无保留地将自己探索的直播销售经验传授给村民，带动乡亲们共同致富，使村民人均每天增收500元。他用自己的行动，为他人照亮了一条“扶贫路”，成为众多家庭幸福人生的“点灯人”。

四、不畏艰难困阻，用心用情助力“大国点名”

第七次全国人口普查工作中，吴子建是耿车镇红卫村普查指导员。在接到任务后，他虚心学习，把人口普查工作列为当前重点工作，快速掌握普查业务知识，不畏艰难，用心用情助力“大国点名”。为确保所采集的数据准确、获取的信息全面，吴子建在普查试点工作中，坚持“勤学、好问、不怕吃苦”的精神，认真细致地梳理普查数据。他发现问题后及时咨询并仔细核查，遇到不主动配合的普查对象会采用多种方式和其交流，耐心解释，多次上门，消除普查对象的疑虑，这保证了普查工作的顺利完成。他为了熟悉设备操作流程，确保工作可以顺利进行，经常参加普查工作人员培训，业务水平得到很大提高。他还将自己所学传授给村里其他普查员，使大家共同进步、提高工作效率。“大国点名，没你不行。”人口普查是一件细致入微的工作，在走访入户过程中，他与群众热情交流，与其谈心、宣传人口普查的意义和政策，对群众提出的问题，他都会耐心为其解答。他以高度的责任心和工作热情，每天早出晚归，行走在人口普查工作的第一线，做到人不漏户、户不漏人、不重不漏。

心无旁骛抓发展　真情实意谋民生

夏茂锋，1975年5月出生，中共党员，于2020年秋学期开始在江苏开放大学行政管理专业专科就读。2009年1月加入中国共产党。2011年2月至2013年2月在如皋市搬经镇群岸社区任居委会主任，2013年3月至今在群岸社区任党总支书记、居委会主任。

曾荣获南通市“双带”型党员标兵、南通市明星村（社区）党组织书记、南通市“千名领先”村书记、如皋市优秀慈善工作者等荣誉，并两次获评如皋市“双强”型村（社区）党组织书记标兵。

夏茂锋以党建为引领，办好民生实事，推动搬经镇群岸社区全面发展。立足岗位、正确定位，在社区工作中当好主角，团结带领一班人，紧紧围绕“把党的惠民政策落实好、把居民群众多样化需求回应好、把居民矛盾化解好”的要求，开展社区工作。在夏茂锋的带领下，群岸社区多次被评为“优秀基层党组织”“项目服务示范乡村”“四有建设先进集体”等。

一、强基固本，提升居民幸福指数

夏茂锋认为，人文环境改善和优良风气引导是从根本上做好民生工作的前提。他带领群岸社区工作人员通过多种渠道进行安全宣传，发放安全生产手册，逢会必讲安全生产，以增强群众的安全生产意识，为群岸社区创造良好的社会环境。在社区内，他通过发放禁毒宣传单、入户宣传等活动形式，提升居民的禁毒意识。目前社区无新滋生吸毒人员，无制毒、贩毒行为。他密切防范邪教活动，社区没有一例习练者及集体闹事等非法活动。同时，夏茂锋还高度重视群众纠纷调解与化解工作，加强社区人民调解规范化建设，积极排查和化解人民内部矛盾，按照“预防为主、教育疏导、依法处理、防止各类矛盾激化”的原则，把各类矛盾化解在萌芽状态，维护了社区的安全稳定。面对群众来访，他热情接待，认真听取群众反映的问题，及时处理各类纠纷。

二、不忘初心，凝心聚力强村富民

为了提升村民的物质生活水平，解决农村留不住人的问题，夏茂锋积极探索强村富民新路径。他牵头成立了“帮群生猪养殖专业合作社”，成立当年，生猪出栏量达1.2万头，年盈利600万元，合作社成功创建为南通市示范社。在“263”环境整治行动中，夏茂锋通过与园区企业对接，积极安排群岸社区富余劳动力32人进入园区企业工作，切实做好稳定、富民工作。同时，他加大招商引资力度，发展高效特色农业，累计流转土地1500亩用于厂房建设、苗木生产等，进一步扩大了集体收入和村民增收渠道，使居民生活水平得到极大提高。

三、凝聚合力，助推美丽乡村建设

为了彻底治理群岸社区长期以来形成的脏、乱、差环境，为居民生活提供一个美好的生存环境，夏茂锋带领班子成员以畜禽专项整治、黑水河道治理等为契机，加大“七位一体”治理力度，建设高标准农田，改善农业基础设施，保证农田灌溉排涝，做到农业生产旱涝保收。社区投资480多万元对南北居民河进行河道护坡工程建设，清理河道水草淤泥，将河道承包给村民进行流水养鱼，这既保护了社区河道环境，又增加了村民收入；对主要居民道路进行亮化工程建设，为百姓安全出行提供了方便。

“群众想什么，我就做什么”，这是夏茂锋同志做民生工作的宗旨。他始终将群众需求放在第一位，为把群岸社区打造成一个居民自治、管理有序、服务完善、环境优美、文明祥和的幸福社区而坚持奋斗。

俯身亲民接地气　为民服务在一线

徐群，1987年3月出生，中共党员，于2021年秋学期开始在江苏开放大学行政管理专业本科就读。2013年8月参加工作，2015年7月加入中国共产党。2018年至2020年担任宝应县安宜镇花庄村委会主任助理，2020年底至今担任花庄村委会副主任。

曾担任江苏省第十九届运动会志愿者。曾获宝应县农村好青年三十佳、安宜镇优秀团委干部、安宜镇学习型先进个人、安宜镇征文比赛优秀奖等荣誉。

“功成不必在我，功成必定有我”是徐群在工作中始终秉持的理念。他始终把服务群众放在第一位，想群众所想，急群众所急，无私奉献，全心全意为人民服务，充分发挥了一名基层党员干部的模范带头作用。他的奉献精神也得到了群众的认可和高度赞扬。

一、疫情防控不松懈

近年疫情防控工作期间，为了守住外防输入、内防扩散的阵线，他全力以赴、不怕困难，广泛动员组织群众，全面落实联防联控措施，为有效切断疫情扩散蔓延渠道、构筑疫情防控人民防线付出了巨大努力。从强化社区网格化管理，实施地毯式排查，严格落实早发现、早报告、早隔离、早治疗，到叮嘱督促社区居民多通风、戴口罩、勤洗手、不聚集；从做好小区封闭管理，加强疫情监测，落实“四类人员”分类管理，到测体温、做消杀、清垃圾、搞卫生；从安排监督密切接触人员居家医学观察，做好思想工作和心理疏导，到做好居民日常生活保障服务，解决居民各种具体细微的生活难题……他用自己的辛劳和坚守、奉献和汗水织就了抵御疫情的严密防线。

二、社区管理有新招

针对本村辖区内无物业、无业委会管理的老旧小区，他以党建为引领，加强基层治理，密切党群关系，组织开展“家门口服务日”活动，把便民服务直接搬到“家门口”，面对面回应群众诉求，有效打通了小区服务的“最后一公里”，实现家园共治“零跑腿”；让小区居民参与式治理成为常态，使社区便民服务24小时“不打烊”，实现全民参与小区治理的工作格局。情系社区，情系居民，上为政府分忧，下为百姓解愁，让党放心，让群众满意，是他人生的奋斗目标和永远的追求。社区里的居民谈起徐群同志，都会竖起大拇指：“这几年，在他的带领、鼓励、实干下，我们社区变化非常明显，现在社区就是我们的学习场所、活动乐园、维权阵地、排忧家园。”他用默默奉献、埋头做事的实际行动践行着誓言，为社区老百姓的生活带来了实实在在的改变，促进了社区的稳定、和谐。

徐群爱岗敬业、乐于奉献，对同志诚心、对群众热心、对工作尽心，不计较个人得失，始终本着“依托社区，服务社区”的宗旨为社区群众服务，在工作中努力寻求新思路，坚持不懈，开拓创新，恪尽职守，全心全意为群众解难，在社区治安、文化、环境等方面作出了应有的贡献。

用行动诠释责任与担当

薛建华，1976年6月出生，中共党员，于2020年秋学期至2022年秋学期在江苏开放大学行政管理专业专科就读。1995年9月参加工作，2008年5月加入中国共产党。2020年4月至2022年3月在江苏省扬州市高邮市三垛镇柘垛村任村委会副主任，2022年4月至今在高邮市三垛镇保安村任总账会计。

曾获优秀共产党员、扬州市第七次全国人口普查“市级优秀个人”等荣誉。

2020年4月，薛建华响应村里的号召，从企业辞职回老家高邮市三垛镇柘垛村工作，主要负责材料员及分部会计工作。他刚回到村里工作没多久就遇到第七次全国人口普查。这是一项涉及面极广的国情国力调查。他积极参与，主动担任本村普查指导员及普查员工作，以高度负责的态度和最大的工作热情，全身心投入到普查工作中。为了能全面准确地摸清底数，他挨家挨户上门走访，一次不在就两次、三次、四次，一遍又一遍整理数据，兢兢业业，任劳任怨，在人口普查（简称“人普”）工作中做了大量的工作。

一、认真细致，严格标图，做好人普前期工作

薛建华负责柘垛村的人普工作计划安排。村内总户数1074户，人口3742人，分成13个普查小区，工作任务非常繁重。薛建华深知人口普查前期标绘工作极其重要。在标绘过程中，他以实事求是的工作态度，走遍普查区内所有建筑物进行实地标绘，确保小区边界和建筑物不重不漏，高质量完成了所有建筑物的

标绘工作，为后期摸底和入户普查的顺利开展奠定了坚实的基础。

二、统筹安排，多方协调，做好“两员”安排工作

薛建华对工作充满热情，并勤于学习新知识。他努力学习人口普查相关统计业务，虚心向镇统计站领导请教人普知识及经验，在集体培训中认真学习，掌握了人口普查工作的各类知识，明确了各项工作要求，并了解了具体操作方法。接到镇人普办安排的任务后，他迅速协助村书记制定了切实可行的工作方案。在以书记为组长的人口普查小组中，他统筹协调普查指导员及普查员的工作安排，并开展业务培训工作，耐心细致地讲解人口普查工作方法及注意事项，确保普查队伍的高水平。

三、任劳任怨、进家入户，做好人普入户登记工作

在普查中，他不仅给每位普查员指导工作，自己也承担了好几个普查区的普查工作。在开展工作的过程中，他任劳任怨，讲求工作方法，切实做到地毯式排查，不漏一户、不漏一人，对各家各户的登记情况做明显标记。好多村民白天在外打工，他就安排晚上进行入户登记，国庆节期间也没有休息，利用在外打工人员回家探亲的时机上门登记；有的村民长期不在家，他就通过邻居或其亲属对其进行电话联系；面对不配合的居民，他总是耐心细致地宣传讲解人普工作的目的及意义，并告知村民普查的保密纪律，最终获得了村民的理解和配合。

他严格要求自己，认真学习各项精神及法律法规，圆满完成了第七次全国人口普查工作任务，并获得扬州市第七次全国人口普查领导小组颁发的市级优秀个人荣誉证书。2020年底，在新一届村委会换届选举中，薛建华被选举为柘垛村村民委员会副主任及党总支委员，这是镇政府及党总支对他工作的肯定和认可。

民生无小事　万事须躬行

殷春玲，1977年2月出生，中共党员。于2021年春学期开始在江苏开放大学行政管理专业专科就读。2017年6月加入中国共产党。2012年5月至2014年7月在溧阳市溧城镇东门社区居委会工作，2014年7月至2017年11月在溧城镇清溪路社区居委会任委员，2017年11月至2018年12月在溧城镇清溪路社区居委会任主任，2019年1月至今在溧阳市溧城街道大营巷社区任党支部书记、居委会主任。

曾获江苏省“我与红十字”书法美术摄影展览及征文活动（征文类）二等奖、溧阳市“我与红十字的故事”征文活动优秀奖、溧阳市“最美巾帼奋斗者”、优秀基层党组织书记、优秀共产党员等荣誉。

一、冲锋在前，真心为民办实事

在抗击新冠肺炎疫情阻击战中，殷春玲用自己的实际行动充分诠释了共产党员不怕苦、不怕累的精神。2020年新冠肺炎疫情暴发后，殷春玲带领工作人员，多次放弃休假，第一时间义无反顾地投入疫情防控战。她利用大营巷社区现有网格，组织网格员采取电话、上门等形式对辖区内3202户居民进行排查，坚持做到不漏一户、不漏一人，将辖区范围内的住户全部通知到位，并保证摸排清楚每户信息。在2022年社区全民核酸期间，殷春玲始终坚守在第一线，圆满完成了全辖区近9000人的多次全民核酸，给大营巷社区居民带来了满满的安全感。2022年初，溧阳市突降大雪，殷春玲天不亮就带领大营巷社区干部和物业工作人员冒着严寒在小区铲雪，充分发挥了党员先锋模范作用，确保了居民的出行方便。

二、务实苦干，践行党的群众路线

作为大营巷社区党支部书记，殷春玲一直坚持深入社区、深入群众，听取群众意见和建议，以便对一些特别突出的问题及时进行处理。辖区内老旧散住楼较多，有一些居民楼外墙已开始脱落，存在安全隐患，散住楼改造一直是社区居民急切的愿望。因此，2019年10月，殷春玲带领社区工作人员以居民共性诉求为出发点，走进每户居民家中，听取和收集居民的意见、建议，形成书面材料；同时，她积极与市住建局沟通协商，请专业人员现场勘查，确定改造方案，公示后落实改造，实现了老旧小区居民多年的梦想。

随着居民生活水平的提高，小区内车辆日益增多，停车难成了大营巷社区居民的心病。殷春玲急居民之所急，利用下班和周末时间，带领工作人员深入大营巷社区，对居民和小区环境进行走访摸排和调研考察，听取群众心声，充分利用小区边边角角，与规划和城管部门协调联系，完成了小区散住楼工人新村、平陵中路26号等停车位整改，大大缓解了居民停车难的问题。

2022年以来，为创建文明典范城市，必须妥善解决社区内“飞线充电”的问题。殷春玲又带领工作人员和网格员实地摸排每幢楼房的飞线情况，最终研讨确定了在社区内新建3处电瓶车充电棚的工作方案。当然，工作中有时也会遇到矛盾和问题。比如，新建一处电瓶车充电棚时，要拆除几户居民私建的车库，因此遭到了这些居民的强烈反对。殷春玲多次上门沟通，耐心安抚居民，仔细与他们解释新建电瓶车充电棚的益处，晓之以理、动之以情，最终获得了他们的理解和支持。小区整治让老小区样貌“年轻”了不少，提升了小区居民的幸福感。这些实实在在的变化居民们都看在眼里，也越来越支持社区工作，整个社区氛围越来越融洽。

三、认真学习，做好党史宣讲员

自2017年加入中国共产党以来，殷春玲积极响应上级党组织的号召，认真学习“习近平新时代中国特色社会主义思想”和党史知识，阅读各类党史书籍，做好读书笔记，同时也带动身边的同事一起学、一起讲。在大营巷社区工作过程中，她积极采用各种方式带动社区党史学习氛围，多次给社区党员上党课，通过深入浅出的讲解，结合实际的交流、互动，增加了党员们的党史知识。同时，她还充分利用红色网格，发动党员网格长和楼长，组织大营巷社区居民一起投入学习。多次组织居民开展读书日活动、塘马战斗纪念广场缅怀活动、浙江南湖红色旅游地参观学习活动等，让居民实地感受红色发展史。多措并举，大大提升了干部和群众学习党史的积极性，在全社区营造了浓厚的党史学习氛围。

殷春玲曾说：“为人民服务是中国共产党的宗旨，也是我们社区干部做好民生工作的根本指导原则。”在今后的社区工作中，殷春玲同志也将恪尽职守，想人民之所想，继续做好大营巷社区民生工作。

百姓信得过的“老舅妈”

于丽丽，1980年12月出生，中共党员，于2022年春学期开始在江苏开放大学行政管理专业本科就读。2008年12月参加工作，2009年7月加入中国共产党。2008年至2021年任海安市白甸镇施溪村妇女主任、妇联主席、监委会主任、宣传干事等职，2021年至今任施溪村副主任、妇女主任、妇联主席、民调主任等职。

曾获白甸镇计划生育工作先进个人、优秀共产党员、安全生产工作先进个人、优秀村干部、海安市人口普查先进个人、海安市“金牌老舅妈”等荣誉。

自参加工作以来，于丽丽积极配合村“两委”做好农业农村工作。分工民调工作以来，她着力抓好民主法治村建设工作，开展法治宣传教育，依法做好民事调解工作，严格按照调解工作原则处理大小纠纷，讲政策、讲法律、讲事实，以理服人，以情感人，有效化解了各类矛盾纠纷。

一、从宣传入手，让法治深入人心

于丽丽是一名党员，坚持用党员标准严格要求自己，带头学习习近平总书记关于加强法治中国建设的重要理论，带头学习《中华人民共和国民法典》等相关法律法规，并组织和开展各种法治宣传活动，向广大人民群众宣传《中华人民共和国环境保护法》《中华人民共和国大气污染防治法》《中华人民共和国民法典》《中华人民共和国妇女权益保障法》《中华人民共和国未成年人保护法》等关于民生的重要法律，做到家喻户晓、人人明白。

二、依法行政，依法调处矛盾纠纷

于丽丽在学懂弄通相关法律的基础上，坚持依法调处各类矛盾纠纷，助推社会和谐稳定。平时工作中，她经常走访群众，深入村民家中了解情况，和群众交知心朋友。因此，群众有什么矛盾都愿意找她诉说，找她帮助调解。在调解中，她善于发现并利用当事人思想转变的积极因素，运用法律手段引导当事人遵章守法，在法治的框架下解决问题，并且能够有效地创造或提供有利于当事人双方达成一致意见的条件，最终实现纠纷的妥善解决。

三、以案说法，维护社会和谐稳定

当您走进白甸镇施溪村，向村民问起民调主任于丽丽是一个怎样的人时，村民们会异口同声称赞她是“百姓信得过的老舅妈”。老百姓信得过她的奥秘是她善于做老百姓的知心朋友，掌握当事人思想转变的有利因素，调解矛盾纠纷时能够以案说法、因势利导，积极稳妥地引导和提供有利于当事人双方达成协议的条件，使双方当事人容易接受，最终实现矛盾纠纷的成功化解。她曾多次获得“人民调解工作先进个人”“金牌老舅妈”等称号。

2021 年 12 月 26 日，村民张大、张二因赡养母亲一事找到于丽丽，请求其帮助调解一下。老母亲一直住在张二家，吃住由张二提供，张大一直没有过问。在调解中，于丽丽找张大了解情况，查明原因。张大认为张二和母亲一起生活，提供吃住费用是合乎情理的，他负担不负担母亲的赡养费无所谓。于丽丽说：“赡养父母是子女的共同责任，这是法律赋予每个公民的义务，也是子女应当无条件承担的责任。”经举案说法，张大渐渐地意识到自己的错误，认同了法理。最终，经当事人双方协商，同意老母亲由两人轮流赡养，每 3 个月轮换一次，各项费用自行解决。双方当事人表示，一定努力尽好赡养母亲的责任，让老母亲安度晚年。

事后，张家一家人非常感动，邻里也说于丽丽这个“老舅妈”当得好。于丽丽认为，只有准确运用法律法规，才能成功化解矛盾，让社会更加和谐稳定。

一心一意为百姓　心无旁骛谋发展

张栋梁，1982年10月出生，中共党员，于2020年秋学期至2023年春学期在江苏开放大学行政管理专业本科就读，在校期间曾获得“求学圆梦行动”专项奖学金。2018年12月加入中国共产党。2016年9月至2020年4月在南通市通州区平潮镇任口村委会任村干部，2020年5月至2020年6月在任口村村委会任主任助理，2020年7月至2021年1月任平潮镇三港村党总支副书记，2021年2月至今任三港村党总支书记、村委会主任。

曾获平潮镇通讯报道先进个人、通州区农业普查先进个人、通州区安全生产大宣讲优秀宣讲员、平潮镇生态文明建设工作先进个人等荣誉。

自任职以来，张栋梁始终严格要求自己，牢固树立全心全意为人民服务的宗旨，努力做到与农民群众融为一体，以顽强的精神和坚韧的意志艰苦奋斗、扎根基层。同时，他积极认真地做好各项工作，每年考核名列前茅，努力做到不辜负领导和村民的支持和信任，得到了领导和村民的一致认可。所在村在他任职当年在全镇镇村考核中获得第2名，第二年获得第5名，第三年获得第3名，在2022年第二季度通州区人居环境整治典型村考核中排名第4，同时获得了南通市通州区二季度“抓党建促乡村振兴——红旗村居”荣誉。

一、学雷锋精神，组织志愿者服务困难群众

2022年3月5日上午，他组织了村党总支部分党员志愿者在全村积极开展学雷锋志愿活动，上门看望全村孤寡老人、五保和低保户，并帮助其打扫卫生、整理家务。

村里有一户低保户患有智力障碍，且无儿无女独自生活，一直是张栋梁日常

重点关注的对象。张栋梁组织部分党员志愿者来到他的家中，详细了解其近期生活状况，帮助其打扫卫生、整理家务。临走时，张栋梁告诉他，生活中有任何困难要及时向村里反映，村党总支将尽己所能予以帮助。

二、发挥前哨显作用，民生实事有保障

三港北桥位于平潮镇三港村中心路北侧，是群众主要的交通出行桥梁，人流车流较集中。在走访巡查民生工程过程中，他发现三港北桥两头出现较大的裂缝凹陷，对过往车辆和行人造成很大的安全隐患。他当即召集村班子成员到现场查看，经过讨论决定组织人员进行抢修，把群众出行安全放在首位。在整个桥梁维修过程中，他一直在现场进行安全施工管理，把安全锥桶提前放置在醒目位置，引导过往群众提前绕道行驶。路过的司机纷纷表示支持和理解。经过施工人员抢修，花费了不到一天时间就使桥面恢复正常通行，周边村民表示再也不用为过桥担心了。

三、小游园升级改造，提升村民幸福感

村委会附近的小游园是大家休闲娱乐的好去处，但长期以来小游园道路破损，游园内设施陈旧，渐渐地小游园变得无人问津。经过现场查看并讨论，大家一致同意对小游园进行整治提升。以群众对美好生活的向往为导向，他组织人员拆除了横七竖八的广告宣传栏，扶正了东倒西歪的大树，铺设了新的道路，并且将原来的草坪全部铲掉播撒新草种，对健身器材重新加固喷漆。经过修建改造，小游园焕然一新。对门前小河里的垃圾漂浮物也进行了打捞，使水质得到了改善，附近的居民在河塘里养起了鱼。整治后的小游园成了一道亮丽的风景线，大

家纷纷竖起了大拇指。

四、抓具体办实事，真正做到方便于民

对于农民群众来说，喊10句口号，不如做1件实事。在为群众办实事上，不应随意应付了事，一旦做出承诺，就一定要实现。到三港村上任当年，张栋梁带领班子成员为村里主干道安装了265盏太阳能路灯，方便群众夜间出行。第二年，他通过通州区交易平台流转近1000亩土地给粮食种植大户，解决了村里劳动力年龄偏大无法种田、部分拆迁户责任田离家远等难题。2022年上半年，他带动全村实施大小工程近30个，累计投入近60万元用于改善三港村人居环境，取得了实质性的效果，获得了老百姓的一片好评。

张栋梁长期以来牢记党的宗旨，心里始终装着人民群众，廉洁奉公，严于律己，乐做党员表率。他牢固树立为民服务的思想，以实际行动认真实践全心全意为人民服务的宗旨，一步一个脚印，书写着一个共产党员的美好人生。

坚守平凡岗位　用心服务群众

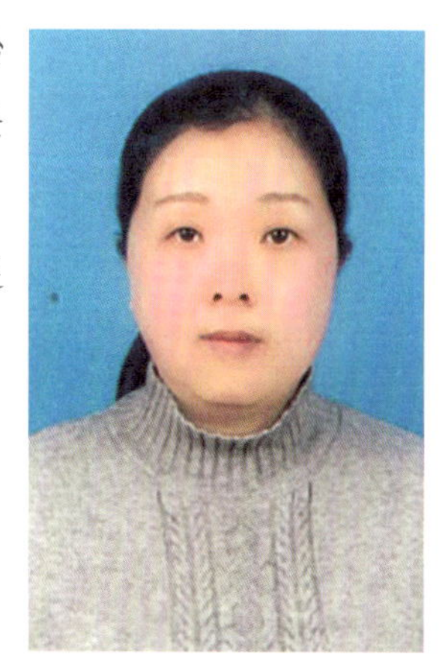

张广荣，1977年10月出生，于2021年秋学期开始在江苏开放大学行政管理专业专科就读。2002年至今任连云港市东海县牛山街道贯庄村委委员兼妇女主任。

曾获得优秀妇女工作者荣誉称号，2021年当选为连云港市东海县第十八届人大代表。

张广荣始终以争先创优的精神状态，秉持勤劳诚实的工作作风，尽心尽职，求真务实，认真做好妇女主任的本职工作，带领东海县牛山街道贯庄村广大妇女加强学习，提高个人素质，帮助她们走上致富之路。

一、任劳任怨做民众守护者

2020年伊始，一场突如其来的新冠肺炎疫情肆虐中华大地，这次疫情是新中国成立以来我国遭遇的传播速度最快、感染范围最广、防控难度最大的一次重大突发公共卫生事件。疫情防控期间，张广荣充分发挥先锋表率作用，按照党委政府统一安排，积极配合疫情筛查检测，及时报告个人和家庭情况，深入了解有关疫情防控政策措施，普及疫情防控知识，劝导村民和身边亲朋好友做到勤洗手、勤消毒、勤通风，无特殊情况不串门、不集合、不聚餐，外出自觉戴好口罩，做好自我防护。对居家隔离人员，她主动帮忙购买食物及生活用品，带头履行责任，做好舆论宣传引导，不信谣、不传谣，理性应对疫情防控工作，竭尽全力贡献一份力量。

二、攻坚克难做服务先行者

疫情防控期间，张广荣所在村人口多，流动性比较大，疫苗接种全覆盖存在一定的难度。为了做好疫苗接种工作，张广荣身先士卒带领村干部、志愿者，不分昼夜、没有周末，深入老百姓家中，挨家挨户上门排查未接种疫苗的群众。对于不愿意接种、有顾虑的群众，她总是耐心细致地一趟又一趟地上门做工作，使大部分群众完成从不愿意接种到主动接种的思想转变。在她的努力下，贯庄村基本完成了上级安排的疫苗接种任务，得到了群众的一致好评。

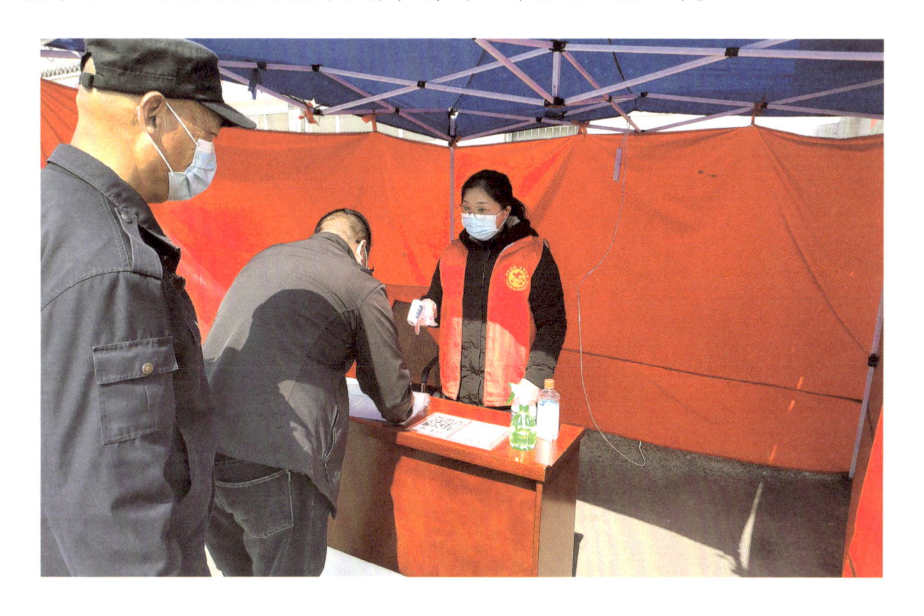

三、克己奉公做妇女带领者

打铁必先自身硬，张广荣在日常生活工作中能够严格要求自己，率先垂范，坚持做到克己奉公、清正廉洁，从不以权谋私、优亲厚友，在群众中树立了良好的形象。她带领村里的广大妇女加强学习，提高个人素质，帮助她们走上致富之路。张广荣认为，妇女作为维系一个家庭的中坚力量，是不可替代的。她结合所在的贯庄村的实际情况，引导和组织村里妇女参与到经济建设中来，给村里女性提供可以大显身手的机会，充分挖掘了农村妇女的就业潜力，切实维护了妇女的合法权益。通过送法上门活动，加强了对贯庄村妇女的维护自身合法权益的教育；通过发放宣传册宣传各种法律法规，切实提升了妇女的法治意识。村民们一致认为，张广荣是贯庄村妇女工作的优秀的带领者。

情系群众　甘为孺子牛

赵卫红，1980年11月出生，中共党员，于2022年春学期开始在江苏开放大学行政管理专业本科就读。1999年参加工作，2017年6月加入中国共产党。2015年5月至2016年10月在海安县雅周镇金庄村委会任团支部书记，2016年10月至2019年3月在雅周镇金庄村任妇联主席，2019年3月至今在雅周镇金庄村任会计辅导员。

曾获江苏省第七次全国人口普查省级优秀个人、雅周镇优秀村干部等荣誉。

一辆电动车，一件红马甲，风里来雨里去，这就是赵卫红工作的“标配”。“红，我家的田亩补贴怎么不对了？”“赵会计，我家的孩子要从南京回来，有没有什么政策？”……从家长里短、邻里纠纷到政策宣传，这些都是她的工作内容。她坚持每天到分工组巡逻，带着深厚的感情和群众打成一片。她知道，作为金庄村的会计辅导员，肩上的责任重大，既要处理好会计的本职工作，又要完成村干部的繁杂工作，所以，她认真学习专业知识、踏实工作，时刻以共产党员的标准严格要求自己，切实践行为人民服务的使命。

一、谦虚谨慎，尽职尽责，当好财务参谋

赵卫红认为财务工作人员必须具备小心谨慎和高度负责的工作态度。村财务工作不同于其他工作，不能有一丝一毫的差错，否则会给集体带来巨大损失。她负责的建档立卡户和低收入排查工作，任务重、工作烦琐，不能出一点差错。她便带领工作组走家串户，一家一家地摸排情况，有时候一天都顾不上喝一口水，

晚上还要加班到凌晨整理材料，最忙时几乎一个星期没着家，最终出色地完成了这两项工作。在日常工作中，她处理每一笔资金业务都是看了又看、审了再审，严格按照财务制度的有关规定处理账务。

二、热心助人，心系群众，做好群众的守护者

她每天坚持到分工组走一走，开展入户走访工作，了解群众所需，帮助群众解决困难。在她心中，群众的利益无小事，群众的利益高于天。2022 年，在整村推进改厕工作中，她顶着烈日，挨家挨户上门了解情况，向群众宣传户厕改造的政策并对每一户农户提出改造建议。在她的努力下，改厕工作得到了群众的一致好评。

三、同心抗疫守平安，争做基层防疫先锋者

在新冠疫情防控工作中，作为村里防控的中坚力量之一，赵卫红冲在一线，联合在职党员和村工作人员，坚守岗位、风雨无阻，认真做好证件检查、信息登记、体温测量和行动轨迹查验等卡口执勤防疫工作，让每一位外来人员都有迹可循——若发生疫情，可以第一时间进行筛选管控。除了在岗值班期间外，她还每天早晚督查值班人员的在岗情况，哪怕工作到深夜也毫无怨言。为提高防控效率，她时刻督促村里的工作人员每天对村内公共区域做好卫生消毒，院内室内、楼上楼下，不放过任何一个细节；不定期检查村封口设施，对已损坏的围挡及时联系维修，对封口不严的重新安装加固；组织党员同志于全村内张贴宣传标语，

确保防疫宣传全覆盖、无盲区……村、防疫卡口、宣传栏，到处都有她忙碌的身影。危难面前，她义无反顾地站出来、冲上去，把群众带动起来、组织起来、凝聚起来，为遏制疫情蔓延贡献出自己最大的力量。每天长达 17 个小时的执勤，让她三餐不定、劳累过度，终是积劳成疾，落下胃病，靠服药才能缓解胃痛，但为了村民的身体健康和生命安全，她毫无怨言。

“张奶奶，我们又来做核酸啦！”赵卫红身着防护服，带着她的搭档上门给张奶奶做核酸了。张奶奶自中风后，常年坐着轮椅。之前都是老伴推着她去村里做核酸，老伴走后，张奶奶只能独自一人去做核酸。赵卫红了解情况后，带着村工作人员到她家进行慰问，询问她的身体状况，了解她目前的难题，贴心地为她送去口罩、消毒液等必需品。张奶奶红了眼眶，说给大家添麻烦了。赵卫红一边安慰她，一边让民政协理员帮她申请照护服务，这样以后每周有人定期上门帮张奶奶打扫卫生、陪她聊天。此后，赵卫红上门采样的服务对象又多了一名。

身在基层，就是要不断为群众解忧、解难题，在此过程中，赵卫红不断得到历练和成长。通过自身的努力，她先后获得了第七次全国人口普查省级优秀个人、镇优秀村干部等荣誉。她深知。这不仅是荣誉更是责任，今后她会更加脚踏实地，扎根基层，服务群众，立足本职，用真心、热心和爱心在基层一线贡献自己的力量。

立足本职　砥砺奋进

赵亚楠，1992年6月出生，中共党员，于2020年秋学期至2023年春学期在江苏开放大学行政管理专业本科就读。2016年5月参加工作，2012年12月加入中国共产党。2019年5月至2021年1月在宿迁市洋河镇东圩社区任村干部，2021年1月至今在洋河镇东圩社区任居委会副主任、支委会委员。

曾获洋河片区“综合先进个人”、宿迁市“退役军人志愿服务工作先进个人”等荣誉。

赵亚楠在洋河镇东圩社区负责党务、新时代文明实践、网络舆情、纪检、高质量目标考核等工作。他立足本职岗位，坚持真抓实干、开拓创新，总能很好地完成党和政府交办的工作任务，推动了社区健康发展，做到了让组织放心、让群众满意。他曾被选为洋河镇第一届人大代表，获得洋河片区“综合先进个人”“退役军人志愿服务工作先进个人”等荣誉。自从参与社区工作以来，他兢兢业业、勤奋上进，党务工作稳中求进，努力创新。在他的带领下，东圩社区党总支连续2年被洋河新区评为“五星级党组织”，社区内开展的文明实践活动也被多家媒体宣传报道。

一、立足本职加油干

赵亚楠在工作中认真负责、兢兢业业。作为党务工作负责人的他，总能高质量完成党建日常工作、每月的党员活动。每次在开完支委会会议确定学习计划后，他总是认真准备材料、调试设备、组织人员，以保障“三会一课”顺利开展。对于行动不便的党员，他及时“送学上门”。他完善了流动党员建档管理工作，通过电话加强沟通交流，组织党员同志在网上学习、召开座谈会，增强了支部党员的凝聚力。同时，他还负责社区内的支委会换届、村委会换届、区镇人大代表换届等工作，都能保质保量、高效率完成任务。

二、疫情大考显担当

2020 年初，新冠疫情的暴发给社区内群众的生活造成了巨大影响，尤其是对社区内低保、五保等困难家庭——他们很难购买到消毒物资。赵亚楠便摸查社区困难家庭情况，主动送去防疫物资，帮助他们消毒，不留死角。由于村组干部们每日接触的人群较多、人员流动量大，因此疫情传播的风险也更高。赵亚楠意识到村部消毒的重要性和必要性，坚持每日为村部消毒 4 次。同时，他根据社区安排，参与到小区疫情防控工作中去，一边参加疫情防控工作，一边负责信息报送和宣传工作。后期在全员核酸检测工作中，他担任洋河镇老蓝坡点位长，每天凌晨 3 点多起床到现场指挥人员布置现场、分配任务，下午负责编写整理日常工作材料，晚上还要参与小区人员进出管控工作，每天睡眠时间仅有三四个小时。

三、为民服务解民忧

汛期来临时，部分居民家中被淹，赵亚楠发现情况并及时上报后，带领志愿者们到村民家中帮助排水。经过 2 个小时的艰苦奋战，屋内的水全部被排空，极大地减少了居民的损失。身为社区干部，他深知群众事无小事、细微处见真情，始终把为民办实事放在重要位置，及时解决群众诉求。他认为这是一名党员应该做的。

四、网络问政及时解

居委会是党联系群众的纽带，社区干部是党和国家政策的最终执行者，服务居民是社区干部的工作目标。对“12345”热线反馈的问题，赵亚楠都能在第一时间内回访了解情况。核实情况后，他及时与相关部门或人员协商解决方案。遇到能够第一时间处理的事情，他往往反应迅速、避免事态恶化；遇到不能及时处理的情况，他会列入问题清单，做到后期持续跟进。凡是他处理的问题，群众满意度都极高。截至2022年底，他共处理了126件反馈事件。

在赵亚楠的努力下，东圩社区的居民工作得到了上级领导的一致认可。赵亚楠认为，这不仅仅是他个人的功劳，也是社区同事们共同奋斗的结果。在以后的工作中，他会一如既往地以共产党员的高标准严格要求自己，为辖区内居民办好每一件实事。

重点纾解群众“急难愁盼”　奋力书写振兴新篇章

支俊杰，1973 年 10 月出生，中共党员，于 2021 年春学期开始在江苏开放大学行政管理专业本科就读。现任常州市武进区洛阳镇洛阳村党总支书记兼村委会主任。

曾获常州市普法工作先进个人、优秀党务工作者、常州市“5A”级村党总支书记等荣誉。

一、聚焦“生态宜居”，提升村庄环境质量

支俊杰带领洛阳村因地制宜，加快建成符合乡村实际、群众支持参与、长期运行有效的村庄环境长效管护机制，将全村 17 个村小组整合为 3 个网格，形成“村庄户户有人包、村村有人管”的网格化管理模式。特别是把落实“庭院三包”制度写进村规民约，将管护成效与村民福利待遇挂钩，借助民智民力齐抓共管，提高管护成效，做到“管理无盲区、监视无死角”。投入资金 28 万元，完成了对官庄头村小组村塘、下水管道、环境的总体改造，彻底改善了脏乱差现状；投入 155 万元，保质保量完成了尤家头、沈家头、刘家头等地 5 座公厕改造，并顺利通过市、区验收。

二、聚焦“急难愁盼”，提升群众幸福指数

洛阳村坚持把群众反映的“问题清单”变成“履职清单”，筹措近 100 万元

打造精品示范路，完成洛阳路至新马路、居家养老服务站场地至姚家头2条“白改黑”道路升级改造，进一步改善群众出行环境。支俊杰坚持把群众“急难事”办成“舒心事”，全力配合地方政府，重建网船南、北排涝浜2座灌排站；完成尤家头、岸里灌排站大保养维修工作，着力完善灌排体系，增强农田灌溉和抵御自然灾害能力；实施许家头浜、网船北排涝浜生态修复活水工程，加强武进港一级支浜的水质提升，畅通水系循环，恢复再现岸清水绿景美新画卷。

三、聚焦“群众关切”，提升乡村生活品质

在支俊杰的带领下，洛阳村按照创建省级社区示范点要求，补齐补强村域基层公共服务短板，启动运营村卫生站暨居养站，实现养老服务供给与老年人需求的准对接，让居民在家门口享受多元化、多层次、一站式的养老服务。兜牢民生保障底线，切实做好帮困、助学等慈善民生事业，落实各类资金发放，积极开展“美德一日捐”“慈善一日捐”活动，共同献出爱心。对辖区“失独”家庭开展走访慰问活动，鼓励他们以乐观的态度面对生活，营造“失独不失爱”的和谐氛围。

蓄能乡村振兴　助力共同富裕

周费冬，1990年11月出生，中共党员，于2021年春学期开始在江苏开放大学公共事业管理专业本科就读。2011年12月入伍，2013年9月加入中国共产党。2016年11月至2021年3月在昆山市巴城镇环湖村村民委员会工作。2021年3月31日至今任昆山市巴城镇环湖村村委会委员。

2021年3月31日，周费冬被广大村民选举为村委会委员。任职以来，他始终如一、严谨求实、勤奋刻苦、兢兢业业，全面按时、按质、按量完成上级党委、政府交办的各项事务。作为一名共产党员，时时以党员的标准严格要求自己，在思想政治、处理实际问题、联系群众、遵纪守法等各方面都较好地发挥了共产党员的先锋模范作用。他以饱满的工作热情、扎实的工作作风、优异的工作成绩，赢得了广大群众的一致好评。

一、勇于开拓创新，整治提升村容村貌

任职以来，周费冬与村支部书记、副书记精诚协作，团结一致。在村“两委”的共同努力下，整村面貌发生了翻天覆地的大转变。一是硬化了村、组道路。他们通过努力，争取多方面资金，修建了村4个居民组的道路与户间路，并与苏州阳澄房产发展有限公司配合，修复了村级道路，保证了群众的日常出行。二是调解了各类矛盾纠纷。解决了修路时村民的用水纠纷，多次调解了因农房翻

建引起的邻里纠纷、因天然气管道施工导致的村民青苗损坏纠纷等。三是在易地翻建拆除旧房工作中，与村“两委”干部积极对易地翻建户做思想工作，帮助搬迁村民搬运旧家具等物品，完成旧房腾退，顺利拆除旧房。

二、结合乡村特色，赋能乡村产业振兴

按照上级要求，结合昆山市巴城镇环湖村种养殖的产业经济模式，周费冬协助村支书开展村鱼塘标准化改造和新看护棚建造工作，共计完成了67个鱼塘看护棚的建造以及1125.46亩大闸蟹养殖水域的水体提升，大大提高了村养殖产业发展的质量，形成了特色化的阳澄湖现代渔业产业园。依托上级政策扶持，积极推进辖区村民申请“新型职业农民”工作的开展，完成了18名“新型职业农民”的注册申请。同时，周费冬利用自身业务水平优势，定期组织开展技能培训讲座，提升村养殖户的个人技能素养，引导和帮助村民开拓新的产业销售模式，实现经济创收。

三、力争全面服务，帮扶村内困难群体

周费冬对弱势群体定期进行走访，对生活困难的村民第一时间送上慰问金。半年来，完成老年人体检500余人、退管人员体检200余人，完成退休人员登记30余人，完成灵活就业人员登记98人。他时刻以饱满的热情做好本职工作，得到了群众的一致好评和上级领导的肯定。2020年周费冬被评为“苏州市能手网格员”。虽然过去取得了一定的成绩，但是周费冬表示他会一直秉承“成绩代表过去，今后将更加努力工作”的原则，不辜负群众和上级政府对自己的期望，做一个合格的村干部，做一名合格的共产党员，踏实进取、实事求是、尽责尽职。

巾帼心向党　建功新时代

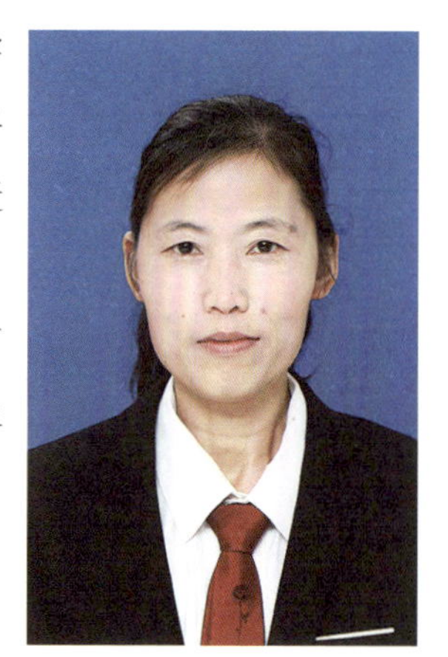

周利，1976年3月出生，中共党员，于2022年春学期开始在江苏开放大学行政管理专业专科就读。2021年1月至今担任宿迁市沭阳县青伊湖镇荣吴村妇女主任，兼村支“两委”成员，中级技师。

因婆媳关系和睦，获青伊湖镇“最美媳妇”、宿迁市“最美媳妇”称号；连年参加足时社工培训并义务参加社工服务。

一、关爱妇女和留守儿童

周利是荣吴村全村人公认的合格党员，在公婆的眼里是个好儿媳，在孩子心中是个好妈妈。在嫁到荣吴村的这20多年里，左邻右舍有什么困难，她都尽心竭力去帮忙。她曾多次被县妇联评为好儿媳，获得了一系列荣誉证书和奖杯。

周利的家庭和睦，孩子优秀。她的教育方式很科学，从不打骂孩子，而是以身作则、言传身教。近几年由于受到新冠疫情影响，有部分留守儿童的父母不能回家，周利主动找这些儿童谈心，为他们补习功课、买生活用品。这些孩子都亲切地称她“周妈妈”。有时孩子放假在家，她就直接把孩子们带到自己家里一起用餐，让孩子们感受家的温暖。

二、走百家门，访百家事

周利在工作上认真负责，经常走访困难群众，了解一线民情，为他们排忧解难。新冠疫苗刚开始面向村民接种的时候，部分行动不方便的村民无法自行前往接种点，周利便开自己家的车带他们去接种疫苗，并且按时合理安排村民接种加强针。村里有位聋哑人，接她接种疫苗时谁请都不上车，周利来了，做了个手势，她就高兴地上车了。大家都不明白为什么，后来才知道，这是因为周利经常入户走访她的家，还经常带许多亲手做的糕点给她，她才这么信任周利。

三、抗击疫情，恪尽职守

近几年各地疫情时有发生，基层工作人员都很辛苦。作为妇女主任的她，责无旁贷地担起全村的核酸信息登记工作。由于全程要穿戴防护服，在炎热的夏天，当她为全村村民完成核酸检测、脱下防护服的时候，汗水浸透了她的衣服，人好像刚从水里上来一样，防护服里能倒出水。脱下防护手套时，手都被汗水泡得不成样，看着都让人心疼。为了节省防护服，她工作时几乎都不喝水，怕不方便上厕所，也害怕耽误大家做核酸的时间。

四、团结友爱，严于律己

对上级领导安排的每样工作，周利都能认真完成，尽心尽责。工作中她总是提前一些时间到，下班也比别人晚。工作之余，她喜欢看书、学习。虽然她是“70后”，却一直坚持每日努力学习，下班后就在江苏开放大学学习平台学习线上课程。有人问她，到她这个年纪还这么学习，有什么意义？而她总是笑着说：“人嘛，活到老，学到老，知识的充实，是基层工作的基石。”这句朴素的话，感动了她身边的朋友，更传播了终身学习的精神。

五、邻里和睦，甘为“孺子牛”

她在村里的口碑也非常好，村委会的大学生村官都称呼她“周姐”，说她为人处事和善、人缘好。后来好多村民也都跟着称她“周姐”，说这样称呼更有亲切感。“周姐”所做的事，是平凡中的小事，她用一举一动践行着“勿以善小而不为”的道理。为大家服务时，她总是乐呵呵的。这种为人民服务的精神很是可贵，可她却说只是在做一名共产党员应该做的事。村民们着实为村里有这样一位巾帼代表感到由衷的自豪。

勇于担当负责　积极主动作为

周新，1986年11月出生，中共党员，于2021年春学期开始在江苏开放大学行政管理专业专科就读。2013年10月加入中国共产党。2021年1月至今任宿迁市沭阳县梦溪街道团庄社区治调主任、团委书记、梦溪四三期小区党支部书记。

周新现任梦溪街道团庄社区治调主任、团委书记、梦溪四三期小区党支部书记，在社区内主要负责民政、残联、人社、司法、团委、报账员等社区党支部工作。

一、牢记为民服务宗旨

工作中，周新始终牢记为民服务的宗旨，履职尽责、心系群众，竭尽所能为社区居民服务，如：为困难大学生申请补助金，为独居、行动不便老人提供上门办理服务，定期入户或电话寻访空巢老人，时刻关心空巢老人的健康状况和生活现状，等等。

他尤其重视社区内的弱势群体。遇到社区内残障人士向街道申请代办业务时，他会在帮他们办理好相关业务后，再把他们送回家；对家庭困难和符合低保条件的居民，他会积极帮忙办理相关手续，以优质的服务为民排忧解难。在2022年“村村到、户户进、人人访”的过程中，周新发现社区几户残疾家庭生活困难，便积极帮助他们申请和办理相关补贴；针对有些老人年迈体弱的情况，周新除了委托邻居对老人多加关注外，自己也会隔三岔五去看望老人。

二、培养居民法律意识

对于所负责的司法工作，周新也有着独特的见解。他认为，基层司法工作最重要的是培养居民的法律意识和法治思维。在社区工作中，很多问题“宜疏不宜堵”，从意识层面入手，可以很大程度减少社区内居民的矛盾。因此，在工作中，他积极为社区内需要法律援助的群众联系提供法律援助的律师，帮助二者进行对接。同时，他也认识到宣传的作用，积极发放各类法律宣传资料，引导居民在任何时候都要依法办事，不能意气用事，以此来营造和谐、文明、懂法、知法的良好社区氛围。

三、随时待命，响应号召

在新冠疫情防控工作中，周新每次都站在防控第一线，参加疫情值班，在小区门口对进出人员和车辆进行检查。夏季天气炎热，为照顾工作人员中的女同志，周新总是主动承担起站在小区门口查看行程码、苏康码的任务。每次全民核酸检测，周新都会承担信息采集的任务，在炎热的夏季穿着防护服，衣裤被汗水浸湿，全身没有一块干的地方。每次穿防护服之前他都不喝水，因为担心上厕所会耽误信息采集的时间，浪费珍贵的防护服。每天核酸采样工作结束时，衣服就像注水了一样，胳膊如同灌铅一般沉重，身体感到格外的疲惫，但他毫无怨言，继续奋战在防控一线。有时候，会在凌晨遇到有外地回沭人员需要登记或者办理集中隔离手续，周新总是主动请缨接下此项工作，经常一直忙到第二天早上。妻子非常担心他，有时候甚至不理解他，但周新认为，作为一名党员就是要在本职岗位上发挥带头作用，就是要奉献得比别人多一点，为社会、单位和他人多做一些事情。

面对一轮轮的疫情考验，周新坚持发挥党员先锋模范作用，始终奋战在抗疫第一线，像勇士般冲锋在前，迅速进入战斗角色，将人民生命安全放在第一位，将工作的苦和累当作是对自己的磨炼。

4 生态文明

生态文明是关系人民福祉、关乎民族未来的长远大计。党中央、国务院高度重视生态文明建设，党的十八大从新的历史起点出发，做出“大力推进生态文明建设”的战略决策，把生态文明建设纳入中国特色社会主义事业“五位一体”总体布局，擘画出生态文明建设的宏伟蓝图。党的二十大报告指出，“必须牢固树立和践行绿水青山就是金山银山的理念，站在人与自然和谐共生的高度谋划发展”。

保护生态环境、治理环境污染具有紧迫性和艰巨性。习近平强调，“我们要牢固树立社会主义生态文明观，推动形成人与自然和谐发展现代化建设新格局，为保护生态环境作出我们这代人的努力”。我们要“以对人民群众、对子孙后代高度负责的态度，真正下决心把环境污染治理好、把生态环境建设好”。生态文明建设是促进国家经济和谐发展的重要手段，为实现农村经济可持续发展创造了条件。良好的生态环境是民生福祉的基本构成。在生态环境保护上，一定要算大账、算长远账、算整体账、算综合账，不能因小失大、顾此失彼、寅吃卯粮、急功近利。

为了大力推进生态文明建设，全国各地基层工作者默默地开展着看似平凡实则伟大的实践，其中涌现了不少优秀模范代表，形成了典型事迹和先进经验。周斌在生态文明建设中率先推行环保网格化管理，实施环境信访颜色等级预警及分级管理制度，探索出环境监管“常州模式”；塞罕坝人“匠心”铸就“匠魂”，几代人接续奋斗，植树造林，守护森林，昔日“不毛之地”已变成今日的“华北绿宝石”，他们为生态文明建设作出了杰出的贡献。在全国各地，还有很多为生态文明建设默默付出的普通人，他们在自己的岗位上默默耕耘、恪尽职守，通过不懈努力，打造一江碧水、两岸青山。涓涓之流，积成江河，是他们推动着生态文明事业蓬勃发展。“砖连砖成墙，瓦连瓦成房”，他们是生态文明建设的中流砥柱，是建设美丽乡村、美丽中国的希望所在。

因类施策，科学推进环境整治。我国幅员辽阔，各个地方生态环境整治情况不尽相同，需要综合考虑生态环境、历史文化、居民需求等各方面，因地制宜，用科学方法，系统规划，统筹推进生态治理。如江苏省如皋市下原镇桃园社区党总支副书记、团支部书记田海峰，通过“治污水，护清水，畅活水”等系统治理的方式，打造分散式污水治理精品线路，将原来的“污水河”变成了“风景线”，并对其管辖水域内的河流、家沟家塘进行系统治理，打造了人和景美、宜居宜业的“新桃花源”。

党建引领，创新生态治理方向。党建引领是中国之治的特色优势和独特经验，中国共产党是引领和推动生态治理创新发展的核心力量，为实现乡村生态振兴开出特色药方，通过一系列措施将党的政治优势、组织优势转化为行动优势，科学引导着乡村生态治理。如江苏省盐城市射阳县经济开发区中心村党总支书记于利华，充分发挥党建引领的作用，动员全村力量，采取多种措施抓好环境整治、秸秆禁烧、危房拆除三项重点工作，精心部署，成立领导小组，全面排查，细化责任与任务，推动环境整治工作顺利完成。江苏省如皋市东陈镇杭桥村党总支书记仲维平与中科院生态环境研究中心团队合作，开展分散农户生活污水治理试点，积极推进户厕改造，改善生态环境；通过党建引领产业发展，党员带动、群众参与，推动土地流转给“开心农场”，发展“私人订制式”农业，依托“开心农场”种养模式和技术支持，打造沉浸式乡村旅游，创建了绿色增收渠道。

强化宣传，引导群众参与治理。通过加强宣传，转变公众理念，激发形塑主体意识，推动持续参与。引导公民参与生态治理符合民主治理的要求，体现现代国家治理的本质特征，有助于推动生态治理的现代化。如江苏省宿迁市钱集镇钱集社区村支“两委”委员吴金杰始终秉持“以人为本”的理念，在秸秆焚烧整治中注重从思想上提高群众的认识，通过签订责任书、悬挂横幅、张贴标语等多种方式强化宣传氛围；除此之外，他还奋战在一线，统筹协调抓落实，排查隐患，情理结合，细心劝导工作人员注意防火。常州市金坛区薛埠镇山蓬村村委会工作人员黄民雪认真务实，抓好环境整治工作，从行动上改变村民的旧观念，尝试让群众参与到管理中来，让群众服务群众，充分调动了群众积极性，取得了良好的治理效果；他还吸引了多家农业综合体来村里投资，使村民不仅获得了土地流转的收入，而且在家门口获得了就业机会。

“良好生态环境是最普惠的民生福祉。”这些生动的案例和实践，向我们诠释了生态文明建设功在当代、利在千秋，是为国为民的好事情，同时也为新时代生态文明的建设提供了借鉴。

党的二十大指出，党的中心任务是“团结带领全国各族人民全面建成社会主义现代化强国、实现第二个百年奋斗目标，以中国式现代化全面推进中华民族伟大复兴”，并指出“中国式现代化是人与自然和谐共生的现代化”。在全面建设社会主义现代化国家的新征程上，我们必须充分认识到生态文明建设的重要性，要像保护眼睛一样保护生态环境，像对待生命一样对待生态环境。我们仍然要持之以恒地推进生态文明建设，把生态文明建设放在突出地位，把生态文明建设融入经济建设、政治建设、文化建设、社会建设各方面和全过程，以此助力乡村振兴，建设美丽中国，实现中华民族的永续发展。

南京农业大学公共管理学院副院长　刘晓光

深耕农村环境治理　绘就乡村崭新画卷

陈久龙，1989年5月出生，群众，于2021年秋学期开始在江苏开放大学行政管理专业专科就读。2006年8月参加工作，2021年至今在盐城市射阳县合德镇耦耕堂村任农业主任、民兵营营长。

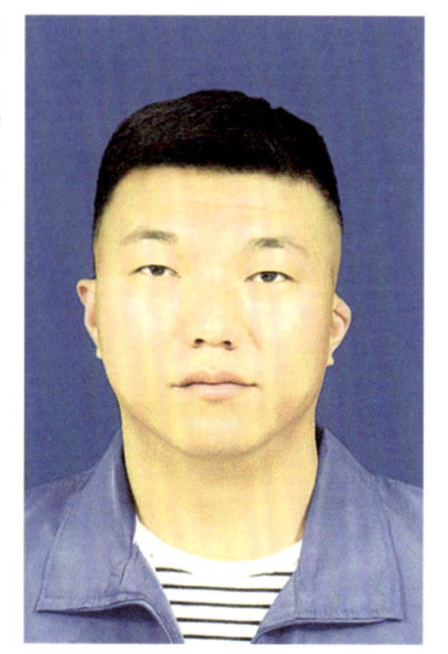

2021年开始，陈久龙在射阳县合德镇耦耕堂村任农业主任兼管村建工作、民兵营营长，在2年的工作时间里，他从一个懵懵懂懂的新人逐渐成长为一名合格的基层干部。“群众利益无小事，务实求真办真事”是他的工作承诺。在基层工作中，他时刻牢记自己肩负的使命，一心一意投入农村工作中。镇里的领导对新进村干部格外关怀，村里的老领导对他的工作也格外关心，经常组织学习有关农村的各项政策法规，并教给他工作方法。他也更加体会到父老乡亲的热情和淳朴，这让他在这片土地上有了牵挂，更有了信心。

一、治理河道环境卫生，归还村民碧水蓝天

针对耦耕堂村境内河道长满浮萍和芦苇，干旱时无水可用、排涝时无处可排的情况，村书记请示镇党委后，对耦耕堂村境内大中沟共计22条河道进行整治，调用了大量人力、机械，花费了大量资金。其间，陈久龙每天起早贪黑，主动带领村民整治河道卫生，在他和其他同志的带领下，22条河道全部清理完

成，得到了村民的称赞。后期他安排专人对河道进行常规化维护，真正还了村民一个碧水蓝天。他还专门制作了一条宣传整治河道行动的视频，在村民中广泛推广，号召村民一起维护现在的美好环境。

二、大力宣传农房改善，落实城乡发展规划

耦耕堂村的房屋基本上都是在1990年之前建成的，随着社会进步，人口逐渐增长，土地资源逐渐减少。合理、经济地利用土地是国家的基本国策，也牵涉到国家的长远利益。近年来，耦耕堂村根据上级的指示，对农村危旧房、长期无人居住的房屋采取逐户上门宣传国家政策的方式，将其拆除，实现土地流转。国家也出台了相应的奖补政策，对拆除危旧房去县城购房的都给予一定的补助。陈久龙在耦耕堂村负责村建工作，在每年的农房改善中，对需要拆除的农户都上门了解情况，做思想工作，在测量中始终保持原则，在不违纪违规的情况下，不少算农户一分钱。为了让农户尽快拿到钱，他每晚加班到深夜为村民准备上报的材料。在他的努力下，农户拆除的资金都能按时下发，农户对他赞不绝口。

三、打击整治直排乱放，维护村民用水安全

耦耕堂村地处射阳县西北角，背靠射阳河。随着老百姓生活质量的提高，许多农户自发地搞起了蛋鸡养殖行业，近年来，耦耕堂村的养鸡户占全镇养鸡户总数的60%左右。随着养殖户的增加，鸡粪处理的难度越来越高。耦耕堂村主要领导请示上级并得到上级的批准后，在镇里的帮助下，向耦耕堂村境内引进了粪污处理厂，有效地解决了鸡粪处理的问题。针对鸡粪处理后遗留下来的环境问题，陈久龙又逐户上门了解情况，实地调查：对遗留下来的直排口全部进行填埋，环境不达标的劝其整治清理；对于个别始终不配合的农户，上报有关单位，对其进行行政罚款、关停整顿。在他的不懈努力下，养殖户家的环境得到极大的改善，鸡棚以外再无鸡粪，农户的用水安全也得到了保障。

守好绿水青山　招来金山银山

戴磊磊，1987年3月出生，中共党员，于2019年春学期至2021年秋学期在江苏开放大学行政管理专业本科就读。2018年10月加入中国共产党。2016年8月至2019年9月在如皋市丁堰镇皋南社区任分片干部，2019年9月至今在丁堰镇皋南社区任社区党委书记、居委会主任。

曾获丁堰镇优秀党务工作者、如皋市安全生产工作先进个人等荣誉。

一、抓生态建设，美化人居环境

加强生态文明建设，实施提升、美化人居环境专项整治行动，是维护群众切身利益的迫切需求和全面建成小康社会的重要内容。2021年，在戴磊磊的带领下，皋南社区整治了纪港中心河及皋南社区东四级河2条黑臭水体河道。整治河道过程中不可避免地会碰倒一些农户的树木及农作物，极个别农户对此不理解，阻挡清淤工作。戴磊磊和社区工作人员及时到现场，耐心细致地做工作，确保工程的进度和质量。整治后的社区东四级河已申报生态河道，并顺利代表如皋接受了南通市的验收。

在生活生产垃圾清运工作中，皋南社区在平时做到日产日清。农忙季节，社区会加大机械投入进行清运。戴磊磊多次召开党员群众代表会议，布置开展人居环境整治工作，广泛组织、发动群众积极参与，着力破除人居环境脏乱差的陋习顽疾，引导群众养成健康文明的生活方式。如今，皋南社区的人居环境质量有了极大提升。

二、平衡经济与环境，力促和谐发展

皋南社区地理位置优越，镇工业园区坐落其中，吸引了众多企业落户。戴磊磊充分发挥社区的区位优势，积极协助镇工业园区进行招商引资和基础设施建设，投入大量人员和精力，先后落户赖氏环保、森家展览、贺洋设备3个企业。在基础设施建设过程中，社区干部能做到随叫随到，从自来水管道的铺设，到移动网络电杆的迁移，再到雨污管道的埋设等，社区工作人员都全方位地参与和服务。

2021年9月，戴磊磊接到镇环保办反馈，有居民举报德信致远公司噪声扰民，戴磊磊第一时间联系该居民并上门了解情况。原来，该居民从事货车运输工作，对睡眠质量要求较高，德信致远公司南侧厂房租赁给思博特企业用于暂时生产，确实存在一些噪声。戴磊磊多次联系企业和该居民进行协商，最终找到了令双方满意的处理方法，确保了发展稳定一手抓，使企业与居民和谐相处。

恒康数控、恒康智能家居、德信环保、苏如电器、天堑制冷、友之工电器等项目的相继落户，带动了皋南社区的村民就地就业，增加了群众收入，也带动了村级经济的发展。社区在鬼头街、东西南北十字架商业街努力发展第三产业，积极为群众办理用电手续、营业执照等，增加了劳动力的转移，为群众创收提供了便利。

三、抓党建引领，强化堡垒工程

皋南社区党委下设7个党支部，其中有4个农业支部、1个街北支部和2个联合党支部，共有正式党员184名。对照党建工作标准化的目标要求，戴磊磊树立抓好党建是第一要务的理念，扎实开展“两学一做”，通过强化堡垒工程，推进各项工作的落实。在戴磊磊的领导下，“三会一课”制度、党员学习日、党纪教育、党员活动日、党员远程教育等活动有序开展，提升了党员的素质，强化了堡垒工程的要素保障。

作为一名共产党员、一名基层工作者，戴磊磊始终在思想上、行动上与党中央保持高度一致。他坚持党性原则，坚持政治立场，坚持理想信念，自觉增强“四个意识”、坚定“四个自信”、做到“两个维护”，认真学习政策法律，严格遵守党纪党规，在增强纪律性的同时提高执行力，工作中做到不打折扣、不弄虚作假，始终做到言行一致，不断锤炼自己的政治修养。

美丽乡村　建设有我

黄民雪，1979年9月出生，中共党员，于2020年春学期至2023年秋学期在江苏开放大学行政管理专业本科就读。2004年参加工作，2013年12月加入中国共产党。2017年6月起在常州市金坛区薛埠镇山蓬村村委会工作，现为镇后备人才。

曾获2021年金坛区“城市长效综合治理先进个人”称号，2022年被金坛区法治宣传教育领导小组办公室聘任为“法律明白人”。

黄民雪在山蓬村村委会主要负责村庄环境建设、交通等公共设施维护、电力电信运维及部分文体服务等工作。

他工作认真负责、一丝不苟。多年来，山蓬村的村庄环境卫生建设工作在全区各村的排名中一直保持在前列。近年来，山蓬村先后获得“江苏省卫生村”“常州市生态村”“村庄环境治理示范村”“常州市生态文明建设示范村”“金坛区文明村”等荣誉。特别是2022年以来，村委先后投入约50万元，开展了对乱出摊、乱堆放、乱张贴、乱搭建、乱停车等问题的整治。村委积极组织计划、发动宣传，号召村民主动参与，分区块负责监督巡查并及时汇报交流改进。在黄民雪的努力下，村庄环境得到明显改善，山蓬村也成为名副其实的美丽乡村示范区。

一、标本兼治，为美丽乡村建设贡献力量

黄民雪工作注重务实。通过其努力，村委会的创建等工作已经取得了明显效

果。在炎炎夏日，他定期到各自然村巡查，发现少部分区域乱堆放、不文明投放垃圾、设施被破坏等现象在整改后仍反复出现时，他会及时跟进提醒，力争夯实整改效果，并反复向村民宣传环境整治的必要性，取得村民的配合，为山蓬村创造一个宜居、宜业、宜游的美丽环境。

二、用心做事，让农村的美丽由内而外显现

作为一名党员，用心服务村民，竭尽所能为村民解决问题，是黄民雪同志“不忘初心，牢记使命”的一种现实体现。特别是在村生态环境建设过程中，刚开始少数村民不理解不配合，会嘲讽：“整天忙着这些不赚钱的事情，还不如直接给我们分分红。”每次面对这些言语，黄民雪总是耐心地解释：“环境好了，大家的生活岂不更舒适？谁不愿意看到家门口干净整洁呢？请大家放心，环境打造好了，外面的老板都愿意过来投资，大家的收入肯定会增加。”在他的耐心宣传与努力坚持下，山蓬村的村民逐渐接受了这个“执拗”的青年人。只要他出现在路边，附近的群众都会纷纷过来帮忙和反映情况。正如他所说：“以前得过且过，后来发现无论大小事，只要用心去做，即使结果不是完美的，群众也会理解与支持，还能拉近与群众的关系。后期遇到其他需要群众配合的事项，我们的工作也能进行得比较顺利。”

三、事无巨细，提升乡村环境建设群众参与度

在村民眼里，黄民雪工作用心、细致，关注村民生活中的细节，不放过任何

一个小问题。村里道路上的一块小凹坑会被他及时发现并很快修补，村里的健身器材、垃圾分类桶等公共设施，只要有所损坏，就会很快被维护、更换。这些小事被群众看在眼里、记在心里，村民对村委会的信任也逐渐提升。同时，他积极转变工作思路。他认为，群众既是服务的接受者，也可以是服务的提供者或者参与者。于是，他尝试以群众来管理群众、服务群众。这一妙招解决了长期以来山蓬村生态环境建设“整而不治、治不彻底”的老问题，并且为村委会的各项工作提供了参考思路。

四、争学互鉴，美丽乡村建设成效更上一层楼

工作中，黄民雪日日不忘学习的重要性。通过向老同志、向村民请教，以及多看、多听、多做等主动行为，他不断提升工作能力，提高美丽乡村建设成效。有一次周末，他抽空带着家人到附近乡村游玩，家人突然发现他不见了。等找到时，竟发现他在垃圾桶前驻留。他时而看看周边环境，时而摸摸垃圾桶的材质，甚至不顾异味翻开桶盖看看质量。家人走近时，他还得意地说道：“发现了好东西，这桶好，我们村也要引进。”

辛勤的付出终有回报。村庄的环境美了，产业发展也更上一层楼。近年来，在黄民雪与村委会同事们的努力下，通过集体资产运营，村庄的集体经营年收入已经从 5 年前的 100 万元增长到近 300 万元。村委会联合村民，通过土地流转、招商引资等措施，先后有“中天家庭农场”“晚秋家庭农场”“鑫云农场”等 10 多家农业综合体在山蓬村蓬勃发展起来，年营业额总计超千万元。村民们不仅有了土地流转收入，还可以实现家门口就业。环境有了提升，收入有了保障，生活也越来越好，而黄民雪同志也继续在村委会、在田间地头、在村前屋后忙碌着。

刘海村的人居环境“守护者”

钱江桃，1975年1月出生，中共党员，于2020年秋学期至2022年秋学期在江苏开放大学行政管理专业专科就读。2016年2月参加工作，2019年12月加入中国共产党。2019年4月至今在如皋市丁堰镇刘海村任村委会副主任。

曾获得安全生产工作先进个人、农村环境管护工作先进个人、人居环境整治工作先进个人等荣誉。

钱江桃任职刘海村村委会副主任以来，主动学习党在现阶段关于农村人居环境方面的路线、方针、政策，认真贯彻执行上级党委、政府的决定，恪尽职守，扎实工作，在刘海村实现人居环境大整治。刘海村先后被授予“丁堰镇文明村”“丁堰镇卫生村”等荣誉。

一、改善村民生活环境，提升村民精神文明水平

钱江桃全力推行旱厕改造工程，积极破除迷信陋习，认真贯彻村庄环境改造的政策。改造过程中，面对群众的不理解等问题，他会耐心细致说服，有疑必答。

对于封建落后的迷信陋习，钱江桃采用多维度、全方位的宣传形式，将宣传知识带到田间地头。他积极组织并参与多种活动，以文艺会演的形式将宣传知识落实到家家户户。他重视传统民俗，按照传统节气，宣扬传统文化，满足群众文化需求，提升村民精神文明水平。

二、推动民主法治建设，调动群众共治意识

针对群众易受骗的情况，他全面宣传法治教育，积极配合乡派出所的法治建设活动，组织广播宣传、村委会座谈等不同形式的活动对群众进行法治科普，并在事务管理中充分听取并采纳群众意见，调动群众共治意识，努力建设平安美好乡村。

三、一心一意干好实事，全面服务村民健康

在抗击新冠疫情期间，他主动承担疫情防控任务，积极配合医护人员下村检测，点对点发布日常防疫任务通知，大力宣传疫苗接种，提供便民服务。他一直关注村民的身体健康，大力推行健康体检，由点及面进行健康知识科普，全面服务于村民健康。

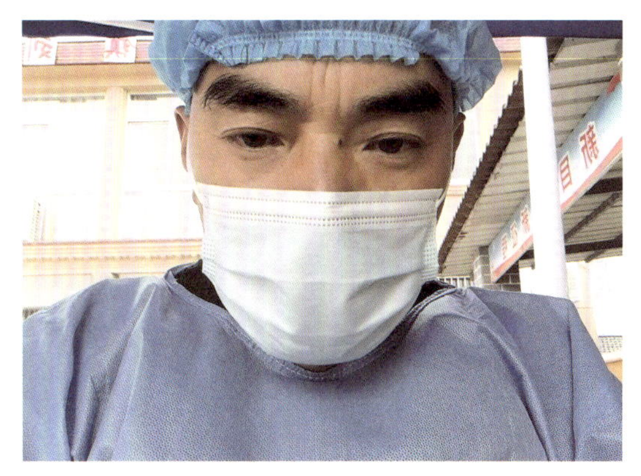

四、全面推行河长制度，坚持生态优先发展

钱江桃结合刘海村实际情况，认真贯彻落实河长制，组织领导相应管辖区域河湖的管理和保护工作，打通河长制“最后一公里”，努力实现“绿水青山”。他认真做好秸秆禁烧监控，提前进行科普宣传，宣传到点，对接到人；农忙期间做好监测活动，因时制宜，实行点对点负责制，在村民有问题时能够迅速响应并提供多种处理办法；面对突发情况及时进行经验总结，坚持绿色生态发展。

五、打造温暖民生环境，维护民利保障民生

钱江桃坚持以人为本，积极做好扶贫帮困工作。配合镇政府对有困难的家庭进行摸排调查。对于因病或因灾致贫的村民，助其向政府寻求帮助，保障其基本生活。对于军人家庭，落实做好双拥工作。钱江桃对新型农村合作医疗保险和新型农村养老保险进行全面科普宣传，对其重要性和必要性进行细致讲解，坚持以人为本，积极保障民生。

钱江桃深知，实现乡村振兴、促进人居环境的进一步发展，必须紧跟党的步伐。要全面贯彻落实党中央对“三农”工作的领导，建设优秀人才队伍，发挥群众自治作用，坚持以人为本，保障群众民生，才能促进事业的进一步发展。

为垃圾分类助力　给美丽社区添彩

沈金华，1975 年 4 月出生，中共党员，于 2020 年秋学期至 2023 年春学期在江苏开放大学行政管理专业本科就读。2021 年 6 月加入中国共产党。1995 年 7 月至 2004 年 4 月在昆山市国营化工厂第五车间任快一步工段二班班长，2004 年 4 月至 2018 年 6 月在昆山市青阳派出所任勤务指挥室内勤、材料内勤、法治内勤组长，2018 年 6 月至 2020 年 4 月在昆山市经济技术开发区乐康社区工作，2020 年 4 月至今在昆山经济技术开发区河寸泾社区任居委会副主任。

曾获昆山市公安局“见义勇为”奖、昆山市辅管办“创意之星”、昆山市青阳派出所先进个人、第七次全国人口普查工作先进个人、昆山市生活垃圾分类工作“季度之星”、昆山市生活垃圾分类工作“优秀讲师”等荣誉。

担任昆山经济技术开发区河寸泾社区居民委员会副主任以来，沈金华一直热衷公益，积极投身昆山市垃圾分类宣讲工作。他是昆山市垃圾分类讲师团和昆山市科技工作协会讲师团成员，2020 年、2021 年两次荣获昆山市生活垃圾分类工作“优秀讲师”荣誉。

垃圾分类是一项利国利民的新时代伟大工程，也是全民工程，需要共同努力。习总书记说“垃圾分类工作就是新时尚”，沈金华作为一名社区工作人员，又身兼“时尚”宣讲员的职位，为这项给子孙后代留下宝贵资源的伟大工程作出了应有的贡献。

2020 年上半年，昆山面向全市招募垃圾分类宣讲员，沈金华第一时间报名并参加了“四个一百”培训，成为昆山市第一批志愿讲师，为开发区居民提供垃圾分类知识普及和培训服务。2021 年，经昆山市新时代文明实践中心、昆山市科技工作协会邀请，沈金华加入昆山科协讲师团，在昆山区域内的社区、学校、餐饮企业、村、小区等场所，通过垃圾分类小课堂的形式开展垃圾分类知识普及宣讲活动，2 年多来共计宣讲 60 余场次，直接受益人群 1 万余人。

为了能更深层次地将垃圾分类知识灌输至每个年龄段人群，沈金华在多次实践中总结了一些方法。

一、明确宣讲对象，突出宣传重点

沈金华认为，针对不同对象有不同的宣讲方式和内容：对于小朋友，要通过播放视频、图片来引起他们的学习兴趣；对于成年人，则要落脚到昆山的实际情况，通过展示近几年昆山垃圾数量开展源头减量宣讲；而老年人比较在乎居住环境的改善，要多举一些身边的例子才能让他们感同身受。针对性的教学可以使不同对象能在自己熟悉的领域深刻体会垃圾分类的意义，一旦让受众产生兴趣，宣讲就成功了一半。

二、善于使用道具，贴近实际生活

在讲课过程中，大家通常会使用图片、卡片等道具来展示各类垃圾，而沈金华则会收集生活中产生的垃圾实物作为讲解道具，尤其是容易混淆的垃圾，比如牛棒骨、贝壳、粽叶等。当他在说起大骨头是“其他垃圾”的时候，现场就掏出一根牛棒骨来，瞬间点燃了大家的分类热情。

三、引导居民参与，强化课堂互动

每次宣讲，沈金华都会安排一些互动环节来提升居民的参与感，加深现场人员对垃圾分类的认识。有时候开展互动问答，有时候让他们上台模拟分类投放，小朋友们还能参与变废为宝手工制作，通过互动能有效提升居民垃圾分类的准确率。

四、坚守服务初心，增加知识储备

沈金华认为，要想做好垃圾分类宣传，最关键的一点是必须要从公益角度出发。当志愿讲师不是因为他是河寸泾社区垃圾分类管理人员，而是因为他热爱公益事业，热爱昆山这个文明城市。他不断学习更多的垃圾分类知识，了解各项政策，更新课堂内容，号召全民参与，大力倡导绿色低碳、简约适度的生活方式，源源不断地为垃圾分类宣讲活动提供新的资源。

奋斗百年路，起航新征程。作为一名共产党员，沈金华将不负期望，砥砺前行，助力昆山垃圾分类，为美丽昆山建设贡献一份微薄之力。

搞好河道管护　共创美好家园

田海峰，1988年4月出生，中共党员，于2020年秋学期至2023年春学期在江苏开放大学行政管理专业专科就读。2009年10月加入中国共产党。2006年12月至2011年12月为北京军区电子对抗团二营五连战士，2012年2月至2020年9月为如皋市下原镇人民政府工作人员，2020年9月至今任下原镇桃园社区党总支副书记、团支部书记。

曾获“电子对抗团优秀士兵”、如皋市下原镇“服务经济社会先进个人”、优秀党务工作者、优秀共产党员、优秀村干部、南通市委组织部南通市民政局“最美城乡社区工作者”等荣誉。

“我是班子里最年轻的，我来。”这是田海峰经常挂在嘴边的一句话。从部队到地方，田海峰始终将为人民服务放在心间，勤勤恳恳奋战在工作的第一线。

一、治污水，将“竹节河”变为“风景线”

田海峰同志到桃园社区工作时，恰逢农村人居环境整治和区域治水活动的开展初期，于是田海峰在调研之后将水治理总结为九个字——治污水、护清水、畅活水，作为加快美丽宜居乡村建设的抓手和当下一段时间工作的重点。经过现场走访，他发现最难治理的污水源主要有两类：一是分散农户的生活污水；二是老旧小区的生活污水。田海峰当即召开党员群众代表会讨论这两类问题，参会代表觉得这两类问题已经形成多年，群众已经养成了直排生活污水的习惯，不是一朝一夕就能够解决的。面对诸多困难，田海峰决定因类施策，针对分散农户生活污水治理问题，采用典型引领方法，选择了在鱼花池河南居住的19户农户为试点农户开展整改工作——这19户农户的生活污水都是直排屋后鱼花池河的。鱼花池河水逐渐成为黑臭水体，群众怨声载道。恰逢此河道在如皋市重点流域1片区水环境治理工程范围内，田海峰抓住这次机会，决定打造一条分散式污水治理精品线路：由党员干部带头，建污水池、清理河道、拆除坝头3座，杜绝直排，花大力气提升河道形象，使一条“竹节河”逐渐成为一道“风景线”。

在清理完这条“竹节河”后，田海峰将工作重点转移到老小区的治理上。某小区内有农户30余家，大半以上的住户有旱厕。根据农村污水治理的相关要求，决定对这30余户全部实行分散式污水治理，并拆除填埋原有旱厕。为了争取群众的支持配合，田海峰先是逐户走访，深入宣传发动，对一些思想观念陈旧、生活习惯落后、卫生意识不强的住户实行干部包干制；同时动员党员农户和村民代表带头，先行示范，做好表率，让群众真切地看到农户污水治理的好处，特别是卫生条件和生活居住环境的改善。

二、护清水，管好“毛细血管”守住“清水源”

千家万户的生活污水处置就如同人体内的“毛细血管”，如果要让“毛细血管”畅通，就一定要管理好生活污水。田海峰结合如皋近4年来农户生活污水治理的探索实践，突出“三格式填料化粪池质量和资源化利用”两大关键，定型了“农户生活污水处理装置”，固化了“低成本、无动力、少维护、不直排”的资源化利用模式。通过以点带面、逐步推开的方式，完善规模较大小区和沿线居民污水处理的配套设施，集中收集处理居民生活污水。为了把这项暖心工程、民生工程真正办好，田海峰还专门组织安排村干部对工程质量进行把关，并邀请沿线村民代表进行日常监督，若发现质量不过关则坚决责令其停工整改。

三、畅活水，打通“部位梗阻”确保“水循环”

流水不腐。随着农村分散式污水处理工作的有效开展，田海峰举一反三，确定了“河河相通、河塘同治”的水系治理思路，以三级河、四级河、沟渠为“脉络”，以水塘、汪塘为“关节”，按照“水清、鱼游、岸绿、景美”的要求，对全村 55 条家沟、家塘实行全面整治。以清除“四害”为重点，对黑臭水体、水面恶性植物、河岸乱堆乱放、河坡垃圾进行集中治理，全面梳理区域范围内所有河道及家沟、家塘的水系，对季节性无法蓄水的河道及家沟、家塘实施引援活水计划工程，使河道常年保持在正常水位，做到保水护水，确保以鱼养河，让活水长流。2021 年，以鱼养河率达 80% 以上，2022 年全村以鱼养河率接近 100%。

一河清水，承载了多少人的乡情。下一步，田海峰将进一步贯彻“以人民为中心”的发展理念，扎实推进分散式污水治理工作，持续巩固提升农村人居环境水平，高水平谱写人和景美、宜居宜业的“新桃花源”。砥砺奋进，追逐前行，在广阔的农村大舞台上，田海峰默默践行着一名共产党员的初心和使命，用他的勇毅和担当为桃园社区村民撑起一片蓝天。

打赢秸秆禁烧“阻击战” 做好群众守护者

吴金杰，1990年11月出生，中共党员，于2020年春学期至2022年秋学期在江苏开放大学行政管理专业本科就读。2019年9月参加工作，2012年10月加入中国共产党。2019年9月至2020年10月在宿迁市沭阳县钱集镇钱集社区做大学生村官，2020年10月至今在钱集镇钱集社区任村支“两委”委员。

曾获优秀党务工作者称号。

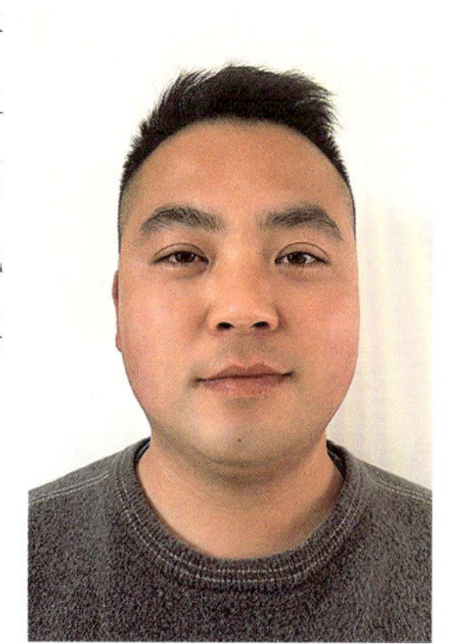

2019年回到社区工作后，吴金杰时刻牢记自己是一名党员，时刻不忘入党初心，履行党员义务，不忘党的宗旨，时时处处发挥一名党员的先锋模范作用，不折不扣高质量完成组织上分配的各项工作任务。听党话、跟党走，全心全意为人民服务，做了大量的公益事项，为群众做好事、办实事，深受党组织和群众高度赞扬。在落实秸秆禁烧行动上，吴金杰做了大量工作。

一、强化宣传氛围

首先，他思想上高度重视禁烧行动，先后参加了镇里的动员大会、社区的干部会议和情况督查通报会等多场会议，参加了政府公告的张贴、《告农民朋友书》的发放和《农户禁烧责任状》的签订。他带领钱集社区干部悬挂横幅、张贴标语、发布公告、出动24小时宣传车，希望通过宣传教育等方式，让广大居民充分认识到焚烧秸秆的危害性，在思想上对秸秆禁烧工作也重视起来。他还鼓励居民进行秸秆回收或秸秆粉碎还田，以此来提高居民对秸秆禁烧的自觉性。在吴金杰看来，这是一项重要且艰巨的工作，他作为社区禁烧工作小组的成员之一，责任重大、任务明确，必须不折不扣地把这项工作干好。

二、统筹协调抓落实

盛夏六月，麦浪滚滚，满眼金黄，秸秆禁烧也进入了最关键的时期。吴金杰作为社区年轻干部，始终奋战在秸秆禁烧的第一线。机器轰鸣的田间地头、热浪扑面的乡间小道、夜风微凉的禁烧值守点，处处都能看到他的身影。

“各包庄干部，现在是收割高峰期，高温天气持续，风险系数增大，请务必压实责任，严格落实重点时段机械停止作业的要求！”吴金杰反复强调对工作小组成员的要求。在安排好各包庄干部的工作任务后，在炎热的中午时段，他坚持走遍社区内正在进行作业的田间地头，认真检查联合收割机是否配备了灭火器、桶装水和湿棉被。他经常引用高温时段联合收割机作业自燃导致火灾的案例，动之以情，晓之以理，劝说联合收割机手在高温时段暂停作业，在保证充足休息的情况下，减少火灾隐患，避免损失。

为了严格遵守疫情防控措施，社区赵金余老人在上海务工的儿子没能及时赶回家中。面对繁重的夏收任务，家中缺少年轻劳动力的老人想到了去向居委会求助。接收到这一求助信息后，吴金杰立即组织禁烧小组成员赶往收割现场，协助老人将留在田间的小麦仔细装袋，送到家中堆垛归仓。“多亏了你们帮我把粮食送回家里，现在粮食都收回家里了，我心里的一块石头也放下了。”赵金余老人专门到社区居委会对帮忙的禁烧小组成员表达感谢。

“晚间蚊虫较多，多喷点花露水，风油精要放在口袋里时刻带着。”“值守点的扫把、铁锨、水桶、手电筒都齐全吗？自吸泵会用吗？”“请大家克服一下困难，再坚持几天，一定要盯住夜间作业的机械。”吴金杰每天都会走遍社区的禁烧值守点，类似的对话场景也多次上演，只为确保所辖范围内“收割一块，打捆一块，离田一块”，做到“不燃一把火，不冒一处烟”，切实把隐患消灭在萌芽状态。

钱集社区在秸秆禁烧工作中成绩显著，这与吴金杰的努力工作是分不开的。他始终与上级保持一致，服从安排，发挥不怕苦、不怕累的精神，坚持高标准、严要求，认真落实党委、政府布置的秸秆禁烧任务，为全镇高质量完成秸秆禁烧工作添砖加瓦，全力守护了辖区内的绿水青山。

改善农村人居环境　建设美丽宜居乡村

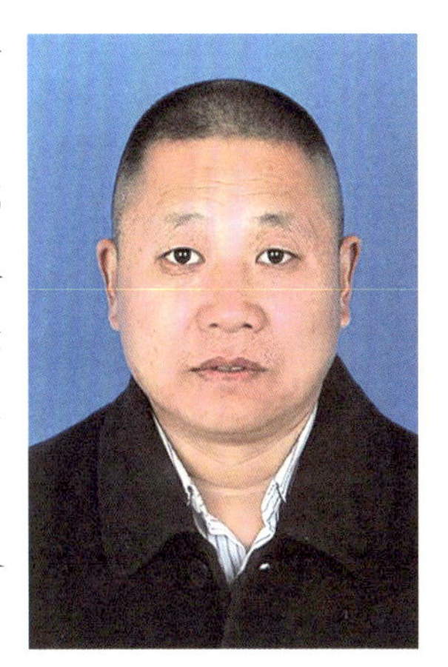

徐进华，男，1974年6月出生，于2021年春学期开始在江苏开放大学行政管理专业专科就读。2007年7月至2010年11月任连云港市东海县石梁河镇葛沟村支部委员、计生专干、民兵营营长，2010年11月至2019年7月任葛沟村支部委员，2019年7月至2020年3月任葛沟村党支部副书记，2020年3月至今任葛沟村党支部书记、村委会主任。

所领导的葛沟村于2020年及2021年两度获镇综合目标考核一等奖。

改善农村人居环境，既关系民生福祉，也是实施乡村振兴战略的重点任务之一。要解决人居环境问题首先要解决村民意识淡薄、思想守旧的问题。曾经的葛沟村，村民在家前屋后乱堆柴草、杂物、土石、建筑垃圾、粪堆已成习惯，零星散养家禽家畜的农户较多，河道淤堵、杂草丛生、富营养化严重，乱摆乱放、乱贴乱画、乱扯乱挂、乱搭乱建、乱焚乱烧等“脏乱差”现象屡禁不止。

一、凝聚“两委”力量，发动群众参与

为响应党中央乡村振兴战略，徐进华及时召开村支“两委”会议、党员大会、村民代表会等会议，制定行动目标，以“改善环境，助力乡村振兴”为主题，以“影响农村环境的突出问题”为重点，动员全村群众广泛参与，集中整治、解决“脏乱差”问题，最终实现了“家家户户房前屋后干净整洁、村庄道路整齐通透、条条河塘沟渠清洁畅通，村庄环境总体干净整洁有序，村容村貌彻底提升”的目标。整治的同时，也生成了村规民约约束机制、长效管理机制，落实

了村干部分片监督责任制度，建立健全了保洁划片管护队伍。

二、打造“亮点”工程，以点带面推进

徐进华制定了整治策略，由党员带头提前做出整治示范，村民代表和评先评优家庭紧跟其后做出榜样，率先干出一个片区作为亮点，通过以点带面，带动其他村民积极参与。经过几个月的专项行动，终于实现了整治目标。道路巷道整齐通透，乱堆乱放彻底清理，立面无乱扯乱挂，墙面无乱贴乱画，绿化带规范管理，绿化树木修梳合理，终于告别了白色垃圾“乱飞”现象，路面也干净无扬尘，再无乱焚乱烧现象。

三、建立“长效”机制，维护整治效果

徐进华制定了保洁员分片管理方案，让保洁员坚持每天早上到每家每户收集垃圾，控制在天亮前后统一收集完送往村垃圾转运集装箱内；利用广播、微信群等方式进行宣传，让村民养成天黑之前把垃圾集中好放到自备垃圾桶里，并把垃圾桶放到门前以备早上保洁员统一收集；发扬“比学赶超”精神，评选出“最美庭院”“环境整治先进个人”等，使整个村庄逐步形成互相监督、互相学习的氛围，村规民约也得到了有效发挥。

四、坚持“问题”导向，解决新生问题

徐进华坚持“生态宜居”总目标，进行定期巡查以及细节处理。他充分利用党员学习平台，积极宣传、学习相关政策，利用党员集中活动日，分片区对村庄环境进行排查。每月进行一次全村拉网式排查，及时发现并解决民生小事。例如，在监督巡查村庄“牛皮癣”工作中，为了彻底铲除墙上的不法广告，满足村民信息获取需求，经调查走访，最终在村庄内设置了3处广告栏，既满足了群众需求，又解决了“牛皮癣”问题，同时村支“两委”干部还可以监督广告的真实性，避免群众上当受骗。

环境整治出实招　美丽乡村入画来

于利华，1980 年 1 月出生，中共党员，于 2021 年春学期至 2023 年春学期在江苏开放大学行政管理专业本科就读。1999 年 9 月参加工作，2008 年 8 月加入中国共产党。2019 年 11 月至今担任盐城市射阳县经济开发区中心村党总支书记。

2021 年、2022 年被盐城市射阳县经济开发区表彰为优秀工作者。

于利华所在村为盐城市射阳县经济开发区中心村，中心村紧紧围绕区党委、政府的部署，全力推进当前重点工作，采取多种措施抓好环境整治、秸秆禁烧、危房拆除三项重点工作。全村上下在党总支书记于利华的带领下，拧成一股绳，团结一致，攻坚克难，以更大的决心确保各项工作顺利完成。

一、善于作为，打好环境整治“组合拳”

俗话说，要想火车跑得快，全靠车头带。“五清一除”的过程中，于利华亲力亲为，既当指挥员，又当战斗员。她召开“五清一除”行动部署会，带领村“两委”成员、网格员、党员及村民代表对全村河道漂浮物、各类垃圾、沉船、旧桥桩板、临河养殖的各类圈舍、违章建筑，进行拉网式、地毯式的排查登记和清理；对发现的问题，及时要求相关人员限时整改到位，不留尾巴不留隐患。同时，于利华还亲自任网格长，实行河长网格化管理，划分责任区，签订责任状，为治理提供强有力的组织保障。截至 2022 年底，全村累计清运垃圾 15 车、沉船

6艘、旧桥桩板8块、养殖圈舍12间，清理违章建筑3座。通过开展“五清一除”行动，有效改善了村容村貌。

二、思维缜密，织密秸秆禁烧“安全网”

根据盐城市射阳县经济开发区下发的文件精神，中心村迅速行动，召开专题会议，成立秸秆禁烧领导小组、巡查小组。于利华任组长亲自上阵，利用大喇叭、流动宣传车深入田间地头不间断宣传；组织网格员、志愿者入户

发放秸秆禁烧宣传单，与农户签订禁烧承诺书；利用网格微信群向群众宣传禁烧政策和秸秆综合利用带来的益处。于利华说，在禁烧期间，所有村组干部一律不准请假，全部划区包片，施行网格化管理，做到禁烧工作人人有任务、个个有责任。巡查小组每天24小时对所有的农田强化现场管理和执法巡查，实现禁烧工作全覆盖；于利华电话24小时畅通，随时接受群众举报：做到时间上不留空当、地域上不留死角，始终保持对秸秆综合利用和禁烧禁抛行为的高压态势。

三、履责于行，吹响危房拆除“冲锋号”

“危房不住人，住人不危房”，这是于利华的一句口头禅。拆除农村危旧房工作是全面改善农村人居环境的重大行动。自农村危旧房安全隐患工作开展以来，以于利华为首的中心村“两委”高度重视，成立工作领导小组，研究制定排查整治实施方案。在全村范围内展开拉网式排查，对排查出的危旧房实行销号管理。对于个别难啃的“硬骨头”，书记于利华亲自上门做工作，给群众讲清政策和利害关系。群众也认识到拆除危旧房的重要性，主动配合拆房工作。另外，她还组织群众对已拆除的地块进行复耕复垦，打造成小菜园，既保护了土地，又美化了环境。

建设美丽乡村　谱写文明新篇

仲维平，1977 年 8 月出生，中共党员，于 2020 年秋学期至 2022 年秋学期在江苏开放大学行政管理专业专科就读。1994 年 3 月参加工作，2011 年 7 月加入中国共产党。2009 年至今在如皋市东陈镇杭桥村工作，现任杭桥村党总支书记兼村委会主任、总网格长。

曾获优秀共产党员、最美网格长、“五强”型村（社区）党组织书记标兵等荣誉。

任职东陈镇杭桥村党总支书记以来，仲维平着力带好“两委”班子，抓好党员队伍建设，办好民生实事，发展特色产业，让原本经济薄弱的杭桥村发生了很大变化。任职以来，村集体经济收入快速增长，实现了村居强、百姓富、环境美。近年来，杭桥村先后获得“江苏省文明村”“江苏省卫生村”等荣誉，仲维平也获得 2020 年度如皋市“最美网格长”、如皋市“五强”型村（社区）党组织书记标兵等荣誉。

如皋市杭桥村地处东陈镇中片，村农业产业较为传统，亩均收益较低，老百姓传统农耕思想较为严重，新兴农产业发展迟缓。由于地理位置原因，该村交通不便，造成外来投资不多，村居经济一直处于较低水平。仲维平任党总支书记以来，勇于担当，积极向上级争取资金，通过党建引领与产业振兴，帮助村居发展。

一、广泛发动群众进行户厕改造，提高环境治理水平

乡村振兴，生态宜居是关键。仲维平积极探索研究，抓住与中科院生态环境研究中心团队的合作契机，开展分散农户生活污水治理试点。100多户村民采用“微冲宝—田园循环”治理模式，极大地改善了村里的生态环境，村庄实现了从“住有所居”到“宜居优居”的华丽转变。

改厕前，因为农村生活条件较差，在城市生活的人很少回乡；改厕以后，农村生活跟上了时代脚步，越来越多的人愿意回乡居住，感受生态宜居、风景宜人的田园生活。

二、党建引领产业发展，带领百姓增收致富

杭桥村党总支积极发挥基层党组织战斗堡垒作用，以乡村振兴战略为契机，通过推动土地流转，盘活农村闲置土地资源，激发出乡村振兴新动能。在进一步完善基础设施后，由农场管理员以小块土地租赁的形式，面向社会开放，以每分田800元的价格租给消费者耕种。采用每分田“小地块”的认领模式，力求让每分田产业产值实现最大化，实现土地生金吐银。周边农民将土地流转给“开心农场”后，还可以在这里帮忙种植管理，拿了租金又领薪金，鼓起钱袋子，达到支部引领、集体增收、群众致富效应。仲维平说：“产业发展最终目的就是实现百姓就业，增收致富。留守居民就业问题是乡村振兴的关键问题之一，而家门口就业是解决这一问题的关键措施。”

在仲维平的带领下，杭桥村党总支主动靠前服务，统筹协调，通过支部引领、党员带动、群众参与的方式，走出一条“私人订制式”农业发展新路径。杭桥村“开心农场”试运营期间，首批“小菜园”共计2万多平方米地早早地被城里的“农场主”们认购一空，供不应求。消费者预付生产费用，订制属于自己的“小菜园”；党员充分发挥先锋模范作用，带头帮助落实“农场主”需求，为其提供一对一管家式服务，服务更精准、更优质。在“小菜园”，大家可以亲自参与种植，体验田园生活，也可以委托管理，采摘寄送，从“田园”直达“餐桌”，及时品尝自己的订制农产品。

三、振兴农村集体经济，创新绿色增收途径

针对村集体资产较少、村民增收途径少等问题，仲维平积极思考、系统谋划，紧紧围绕产业扶贫、产业富民持续推进产业结构调整，助推产业兴旺。户厕改造以来，村居生态环境明显改善，仲维平抓住机遇，建成全市首个特色田园乡村党建联盟，通过户厕改造技术，取得了农机院的技术支持，从生活污水治理到资源化利用，开发出了以“开心农场”为主体的循环种植模式，逐步打造出沉浸式乡村旅游格局。

在仲维平的带领下，杭桥村干部和村民万众一心、共同发力，将杭桥村打造得越来越美好。村里还对村中心进行绿化、亮化、美化建设，实现对生活垃圾分类处理和生活污水黑灰分离。现在的杭桥村，不仅道路通畅，百姓的生活质量也越来越好，村民的获得感、幸福感明显提升。

5 应急管理

党的二十大报告指出，“面对突如其来的新冠肺炎疫情，我们坚持人民至上、生命至上，坚持外防输入、内防反弹，坚持动态清零不动摇，开展抗击疫情人民战争、总体战、阻击战，最大限度保护了人民生命安全和身体健康，统筹疫情防控和经济社会发展取得重大积极成果”。习近平总书记在指导新型冠状病毒肺炎疫情防控工作时强调，要以更坚定的信心、更顽强的意志、更果断的措施，紧紧依靠人民群众，坚决打赢疫情防控的人民战争、总体战、阻击战。面对疫情，广大党员干部发挥“寒梅精神”，不畏困境、顽强拼搏、迎难而上，坚决奋战在抗疫一线，带领人民群众打赢了这场疫情防控阻击战。

在这场没有硝烟的战争中，有许多的共产党员、基层干部，他们舍小家、顾大家，众志成城，筑起抗击疫情的铜墙铁壁，为保护全区人民群众的身体健康和生命安全作出了重要贡献。

守牢初心展作为，疫情当前勇担当。面对突如其来的疫情，宿迁市王官集镇欧庙村党支部副书记崔佳鹏同志奋勇当先，带领群众决战疫情防控一线，彰显干部作为。他坚持带领村“两委”成员做好基层疫情防控工作，把村民的安危放在心里，把防控疫情的责任扛在肩上，把做好疫情监测、排查、宣传、防控等作为第一职责，坚守岗位。在疫情常态化防控工作中，崔佳鹏为守护老百姓的生命健康贡献了自己的一份力量，始终坚持在一线，从不抱怨推诿。他在人民最需要的时候坚守岗位，冲锋在前，不仅承载了百姓的希望，更是对“为人民服务”的最好诠释。

纵然千钧压顶，依然勇敢向前。新冠肺炎疫情暴发以来，作为一名村委工作者和一名共产党员，何科挺坚守使命，始终冲锋在前，用实际行动践行了一名共产党员全心全意服务人民的初心和使命。“坐”到群众板凳上，“想”到群众心坎里，“干”到群众家门口，是他的工作理念。在 2020 年疫情防控阻击战中，他带领村干部和医务人员不分日夜地坚守防控一线，冒着严寒往返公路检查站、防控点现场办公，处置工作中的各种突发状况、疑难问题，在 1 个多月的时间里几乎每天都要工作到深夜。超强度的工作透支了身体，但他却依然坚持，家人和孩子顾不了，身体累瘦了……却丝毫未有抱怨。他做到了实实在在守护群众安全，履职尽责筑牢抗疫“长城”，服务群众架起连心“桥梁”。

冲锋防疫一线，做人民健康的守护者。作为冲锋在防疫工作一线的基层党员干部，宿迁市曹集乡曹家集社区党委副书记沈阳同志始终秉持着认真细致、任劳任怨的态度，踏踏实实地做好疫情防控工作。他每天除了认真做好岗位点的24小时执勤工作、挨家挨户排查登记有无密接人员外，还要连夜安排第二天的全员核酸检测、社区内物资供应工作。沈阳同志一直带病坚持在疫情防控的第一线，大家都劝他请假休息，可是他倔强地说：“现在正是需要人手的时候，我是党员，我要坚守我的岗位，等哪一天我实在撑不住了再说吧！”他就是这么“倔”地发挥着共产党员的先锋模范作用。经过大家18天不分昼夜的共同努力，曹集乡的疫情防控终于取得了阶段性的胜利。

坚守基层一线，共筑防疫长城。“我是一名大学生村官，更是一名共产党员，这个时候我必须跟村民站在一起，共抗疫情，守候我的第二故乡。”这是沭阳县刘徐村大学生村官孙镇的心声。白天，孙镇同志要走村穿巷进行疫情防控知识的宣传，挨家挨户收集核实外来人员信息，力所能及地为居民群众解惑答疑，蹲守路口卡口站岗执勤；晚上，他还要对一天的数据进行汇总梳理，对存在的防控薄弱点拿出意见建议，一直忙到深夜。他说：“这里现在就是我的故乡。面对疫情，这里的群众需要我，我更应该义不容辞，贡献自己的一份力量。”

舍家忘我战疫情，为使百姓归安宁。自昆山市新型冠状病毒疫情防控工作开始以来，身为党员的张华同志坚守工作岗位，穿上防护服，戴上口罩，主动请缨在高速公路卡口检查防疫工作。张华一边指挥引导车辆靠边停下，一边详细询问驾驶员和同乘人员的基本信息，接送并引导疫区返昆人员至集中隔离点隔离。疫情开始阶段，群众难免不能理解这些烦琐的检查工作和严格的隔离要求，而张华永远是最耐心的一位工作人员。他耐心地宣传、解释着疫情防控条例，像劝说自家亲人一般给那些需要隔离的人员做好思想工作。

危急时刻显本色，越是艰险越向前。作为盐城市射阳县合德镇凤凰村的一名工作人员，张艳忠诚履职，勇于担当，在抗击新冠肺炎疫情的阻击战中冲锋在前，用实际行动践行了新时代共产党员的初心使命。一天深夜，刚刚忙碌一天准备上床休息的张艳接到村书记的电话，要求凤凰村辖区所在地防控工作实行提级管理。接到电话，张艳以及书记等一群村干部立即驱车回到村部，组织落实。张艳同大家到一处一处出口实地查看，一个一个方案反复推敲。方案落实后，张艳又同其他同志买进材料，找来施工队，连夜作战，并一处一处亲自验收。天亮了，一夜没睡的张艳揉揉熬红的眼睛，又开始组织白天的核酸检测。

唯其艰难方显勇毅，唯其笃行方显珍贵，他们是千千万万优秀党员或一线工作者的缩影。在这个平凡的岗位上，只有默默奉献，任劳任怨，辛勤耕耘，艰苦奋斗，扎根基层，心系群众，才能更好地为一方百姓服务。人民的理解和支持，会让每一位一线工作者心无旁骛、坚定无比；人民的智慧与奉献，会让每一位白衣卫士无所畏惧、勇往直前。

中国矿业大学公共管理学院副院长　李效顺

守牢初心展作为　疫情当前勇担当

崔佳鹏，1989年7月出生，中共党员，于2021年春学期至2023年秋学期在江苏开放大学行政管理专业本科就读。2011年6月参加工作，2018年7月加入中国共产党。2011年7月在宿迁中厦建设工程有限公司任技术员，2015年4月任宿迁格派贸易有限公司负责人，2017年8月任宿迁市王官集镇欧庙村挂职副主任，2019年7月至今在王官集镇欧庙村任党支部副书记。

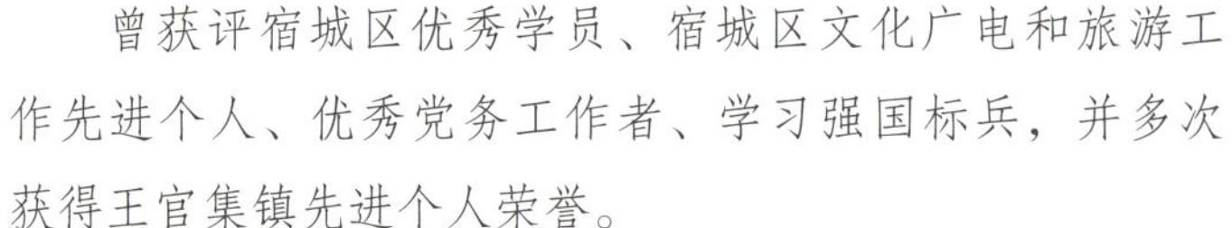

曾获评宿城区优秀学员、宿城区文化广电和旅游工作先进个人、优秀党务工作者、学习强国标兵，并多次获得王官集镇先进个人荣誉。

自任职王官集镇欧庙村党支部副书记以来，崔佳鹏勤奋踏实，清正廉洁，团结同志，顾全大局，牢记组织和领导的重托，始终坚持高标准、严要求，立足基层，磨炼意志，在抓好党员队伍的同时办好民生实事，在新冠疫情防控工作中更体现了一个共产党员的责任和担当。

一、投身疫情防控义不容辞

面对突如其来的疫情，崔佳鹏奋勇当先，带领村“两委”成员做好基层疫情防控工作，决战疫情防控一线，彰显干部作为。他把村民的安危放在心里，把防控疫情的责任扛在肩上，把做好疫情监测、排查、宣传、防控等作为第一职责，坚守岗位。作为村干部，崔佳鹏抗击疫情的决心坚定而有力，视疫情如战场、视防控为责任，用实际行动践行着共产党员的初心和使命。“我是一名村干部，我不带头谁带头；我是一名共产党员，我不冲锋谁冲锋。”疫情形势吃紧，外防输入风险很大，崔佳鹏积极研究部署全村疫情防控工作，制定紧急“封村”、全员核酸、应急处理等预案，带领“两委”干部不分昼夜遍访全村，开展地毯式排查，做好重点地区返村人员信息摸底登记工作，第一时间管控、第一时间落实居家，确保不漏一户、不漏一人，确保一方平安。

二、实干担当全力履职尽责

崔佳鹏顾不上家里不到3岁的女儿和才出生七八个月的儿子，常常凌晨4点就来到村里为一天的防疫工作做准备。“广大村民请注意，广大村民请注意……”他通过广播，一遍一遍地发动群众做核酸，一遍一遍地宣传防疫注意事项，一遍一遍地劝导村民少出门、别乱跑。无论早晚，在村办公室、道路口、村民门口……随处都可以看到他忙碌的身影。随时关注疫情动态、环境消杀保洁、村内巡查、劝导群众，这是他每天必做的功课，在他和全体村干部的努力下，村里以最短的时间构建起了一道疫情防控安全防线。

崔佳鹏总是第一时间下沉一线，他主动与农户、群众沟通，耐心细致地宣传、解释疫情防控政策，让大家能够发自内心遵守防疫规定。“咱们尽量不要外出，接触的人多，再造成人员聚集，疫情传播的风险就太高了！”对于检查中发现的问题隐患，他总是直言不讳地指出并进行纠正。对于一些超市、饭店无视疫情防控政策，不采取登记、扫码、测温、查验健康码等防控措施的，他督促其立即整改，真正做到立行立改、彻底整改。

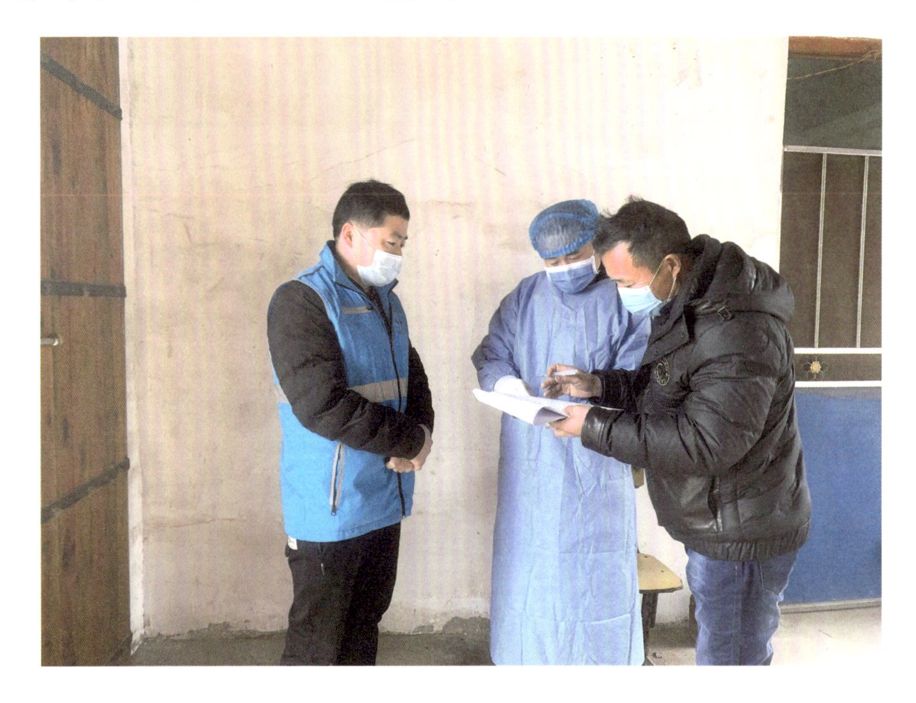

三、勇担防控排查的“数据兵”

在崔佳鹏的有效推动和监督下，全村疫情防控工作扎实推进。当一天的监督检查完成，崔佳鹏的工作却还远没有结束。他回到办公室开始对各个小组汇报的检查情况和核酸检测人员信息进行统计汇总，将发现的问题一一梳理，形成信息，上报镇党委政府疫情防控办公室；对于一些典型问题直接提出整改方案，确保整改到位，达成时效。忙完了防疫工作，他还要加夜班完成所负责的其他工作，待全部工作完成后，往往已是深夜。他的担当精神与责任感让人敬佩，他也是欧庙村打赢疫情防控战役的中坚力量！

在疫情常态化防控工作中，崔佳鹏继续为守护老百姓身体健康贡献着自己的一份力量，始终坚持在一线，从不抱怨推诿。他在人民最需要的时候坚守岗位，冲锋在前，不仅承载了百姓的希望，更是对为人民服务理念的最好诠释。

问需于民　服务为民

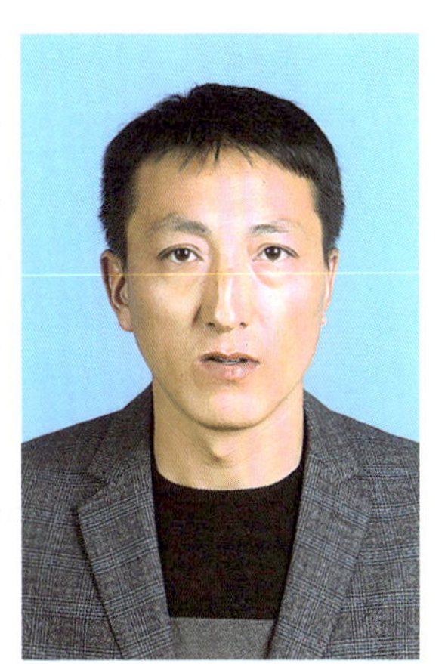

崔九峰，1979年10月出生，中共党员。于2020年秋学期至2022年秋学期在江苏开放大学行政管理专业专科就读。1997年7月参加工作，2021年6月加入中国共产党。2018年5月至2020年1月在海安市城东镇石桥村任后备干部，2020年1月至今在海安市城东镇新立村任村干部。

曾获得海安市西场办事处“污染防治攻坚先进个人”、“农村环境长效管理先进个人”、最美志愿者等荣誉。

崔九峰自担任城东镇新立村村干部以来，始终认真贯彻党在农村的路线、方针、政策，认真贯彻执行党委、政府的决定，勤政为民、恪尽职守，认真履行村干部职责，勤奋努力，扎实工作，取得了一定的成绩。

一、抗疫始终在一线，认真践行守初心

自从新冠疫情防控工作开展以来，崔九峰充分发挥了一名共产党员的先锋模范作用，按照上级部署，认真落实排查、管控等防疫措施，每天在规定时间内完成下派涉疫数据电话核查，为海安市疫情防控提供信息参考。上级的信息数据下发是不定时的，有时正值饭点，有时会在半夜。崔九峰时刻注意电脑和手机上的信息提示，并在第一时间联系相关人员处理。他对上级疫情防控指挥部的各项决策部署都能够快速反应、迅速行动，始终冲锋在防疫一线，切实保障了人民群众身体健康和生命安全。

2022年春季，在上级的工作部署下，他动员全村60岁以上还未接种疫苗的

群众进行疫苗接种。面对小部分群众局限于自身认知方面的各种考量、顾虑而犹豫不决、迟疑不前的情况，他挨家挨户上门宣传新冠疫苗的价值、作用与安全性，消除群众的疑虑。新立村5组的李老太已88岁，行动不便，子女又不会驾驶机动车，李老太的儿子将情况反馈给他，他当天就驾驶车辆会同李老太子女一起，带李老太去医院完成疫苗接种。他将全村数十位类似情况的老人统计分组，自己跟同事们组建起疫苗接种义务接送车队，分批次将所有老人送至医院成功接种疫苗，确保全村疫苗接种率达92%以上，建立了全民健康保障屏障。

二、建设美丽新农村，改变村容身体力行

新风3号河是横贯新立村东西的住宅区河道，全长2100米，村民在一河两岸生产生活。河道污染不仅影响村容村貌，还影响村民的生产生活。借助上级政策的东风，崔九峰组织对新风3号河进行全面清淤治理，彻底解决水草、淤泥及水质不好等问题。施工期间，他每天在现场解决各种矛盾和问题。在大家的共同努力下，新风3号河整治顺利完成。村民们看到整治后水清草绿的新河道，都露出喜悦的笑容。村民们的获得感、幸福感大幅提升，环境保护的理念也更加深入人心。

三、解决纠纷“排头兵”，群众问题无小事

他真诚对待每一个反映问题的村民，面对村组的矛盾纠纷不回避，总是公

平、公正地提出自己的观点和意见，有理有序地化解矛盾纠纷，努力做到“小矛盾不出村”。

村民们反映新立村4组中间住宅区存在排水难问题，群众意见很大，特别是大雨季节进水渠和排水渠交叉问题，虽然治理过几次，但是都不能彻底解决问题。崔九峰觉得群众问题无小事，他多次到实地勘察，查找原因，再与组内群众、老党员及村民代表商议并拿出方案，通过清理涵洞淤泥、加深加宽出水渠道及增加涵洞等措施来解决排水难问题。到了雨季，他又多次到现场查看出水效果，看到问题得到了完美解决，崔九峰才放下心来。

崔九峰任村干部以来，团结同志，认真工作，事为群众所想、利为群众所谋，和群众打成一片，了解群众需要什么，凡事替群众着想，是群众心里的“好干部”。

负重前行的“老黄牛”

丁国梅，1981年6月生，中共党员，于2021年秋学期开始在江苏开放大学行政管理专业专科就读。2007年1月至2018年8月任海安市胡集街道周吴村党总支副书记、妇代会副主任、民政协理员，2018年9月至今任周吴村党总支副书记、会计。

丁国梅是海安市胡集街道周吴村党总支副书记，同时也是村会计。工作虽然繁忙、琐碎，但丝毫没有削弱她的工作热情，她积极配合村“两委”会及党总支部开展工作，始终保持乐观、积极的态度。

一、“疫”路前行，勇于担责

新冠疫情防控工作中，丁国梅每天都积极配合医务人员的各项工作，经常拖着疲惫的身躯很晚才到家，但只要接到紧急电话，她便会立刻赶到现场处理突发状况。她每天排查中高风险地区返乡人员，对其进行严格管控、重点观察，及时掌握村民每日身体状况并上报上级部门。

不管什么事，她都走在前、带头干。她带头对防控卡点来往人员进行登记消毒、逐户排查返乡人员、走访隔离家庭、进行消毒等等，严格落实管控措施，阻断病毒传播途径。为了让村民了解疫情形势和防控知识，她亲力亲为向村民宣传防疫知识，引导村民少出门、出门戴口罩、做好自我防护；及时发布国内疫情形势、疫情危害、专家建议及上级要求等信息，让广大村民对疫情的严峻形势做到心中有数。她的尽职尽责和主动热情，坚定了大家战胜疫情的信心和决心。

二、脚踏实地，勤于沟通

妇联工作中，她严格要求自己，率先垂范，时刻注意自重、自省、自警及自励，用人格力量带队伍、树形象。同时，她积极关注本村妇女身心健康，组织妇女同胞参加“两癌”筛查，关心妇女家庭生活，及时化解生活中的矛盾，维护家庭稳定，促进社会和谐。

有一次，丁国梅在走访过程中发现16组的夏某珠坐在厨房门口伤心抹泪，便立即走上前去，发现夏某珠身上青一块、紫一块的。经了解得知，夫妻俩因家庭琐事产生口角，丈夫谢某芹对她动了手。最终，经过丁国梅于情于理于法的规劝，谢某芹深刻认识到自己的错误，夫妻俩都反省了言行的不当之处，最后握手言和。双方都表示以后会改变自己的不足，共同努力，经营好家庭。

三、精打细算，只为民安

日常工作中经常会涉及各类工程项目，如高标准的农业用地，江苏镜虹农业科技有限公司及2018年骨干林带的绿化种植用地，黄海大道、镇南路及农四路拓宽等，丁国梅总是主动对接、认真组织，对项目中的用地进行仔细丈量、核算，核实用地数据，确保资金发放。她积极配合村“两委”完成历年复垦拆迁资料的收集、审核、发放，并配合做好拆迁安置工作，让百姓享受住进新家的喜悦。此外，她还招引了“二三产”项目送上级部门审核，大大提升了村内的营收。同时，她还参与了家庭集体经济组织成员的确认、不动产登记等工作。

四、舍“小家”，为“大家”

这样一位认真负责的村干部，每当说到家庭和孩子时，总是充满了愧疚。“带着愧疚，更要努力回报家人的支持和理解。”她这样说。丁国梅表示今后将继续努力工作，不负众望，成为孩子的榜样。无论什么事情都要做到“言必信、行必果”，真正做好“权为民所用、情为民所系、利为民所谋”，增加群众的信任度。只有因地制宜、与时俱进，才能跟上时代的步伐，加快周吴村的发展。

如今，在周吴村，只要提起丁国梅，村民们没有一个不认可的，都说她敢想敢做、敢做敢当，遇到困难从没有退缩过。也正是因为有了这个苦干实干的干部，大家对周吴村的发展更加充满了信心。

疫情防控路上的“90后”女支书

丁小云，1991年1月出生，中共党员，于2020年秋学期至2023年夏学期在江苏开放大学行政管理专业本科就读。2013年10月参加工作，2016年7月加入中国共产党。2018年10月至2020年9月在宿迁市洋河镇太平村任党支部副书记，2020年10月至今在洋河镇大沟村任党支部书记。

曾获洋河镇最美政务人、作风之星等荣誉。

丁小云自任职大沟村党支部书记以来，认真落实党员目标责任制，紧盯群众身边的“急难愁盼”问题，认真履行义务，正确行使权力，出色地完成了上级领导和部门交代的各项工作。尤其是在新冠肺炎疫情防控工作中，丁小云深知疫情就是命令、防控就是责任，她积极响应镇党委、政府的号召，把打赢疫情防控阻击战视为最重要、最紧迫的政治任务，奋战一线，全天在岗，尽职尽责，无私奉献，给广大党员干部做表率，充分发挥了女性“半边天”的作用。

一、靠前指挥，带头落实落细防控举措

丁小云每天早晨4点起床，5点便来到村部，和大家一起布置检测场地，仔细查看防疫物资，耐心疏导村民有序排队做核酸检测，提醒村民按规定戴好口罩并保持安全距离。作为大沟村采样点的站长，她深知自己的责任重大，肩上承载着全村百姓的安危，每天从早一直坚守到检测结束。在她的管控下，村民按照规定要求，自觉排队检测，现场秩序井然。采集样本过程中，她始终在一线指挥，

用手提“大喇叭”对前来检测的村民宣传防控知识。有的村民随地吐痰，她及时制止并耐心讲解疫情的严重性；有的村民迟迟不来，她就组织村干部挨个打电话，上门催促；考虑到特殊群体行动不便，她组织医护人员为卧病在床的村民上门采样，确保核酸检测应做尽做，不漏一户、不漏一人，力求将党的温暖送到每一名村民心中。

二、毫不松懈，在防疫一线彰显责任担当

在静态管理期间，丁小云深知农村村庄不像城市小区那样有大门可以封住，农村的村庄四处无遮挡，管理难度较大。于是，她每天安排志愿者、村支“两委”循环到村，查看静态管控是否做到。对于有些不遵守管理规定的村民，她上门做思想教育工作，让村居真正按要求实行封闭式管理，所有人员和车辆非必要不外出，做好居家健康防护。对于居家隔离人员更是严格部署安排，她要求居家人员签署承诺书，并安排村组干部每天早、中、晚 3 次上门拍照打卡，以确保隔离人员做好居家隔离观察。

三、勇于奉献，展现坚守与奉献的力量

作为一名村支部书记，平时需要处理村里的大小事，要调解家庭、邻里矛盾，为民排忧解难。在特殊时期，每天更是超负荷工作，高强度的工作让她没有时间照顾家中的 2 个孩子。在疫情面前，丁小云毫不犹豫地选择了工作职责，因为她知道那是她的责任，是她的义务，她选择了“舍小家、为大家”。她也渴望与家人朝夕相处、幸福相伴，但疫情让她看到的是更大的“家”。丁小云认为，作为村支部书记，作为一名共产党员，就应该敢于担当、勇于奉献，尽全力守护大家的身体健康与生命安全。

勇担使命青年志　投身抗疫显担当

董晨昊，1993年2月出生，中共党员，于2021年秋学期开始在江苏开放大学行政管理专业本科就读。2014年3月参加工作，2018年11月加入中国共产党。2014年3月在江苏威士服装机械有限公司任职，2015年2月任常州市武进区雪堰镇绣衣村农技员，2016年至今任绣衣村农技员、村民委员会委员。

曾被评为镇农业条线工作先进个人，所在团队获"先进团队"荣誉。

一、扎根基层，不断学习追求进步

作为一名农村基层干部，董晨昊平日里积极学习党的理论知识，以习近平新时代中国特色社会主义思想来武装头脑，认真贯彻并执行党的路线方针政策。日常工作中，他保持高度的党性觉悟，始终坚定信念、苦干实干、敢抓敢管、清正廉洁，在默默无闻的岗位上干出了火热的事业。在村委会班子良好氛围的熏陶下，他充分发挥党员的先锋模范作用，树立表率形象，曾特意奔赴烈士陵园瞻仰革命先烈，感悟先辈精神，以激励自己不断奋斗前行。

二、防汛勇向前，立一线保四方

在防汛期间，董晨昊巡查各个水位点，对于水位低的地方，他安排人员进行排水和修补缺口。此外，他还不停走访排查房屋，清扫房前屋后积水；对低洼田地的作物进行仔细排查，帮助村民排除积水；疏通堵塞的排水沟，巡查河道，并清理积水沟塘、淤堵河道，确保排水畅通，提升防汛排涝能力，力保群众生命财产安全。无论村里的道路上、群众的庭院里，还是庄稼地里、沟渠河道边，到处可见他防汛排涝的身影，他用心用力守护着一方平安。

三、疫情冲在第一线，为村民群众筑起防疫高墙

新冠疫情来势汹汹，疫情防控形势严峻，在此次防疫工作中，董晨昊化身成为抗疫卫士，用实际行动展现了抗疫的决心与担当。星星之火，可以燎原。平凡的力量，也能够成就别样的风景。疫情期间，董晨昊日夜坚守在防疫第一线卡口，对进村出村人员做好排查登记工作。疫情全面暴发时，他游走于各个生产队，对外来人员进行排查登记，并联合党员、网格员积极参与群众核酸检测预约登记，向群众广泛宣传全员核酸检测的重要意义，努力做到应检尽检，不漏一户、不漏一人，充分发挥了党员在疫情防控阻击战中的重要作用。“无必要请不要外出，千万记得佩戴口罩”，这是董晨昊对来往村民的嘱咐。在疫情防控的关键时刻，他尽力分担防疫压力，筑牢村庄“防疫墙”。全面核酸时，由于全镇同时进行，医护人员人手不足，他挺身而出，配合医护人员做好采样信息登记，并协助维持现场秩序，并亲自上门为老弱病残进行核酸采样，用行动诠释着奉献、友爱、互助、进步的服务精神。疫情严重的时候，村庄全面封控，村委在各个要道处设立关卡，董晨昊又在各个关口处忙碌，组织志愿者做好疫情防控工作，查验核酸报告、苏康码、行程码。整个疫情期间，他放弃了小家，始终坚守在防疫第一线，诠释了一个村委基层干部、一个共产党员的责任和担当。

筑防疫阵地　护群众健康

范德红，1974年11月出生，于2021年春学期开始在江苏开放大学行政管理专业专科就读。1997年8月参加工作，现任宿迁市沭阳县政协第十三届委员会常务委员、宿迁市沭阳县梦溪街道团庄社区妇联主席。

曾获宿迁市沭阳县梦溪街道“爱岗敬业”学习标兵、社区工作先进个人、拆迁工作先进个人、宿迁市优秀工会工作者等荣誉。

范德红同志自参加工作以来，一直兢兢业业、勤勤恳恳，以饱满的热情和姿态，充分履行工作职责，不断加强自身的思想政治建设，关心同事、热心服务居民，曾多次被评为学习标兵、先进个人、优秀工作者。

一、待人和善，尽心工作

范德红同志在工作中非常勤奋，不管大事小事，总是积极参加、亲力亲为，遇到脏、乱、苦的任务她总是冲在前面，总对大家说：“没事，我来。”平日里社区事务繁忙，需要不停往返社区、街道之间办理业务，她总是不厌其烦地来回跑；有时候自己手里工作完成了，她还会帮助同事们完成手头上的工作。无论是扶贫工作，还是残联工作，抑或是留守儿童服务工作，她总是积极上前，丝毫不懈怠，势必要把工作做得尽善尽美，发挥榜样作用。与同事相处过程中，她丝毫没有领导架子，能与大家打成一片。她独特的人格魅力使得同事们都很尊重、敬佩她，大家都非常喜欢这位和蔼可亲的范主席！

二、坚守一线，勇于担当

2020年春节期间，一场突如其来的新冠肺炎疫情席卷全国，疫情防控形势刻不容缓。范德红当时虽然刚做过手术，但作为一名共产党员，在面对人人畏之如虎的病毒时，她毅然决然地冲到了防控新冠病毒第一线，用行动诠释了对人民的爱。

群众面对突如其来的疫情和社区的管控显然不太适应，有时甚至会对管控工作产生不满情绪。范德红便充分发挥女性细心周到温柔的特质，一次次用笑容温暖居民的心，让每次劝说都成为党和政府联系人民群众情感的纽带，让每一个安慰都变成群众安心的垫脚石。她带病主动参与社区防疫工作，负责社区防疫宣传。她一幢一幢地进楼宣传和沟通，确保让所有居民都认识到防疫工作的重要性，理解政府管控措施的必要性。在她的感染和号召下，小区内各幢楼都有居民主动参与到防疫宣传工作中来，形成了良好的工作氛围，从而大大提升了防疫工作的效率。群众都称她的队伍为“范靓姐姐宣传队”。

工作空闲时，她会主动替换其他同事到小区门口值班，对外地回沭人员进行细致、耐心的解说，测量体温、检查健康码、宣传防疫政策。

防疫就是战役，工作就是阵地。作为防疫战士，范德红站在了捍卫人民健康安全的最前沿。她的勇敢和付出受到广大群众的理解和支持。她的细致与踏实使社区的防疫工作进入良性车道，各项工作也更上一层楼。

踔厉奋发　勇担基层重任

郭莲莲，1987 年 4 月出生，中共党员，于 2020 年秋学期至 2023 年春学期在江苏开放大学行政管理专业本科就读。2018 年 11 月至 2020 年 2 月任宿迁市洋河新区洋河镇张渡村委会副主任（挂职），2020 年 3 月至 2020 年 11 月任洋河镇梁庄村村委会副主任（挂职），2020 年 11 月至今任洋河镇古城居委会、村委会副主任（挂职）。

曾被洋河新区洋河镇郑楼片区评为 2019 年度综合先进个人，被洋河新区党工委评为 2021 年度先进个人。

郭莲莲同志自 2018 年参与基层工作以来，始终秉承“实干、高效、有力”的工作理念，在“快”字上做文章，在“好”字上下功夫，积极发扬立接立办、急事急办、要事快办的工作作风，遇事不推诿，办事不拖拉，工作中坚持做到“今日事今日毕”，高效推进、优质完成各项工作。

一、严于律己，勇做抗疫先锋

自 2020 年新冠疫情暴发以来，无论严寒还是酷暑，郭莲莲同志始终奋斗在抗疫一线，与村组干部一起，全身心投入疫情防控工作，对每家每户进行调查走访、登记重点地区返乡人员信息，并向村民宣传疫情防控相关知识。她每天参与卡口进出人员登记排查工作，并在支部群及时推送疫情最新信息与防范提示。她风雨无阻，积极参与每次大规模核酸采样信息登记，总能标准化、高效率完成工作。

面对疫情，她勇挑重担，冲锋在前，坚守一线，守护着居民区的平安、和谐。她觉得，身为一名共产党员，理应冲在抗疫工作第一线——亮身份、当先锋、听党话、跟党走。她时刻坚持以党员的标准要求自己，坚决为打赢疫情防控阻击战尽自己的一份力。“作为一名共产党员，哪里需要我，我就去哪里，做一颗永不生锈的螺丝钉。”她是这样说的，更是这样做的。

二、形式多样，筑牢战斗堡垒

作为一名基层党务工作者，郭莲莲不断加强党员管理工作，以活动为牵引，把党员学习课堂搬到疫情防控一线，搬到红色教育基地，让学习“鲜活”起来，更贴近生活、贴近实际，从而不断唤醒党员的身份意识、责任意识。她要求党员深入群众，定期组织党员开展困难慰问、关爱留守儿童、疫情防控、垃圾分类、政策宣传、移风易俗等各类活动，切实发挥党员先锋模范作用。

郭莲莲认为，基层工作直接面对人民群众，虽然工作繁复琐碎、强度大、压力大，但基层工作者要始终如一，继续保持“干一行、爱一行、精一行”的精神，坚定理想信念，对自己的工作目标专一执着；要发扬坚持不懈的精神，不断磨炼自己的基本功，打好地基、筑牢基础、稳健前行。只有克服艰难困苦，才能厚积薄发，为基层事业的蓬勃发展贡献力量。

郭莲莲辛勤工作、默默奉献，她用实际行动践行着自己入党时的誓言——对党忠诚，积极工作。

坚守基层岗位　筑牢疫情防控阵地

韩建洪，1981年7月出生，中共党员，于2021年春学期至2023年春学期在江苏开放大学行政管理专业专科就读。2010年9月加入中国共产党。2000年2月至2003年2月在常州市武进区嘉泽镇捕捞村渔政站任渔政员，2003年3月至2019年12月在捕捞村任调解主任，2020年1月至2020年12月在捕捞村任代理会计，2021年1月至今在捕捞村任村委会副主任兼会计。

在村委任职以来，韩建洪严格要求自己，在镇党委、政府的领导下，在村领导和同事的指导下，始终牢固树立全心全意为村民服务的宗旨，努力做到与村民群众融为一体，充分发挥所学，用心做好镇、村交代的各项工作，努力做到不辜负领导的支持、不辜负群众的信任，得到了镇、村领导和村民们的一致认可。

一、兢兢业业干实事

韩建洪忠于职守，爱岗敬业，不畏艰难，脚踏实地，甘于奉献。工作20多年来，他始终把加强理论学习、提高政治理论素养放在首位，始终把加强学习作为不断强化自身党性修养和提高政治理论水平、能力水平的重要手段。工作中，他兢兢业业、勤勤恳恳、任劳任怨，不计名利得失，服从安排、顾全大局，理论联系实际，坚持从群众中来、到群众中去的群众工作路线，出色地完成了组织交给的各项任务。他深入群众宣传党的现行农村政策，倾听群众呼声，做到权为民所用、情为民所系、利为民所谋。

第七次全国人口普查工作开始后，韩建洪作为村民委员会副主任，同时也作为一名普查员兼指导员，积极发扬知难而进、不怕苦、不怕累、不畏难的精神，本着认真负责的态度，顺利完成了普查工作。

二、疫情面前显担当

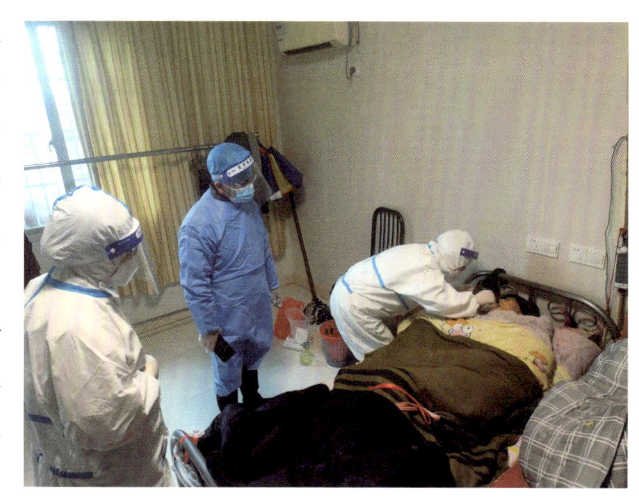

面对突如其来的新冠疫情，很多人选择投身抗疫一线，为打赢这场战役、守护一方平安贡献力量，韩建洪也是其中一员。2020年大年初一，一家人的聚会刚刚结束，韩建洪就接到了村委取消休假的通知。疫情就是命令，他第一时间投入到疫情防控排查工作中。疫情期间，为了强化对重点人员的管理，韩建洪针对辖区居民疫情防控情况，做了大量工作。他带领民警冒着凛冽的寒风，对辖区人员易聚集场所开展巡逻，挨家挨户了解居民近期往来去向，测量体温，检查人员，宣传疫情防控。辖区内老年人比较多，他们不能像年轻人那样通过手机及时了解疫情信息，对疫情的严峻形势体会也不深。韩建洪便向他们耐心地说清楚周边的疫情形势，让他们体会到病毒的危害性和做好防护的重要性，并反复叮嘱他们没事不聚集、少出门，出门戴口罩，要勤洗手、多通风，等等。当看到老人们听完纷纷点头，表示理解和认同时，他的心里乐滋滋的。他力争做到全覆盖、无盲区，最大限度宣传防控工作，提高居民知晓率和对防控工作的重视度。他不畏寒冷、不畏病毒传播，坚守在社区防控工作最前沿，用实际行动践行初心和使命担当，充分展现了一名共产党员心中有民的深切情怀。

生活中，韩建洪时时刻刻以品德至上来要求自己。无论何时何地，他都奉行严以律己、宽以待人的信条，并切实地遵行。他待人热情诚恳，讲求诚信，积极乐观，总是以饱满的热情迎接生活中每一次挑战，并努力培养各种兴趣爱好，拓展自己的知识面和交际面。

纵然千钧压顶　依然勇毅前行

何科挺，1979年9月出生，1999年7月加入中国共产党，于2021年春学期至2023年秋学期在江苏开放大学行政管理专业专科就读。2015年9月进入常州市武进区礼嘉镇何墅村委工作，2021年1月担任何墅村治保主任，2021年2月至今担任何墅村村委会副主任。

曾两次被评为乡镇优秀党员、部门先进个人，2021年荣获“疫情防控先进个人”称号。

一、闻令而动，关键时刻挺身而出

“坐”到群众板凳上，“想”到群众心坎里，“干”到群众家门口，这是何科挺的工作理念。新冠肺炎疫情暴发以来，作为一名共产党员和村委工作者，何科挺坚守使命担当，始终冲锋在前，用实际行动践行了一名共产党员全心全意为人民服务的初心和使命。在疫情防控阻击战中，他带领村干部和医务人员不分日夜，始终坚守防控一线，冒着严寒往返公路检查站、防控点现场办公，处置各种突发状况、疑难问题。在1个多月的时间里，他几乎每天都要工作到深夜。超强度的工作透支了他的身体，但他依然坚持着。家人和孩子顾不了，身体累瘦了……他没有丝毫抱怨，始终站在守护群众安全第一线，履职尽责筑牢抗疫“长城”，服务群众架起连心“桥梁”。

二、逆行出征，血肉之躯筑起防疫堤坝

何科挺作为一名基层从事防疫工作的领导干部，不仅亲自带头参与各项疫

情防控工作，而且能够贯彻科学高效的防控理念。疫情检测站是疫情防控工作的最前线，也是感染风险最大的地方之一。在抗击疫情的关键时刻，他不计个人安危，毅然挺身而出，带领村干部、志愿者、医护人员，前往十几千米外的检测站值守。

2022 年 4 月开始，针对 60 岁以上老年人疫苗接种要求，他先期进行了细致的排摸，又通过网格群、队长群、小广播等进行宣传。针对对疫苗接种存在疑虑的老人，他主动上门做工作，晓之以理、动之以情，耐心做好科普讲解。经过村干部的共同努力，除一部分患有基础性疾病和一部分医生不建议接种的人员之外，全村 60 岁以上老年人疫苗接种率达到 98%，走在了全镇的前列。并且，在多措并举的有效保障措施下，全村没有出现一例感染者，取得了疫情防控的阶段性胜利。

2022 年 5 月的一天，何科挺半夜突然接到报告称，通过“应检尽检”发现本村有一密接人员。何科挺连夜协调，调动车辆和人员，会同卫健委工作人员开展应急处置工作，从半夜 12 点忙到下午 2 点多都没有合眼。

三、枕戈待旦，坚守点亮希望之光

社会管控工作错综复杂，工作难度大。何科挺以不怕麻烦、不怕吃苦的韧劲与细心，扎实统筹社会层面管控工作，强化群防群治，积极发挥网格和网格员的作用，发动全村网格，大力开展排查宣传工作。为确保应急响应启动时保质保量完成全员核酸检测工作，他按照镇疫情防控指挥部的要求，积极落实联防联控、群防群控工作机制，从村里企业中征集疫情防控大小车辆 9 台、工作人员 15 人，并制定了《静默期居民生活保障预案》《全员核酸采集保障预案》，为疫情防控工作夯实保障基础。他严格按照规定，落实居家隔离人员的管控工作，同时也兼顾温度，特别是针对居家隔离人员产生的问题及出现的困难，及时答疑解惑、排忧解难。他总是为有难处的群众送上爱心口罩，帮助他们采买生活用品，做到“控而不僵、防而不乱”。

唯其艰难方显勇毅，唯其笃行方显珍贵。何科挺是千千万万村委工作者的一个缩影。在这个平凡的岗位上，只有默默奉献、任劳任怨、辛勤耕耘、艰苦奋斗、扎根基层、心系群众，才能更好地为一方百姓服务。

疫情防控从严　民生关怀入微

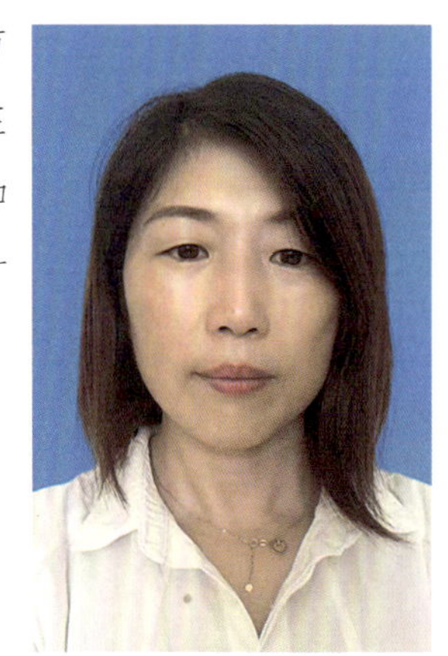

李素华，1976年11月出生，入党积极分子，盐城市射阳县人大代表，于2021年春学期至2023年春学期在江苏开放大学行政管理专业专科就读。2019年9月参加工作。2019年9月至今任盐城市射阳县合德镇其林村计生专干、网格6网格员、疫情防控联络员。

曾两次获得“合德镇优秀人大代表”荣誉称号。

一、抗疫情保经济两手抓

新冠疫情防控期间，李素华作为疫情防控联络员，一直奋战在防疫一线，在其林村各个网格内都能见到她那娇小的身影。她不仅负责本网格内的防疫宣传、排查走访、“敲门行动”、“户户到、人人访”等工作，还协助其他网格做好防疫知识宣传、返射人员管控等工作。

在全民核酸检测工作中，她熟练掌握了核酸检测的各个环节，不仅负责样本运送，还协助其他同志做好各项工作，确保了其林村核酸检测工作顺利进行。

因为长期疲劳作战，她的类风湿反复发作，需每天服药。即使这样，她依然没有休息，以实际行动践行着入党初心。在这场没有硝烟的战争中，她努力工作，以不怕辛苦、不怕牺牲的精神，接受组织的培养和考验。

为了促进经济发展，保证其林村广大蒜农的经济利益，她还积极与山东客商对接，冒雨到高速路口接客商到其林村落实管控，做好他们的管理工作，做到疫情防控和推动经济两不误。

二、工作学习两不误

在忘我工作的同时，李素华能够加强学习，认真完成开放大学的学业，课时学习及课后作业一项不落，基本都能保质保量地完成。她在回顾江苏开放大学行政管理专业的学习过程时表示：“行政管理在当代社会起着越来越大的作用，我认为学习和研究行政管理是为了更好地发挥行政职能，科学地处理各项工作，进一步提高工作效率，这是工作人员必备的技能。因此，我在学习时非常认真，希望通过学习不断提高自己的工作能力，以便更好地做好群众服务工作。都说信心足事业就成功了一半，学习的思想端正了、目标明确了，学有收获了，信心就会更加足了，工作和学习就会更加有劲了，也一定能够达到预期的理想目标。”

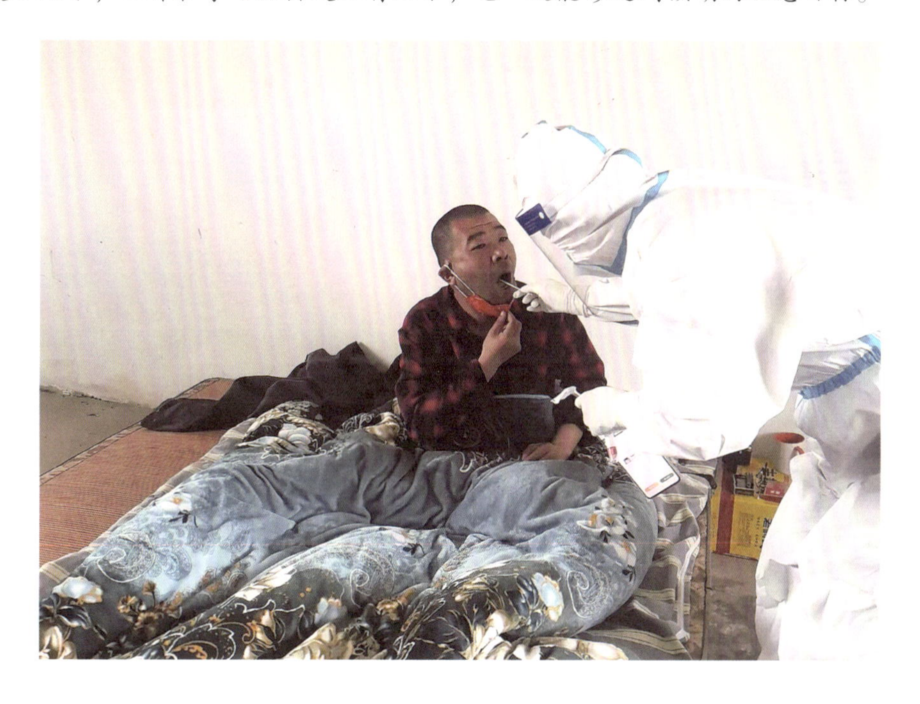

践行初心勇担当　闪耀青春最锋芒

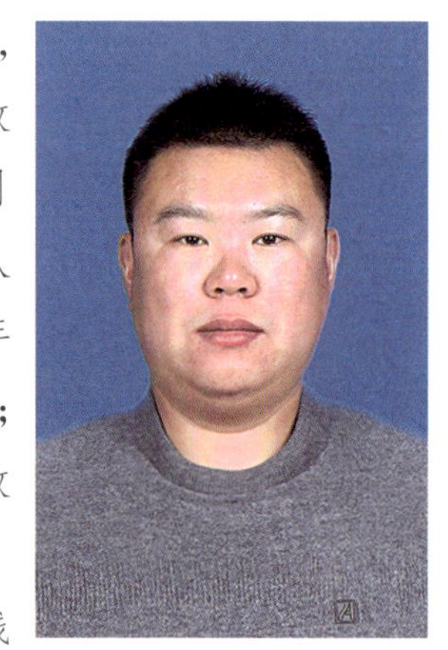

毛继峰，1990年10月出生，中共党员，退役军人，于2020年秋学期至2022年秋学期在江苏开放大学行政管理专业本科就读。2012年3月参加工作，2017年8月加入中国共产党。2012年12月至2017年12月在中国人民解放军河南省军区服役，其中2014年9月至2016年7月在中国人民解放军西安通信学院有线通信专业就读；2019年至今在海安市角斜镇五凌村任民兵营营长、民政主任。

曾获角斜镇优秀社会事业工作者、角斜镇“疫”线党员先锋、海安市“红色先锋优秀志愿者”等荣誉。

毛继峰到村任职以来，热心公益事业，富有敬业精神和奉献意识。他主动学习党在现阶段关于农村工作的路线、方针和政策，认真贯彻执行上级党委、政府的决定，勤政为民，恪尽职守，脚踏实地，扎实工作。无论领导安排什么样的工作，他都能以饱满的热情和积极向上的工作态度投身于其中，并在工作中勇于开拓，富有创新意识，取得了显著成绩。

一、投身志愿服务，谱写青春华章

自疫情防控阻击战打响以来，毛继峰一直秉持“奉献、友爱、互助、进步”的志愿服务精神开展疫情防控志愿服务活动。他是志愿服务活动的组织者之一和骨干参与者，策划、组织并亲自参与了大小几十余次活动，受到各级组织和辖区群众的一致好评，也赢得了广大志愿者的普遍赞誉。

二、参与疫情防控，践行使命担当

疫情就是命令，防控就是责任。在区党工委以及村党总支的正确领导下，毛继峰始终坚持把疫情防控工作作为当前最重要的工作，积极投身疫情防控一线。疫情发生初期，他坚持每天到自己的分工组，入户宣传疫情防控知识，排查中高风险区返乡人员。

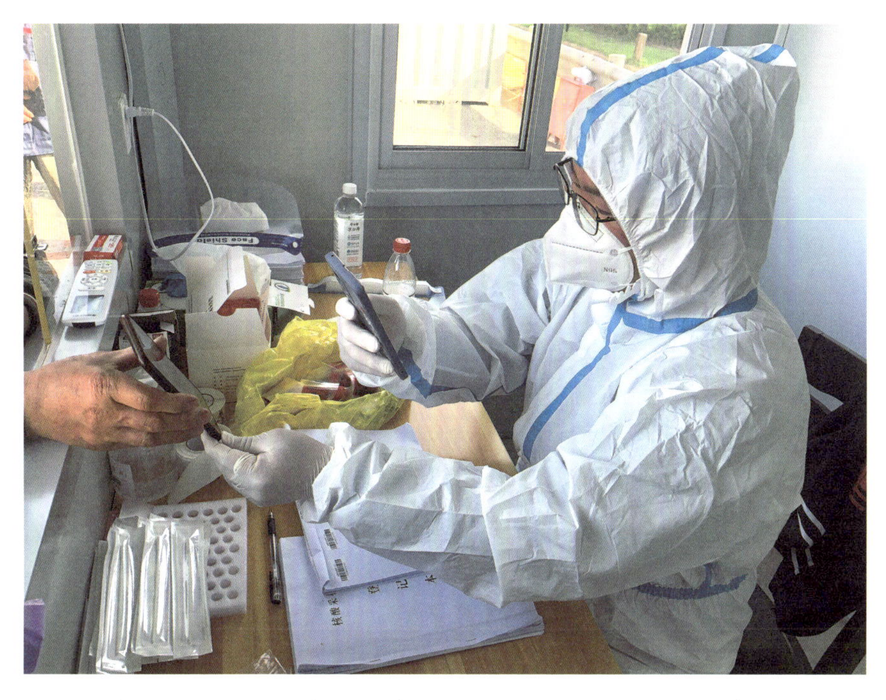

自辖区在228国道设立卡口以来，毛继峰毅然决然地报名参加了卡口疫情防控，主要负责登记盐城东台方向来的各类车辆、人员，引导他们进行手机扫码信息登记、测温、登记核酸采样信息、发放采样管以及棉签。虽然8个小时的工作中很少休息，但每当别人问他卡口值班累不累的时候，他总说：“身为一名党员、一名退役军人、一名村干部，这是我的职责所在。既然在这个岗位上，我就要守土有责、守土尽责。疫情面前，没有一个人是一座孤岛。这么多天的卡口值班，听到的一句句‘你们辛苦了’和‘感谢’，我的内心更加温暖，也变得更加有力。”

一天夜里，大概2点钟，一辆上海牌照的大货车司机在登记信息时问道：“你们这里有没有热水？在路上堵了一天了，车上又贴了封条，没法下车，从早上到现在都没吃上饭，我们出来得匆忙也没来得及准备点干粮。”毛继峰听后，主动将自己为夜班准备的方便面、火腿肠和面包递给了大货车司机，并帮他接了一杯热水。司机接过食物和水，满怀感激，双手合十连连道谢：“太感谢了，真是雪中送炭，你们辛苦了！”

疾风知劲草，烈火炼真金。实践证明，越是重要关头和关键时刻，越能锻炼一个人、考验一个人，也越能识人。作为党员和退伍军人，在疫情防控的每一个关键时刻，毛继峰都能做到身先士卒，起到模范带头作用，这体现了一名共产党员的使命和初心。

三、筑牢坚实屏障，保障疫苗接种

为了加快推进新冠肺炎疫苗加强针接种，全力推动常态化疫情防控各项工作落到实处，切实筑牢全民免疫坚实屏障，毛继峰负责村里疫苗接种台账资料，要在前期摸排统计的基础上，对全村户籍应接种人群进行再摸排。针对已接种人群，毛继峰同志耐心做好基础信息登记、接种凭证收集工作，对特殊情况、禁忌证等做好标注说明，形成闭环管理。

对于在摸排中发现的有接种意愿但行动不便的高龄老人或特殊人群，卫生室医生在对其进行身体情况、血压血糖等检查后认为符合接种要求的，由村干部利用私家车将其接送到卫生院进行接种，并且全程陪护，确保安全。其中，有一名80多岁的老大爷，虽然年迈行动不便，但他坚持要自己去打疫苗。毛继峰听闻后，开车来到老大爷家，在其他村干部的帮助下，将老人背上车，带到卫生院打疫苗，并且全程搀扶着老大爷，防止他摔倒。打完疫苗回到家后，老大爷激动地拉着毛继峰的手说："像你们这样的村干部才是真正为人民服务的好干部，谢谢！"

毛继峰身为一名普通的党员干部，退伍不退志，敢担当、敢作为，在疫情防控工作中展现出了一名党员和退役军人的别样风采，在青春年华中用实际行动诠释了共产党员全心全意为人民服务的宗旨。

抗击疫情勇于担当　奉献坚守共克时艰

缪有国，1977 年 1 月出生，中共预备党员。于 2019 年春学期至 2021 年秋学期在江苏开放大学行政管理专业专科就读。2007 年 7 月参加工作，2022 年 9 月成为中共预备党员。2007 年 7 月至今任盐城市射阳县海河镇烈士村民兵营营长。

作为一名基层工作人员，缪有国忠诚履职，勇于担当，面对新冠肺炎疫情，他挺身而出，亮明身份，冲锋在前，“逆行”而上，敢作为、勇作为、真作为，恪尽职守，坚守平凡岗位，干好本职工作，用实际行动践行了新时代基层工作者的初心使命，书写着对人民的忠诚。

一、统筹规划，部署疫情防控监督“一盘棋”

盐城市射阳县海河镇烈士村下辖 9 个村民小组，人口 3898 人，常住人口 2609 人。新冠疫情期间，经常要进行人员管控，必须做到不漏一管。管控过程中遇到部分村民和被管控人员不配合，缪有国总是仔细耐心做工作，向他们宣传疫情防控的重要性，劝说时换位思考，化解被管控人员的焦虑，最终安抚了被管控人员，使他们能够心平气和地接受管理。参与核酸采样工作期间，缪有国每天提前到班，着手布置相关事宜，耐心协调各类矛盾；采样结束后，他也没有结束工作，而是观察采样数据的变化。

二、整合力量，织密疫情防控监督“一张网”

在疫情严重时期，烈士村迅速组织村党员干部、村组网格员和村民，全力构建全方位、立体式防控网络，确保打赢疫情防控阻击战。缪有国组织志愿者共悬挂 123 条宣传横幅，发放防控宣传单页 4300 份，安排 9 辆流动宣传车全天候播放科学防控知识音频，编排录制防疫快板向全村 1100 多户居民宣传防疫知识。他还在村 2 个主要出入口设置卡点，每天登记进出车辆及人员信息，确保疫情防控村不漏户、户不漏人，排查防控精准到位；积极组织党员、网格长、志愿者入户排查外省返乡人员信息，为重点人员建立健康档案，实行居家隔离观察，并及时了解隔离人员的身心状态；组织村新时代文明实践站的志愿者，挨家挨户摸排村内红白喜事信息，对有办家宴计划的厨师及户主进行劝导，做好聚集风险防范工作。

三、突出重点，用好疫情防控监督“一把尺”

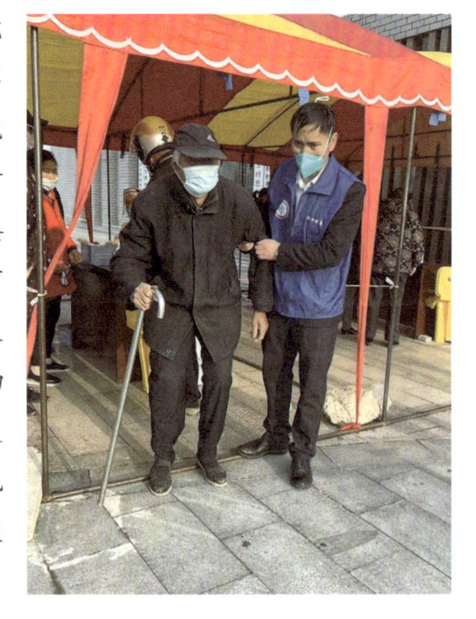

实行全民免费接种新冠病毒疫苗是党中央、国务院作出的重大决策部署，意义非常重大。通过接种疫苗形成免疫屏障，才能有效巩固来之不易的疫情防控成果。烈士村有很多老年人，他们因为行动不便、无人接送等原因无法前往指定医院接种疫苗。缪有国便组织网格员为老人提供疫苗接种帮扶服务，将暖心服务送到困难群众的家门口，切实为老年人、残疾人“保驾护航”。下雨天老年人行走困难，缪有国就弯下腰，背着他们前进。他的举动给老年人带来了很多温暖，也给年轻干部上了一节生动的人生课。

不忘初心　方得始终

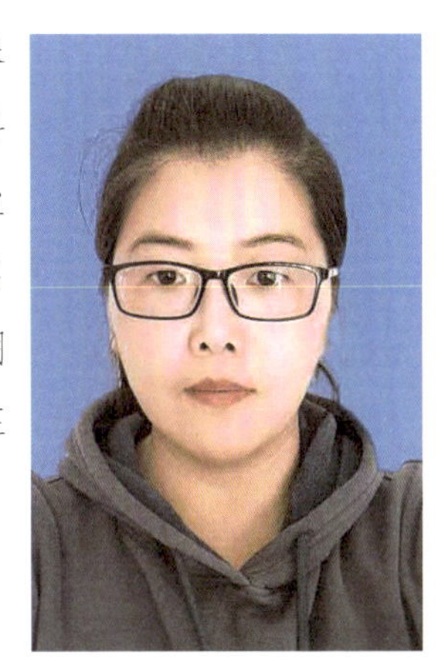

平雯雯，1982年6月出生，中共党员，于2019年春学期至2021年秋学期在江苏开放大学行政管理专业专科就读，2021年秋学期开始在江苏开放大学行政管理专业本科就读。2012年6月参加工作，2018年7月成为一名中共正式党员。2012年6月至2019年12月在宿迁市湖滨新区井头乡许庄村任村委会委员，2020年1月至今在宿迁市湖滨新区井头街道许庄村任支委会委员。

曾获井头街道先进工作者、优秀共产党员等荣誉。

自2012年参加工作以来，平雯雯一直致力于服务群众，为民分忧解难，服务于新时代文明实践。作为一名村干部，身处基层，她勤奋学习，积极参加各项活动，在诸多方面取得了较大的发展，受到了领导、群众和老师的好评。

一、应急管理不懈怠

2020年初，一场突如其来的新冠肺炎疫情席卷武汉，并迅速波及全国。作为一名基层干部，危险袭来，平雯雯临危不惧，勇敢冲在一线，设卡口，做宣传，走村入户排查走访，每天及时收集相关数据，第一时间上报疫情相关资料。

2022年3月，宿迁市泽达学院发生了一场大疫情，几千名学生及其家人牵涉其中，上万人被赋黄码，群众反映强烈。作为疫情防控一线人员，她第一时间站出来，安抚好被赋码人员的情绪，及时安排他们的核酸场地，为他们的转码工作积极联系运作；排查涉疫人员，宣传疫情防控政策，鼓励涉疫人员主动报备，耐心做他们的思想工作，为他们联系集中隔离场所；对于居家隔离的人员，她积极联系社区医生为他们上门核酸采样，帮助他们解决生活中遇到的困难。疫情当前，平雯雯忙碌的身影始终活跃在一线，即使到深夜，她依然忙着收集、整理数据。为了更好更快地掌握疫情发展动向，她吃住在单位，完全顾不上家里还有2个上网课的孩子需要照顾。她舍小家，为大家，为了大家的孩子都能早日重返校园，日复一日地努力工作着、奉献着。

伴随着疫情的反反复复，一晃已走过了3个年头。3年间，她每天重复做着大量有关疫情防控的相关工作，丝毫不敢松懈，随时准备应对突发情况。

二、认真学习求突破

自2019年春天第一次走进江苏开放大学的大门，距今已有4年，从专科到本科，几年的学习经历，让平雯雯发现了一种新的学习方法，掌握了学习技巧，养成了良好的学习习惯，提高了自身的学习能力。她还学会了合理利用时间，从一开始的工作学习一团乱，到后来找到学习工作的平衡点，无论平时村里工作怎样繁忙，她在学习上都从不懈怠，努力学习各种专业知识，不断提升自己的专业素养。她相信，时间挤挤总会有的，要想成功就要对自己狠点儿，就要比别人更努力。村里的工作总是很忙，家里的孩子也需要照顾，她就每天调好生物钟，白天将村里的事务安排得井井有条，晚上就在线上学习功课，从来没有因为工作忙而耽误学习。由于辛勤的付出，她在工作上得到了领导的肯定，学习上每门课程的统考也都能顺利通过。

三、学以致用再拼搏

江苏开放大学的学习，理论与实践并重，平雯雯能够学以致用，将学习到的知识运用到工作中去，进一步提高了为人民服务的本领，坚定了在本职岗位上为人民服务的决心。作为一名疫情防控联络员，她清楚自己的担子有

多重，在做好各种排查和报表的同时，她还主动到群众中去宣传；排查中遇到不配合的群众，她总是耐心地做思想工作，把党和政府的各项疫情防控政策宣传到位，成为乡村抗疫一线的哨兵。

作为一名正在接受开放教育的学生、一名在职村干部，平雯雯在不断汲取知识、增强为民服务本领的同时，不忘初心，牢记使命，始终践行全心全意为人民服务的宗旨，在平凡的岗位上做出了不平凡的业绩。

疫情中的“小家”和“大家”

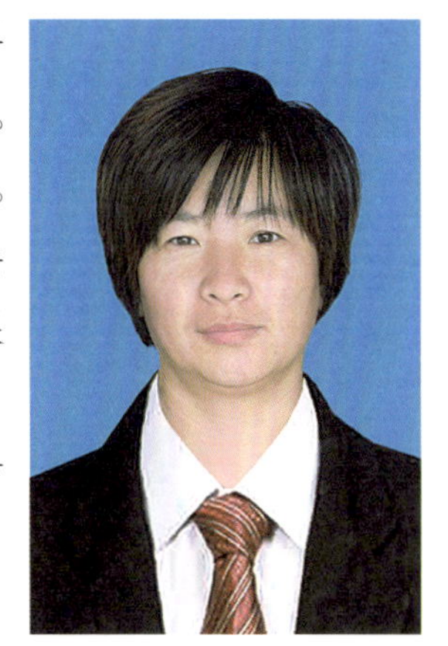

钱雪梅，1978年2月出生，中共党员，于2022年春学期开始在江苏开放大学行政管理专业本科就读。2001年3月参加工作，2011年7月加入中国共产党。2013年1月至2016年12月任海安县白甸镇官垛村民兵营营长，2017年1月至2020年12月任官垛村民调治保主任，2021年1月至今任官垛村会计。

曾获江苏省第七次全国人口普查先进个人、海安市“最美抗疫先锋”、优秀村干部等荣誉。

疫情面前，党员当先！在新冠肺炎疫情防控工作的关键时期，总有一些人始终站在最前列、冲在第一线，用实际行动扛起“为群众筑起疫情防控安全线”的使命担当，让党旗在疫情防控斗争中高高飘扬。他们都有一个共同的名字——共产党员。海安市白甸镇官垛村干部钱雪梅正是这样一名代表。在疫情防控一线中，她始终冲在前面，履行着一名基层村干部、一名共产党员的职责，全力维护社会安全稳定，当好人民群众的安全守护者。

一、疫情就是命令，防控就是责任

2020年1月底，当大家还沉浸在新年节日的氛围中时，新冠肺炎疫情悄然而至。疫情就是命令，在大年初二一大早接到疫情防控指令后，钱雪梅立刻放下手中的事情，奔赴前线，全身心投入疫情防控工作中。

“妈妈，你在家陪陪我们吧。”这是钱雪梅在这个春节期间听到的最多的话语。钱雪梅有2个女儿，小女儿还在上学，大女儿在外地上班。大女儿一年到头回来两三次，春节回来本想着可以一家人其乐融融，但疫情突至，别的家庭都在享受团聚的喜悦，钱雪梅却逆行到最危险的一线，这让女儿们很不解。

二、以非常之举应对非常之疫

从大年初二开始，钱雪梅始终走在抗疫工作的第一线，每天骑着电动车挂着喇叭在村里进行宣传，给疫区归乡人员上门量体温，走访了解他们在家的隔离情况，挨家挨户上门发放健康提示和通告，劝导麻将馆、农家乐等聚集性场所暂停营业……她的工作每天都安排得很满，遇到情况她总是冲在最前面，有时候值班到深夜。女儿很担心母亲的安危，可每次发来的关心微信她只回复 6 个字“妈妈很好，放心”，但其实她想说的话还有很多很多。

大年初三的晚上，天气很冷，钱雪梅得到消息：有一户村民不听劝阻，想要大办丧事。她赶忙和村委会干部登门劝说。经过 3 个多小时的沟通，终于说服劝退了前来吊唁的亲朋。周围的村民得以安心，纷纷为村干部们竖起了大拇指。

三、防疫一线，舍小家保大家

2020 年 2 月 1 日深夜，钱雪梅的 2 个女儿已经好几天没有看到妈妈了，一直坐在客厅等到夜里 11 点多。当她们看到妈妈拖着疲惫的身子回到家中时，本能地扑向妈妈想抱抱她，但钱雪梅迅速把门关上，不让女儿靠近自己。她也想抱抱女儿，但她知道不能这样做，只能自己默默地擦掉眼角的泪水。女儿们也知道，这是安全距离，这距离饱含着妈妈对她们的爱。

钱雪梅说这个春节陪女儿的时间几乎为零，她心里对不起女儿，但自己作为一名共产党员、一名村干部，在这种关键时刻，亲情必须排在后面，人民群众的安危才是首位的。

疫情反反复复，钱雪梅时刻奋战在疫情防控阻击战的最前沿，用自己的行动践行着入党誓言，体现了一名共产党员的担当。她把防控的责任扛在肩上，把群众的安危放在心里，身体力行，与群众一起共渡难关。

勤奋实干　真诚为民

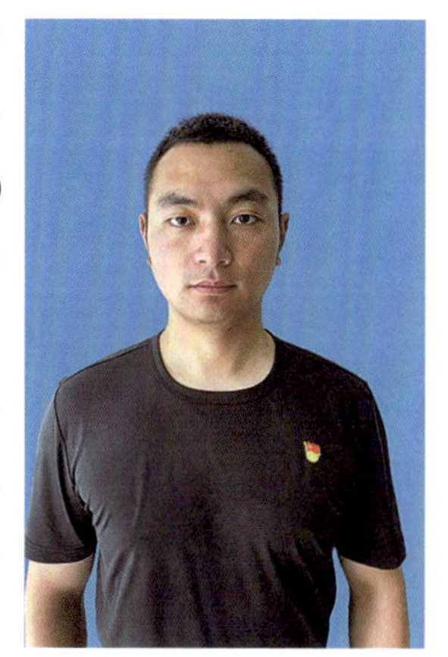

秦飞，1992年1月出生，中共党员，于2021年秋学期开始在江苏开放大学行政管理专业本科就读。2013年9月参军入伍，2014年7月加入中国共产党。2015年10月至2022年9月在南通市通州区兴仁镇兴仁派出所任特勤队队长，2021年10月至今在兴仁镇三庙村任村干部。

曾获兰州军区宁夏军区政治部“三等功”1次，多次获优秀士兵嘉奖，曾代表南通市公安局参加2020年全省公安模拟警情处置比武获团队第二名，2022年被授予“防疫工作先进个人”荣誉称号。

秦飞的军旅经历，铸就了他的思想素质，锻炼了他的业务能力，增长了他的知识才干。从部队到地方工作后，他很快就适应了新的环境和工作，并且延续了在部队上养成的优良作风，始终保持着军人严谨认真、一丝不苟的工作态度，时刻牢记全心全意为人民服务的宗旨，勤勤恳恳、兢兢业业、甘于奉献。

一、急难险重，勇挑重担，无惧无畏逆行者

抗击疫情，是一场没有旁观者的全民战争，而秦飞就是在防疫卡口坚守了83天的专班疫情守门员。2022年3月，上海暴发疫情，兴仁镇党委组织人员对兴仁徐庄高速出口过境车辆实行“逢车必查，逢人必检”。面对疫情，他毅然选择了无惧无畏、逆向而行。从3月12日至6月5日，他与各部门的同事在高速路出口设岗值班，对来通人员进行疫情监测。白班从上午8点至晚上8点，晚班从晚上8点到次日上午8点，12个小时的值班，全程不得离岗。有时车辆人员过多，他常常登记一个班次就写完4支水笔，经常在换岗之后因用笔书写过度，

致使右手肿胀难以握筷，只能用勺子吃饭。家中父母、妻子、孩子牵挂着他，但为了群众的生命安全，他毅然决然坚守在疫情防控一线，守护着全村人的安全。

二、恪尽职守，锐意进取的“实干者”

为了切实落实岗位职责，秦飞真正做到顾大家、舍小家。由于疫情防控责任重大，他无暇顾及家庭，不能时时陪伴在家人身边，也不能给予他们及时的关心和照顾，经常是换岗结束想给孩子打个视频电话，但是孩子已经睡着了，因此他总感觉亏欠了家庭。在公与私的天平上，他能做到的就是把疫情防控工作做好，守好安全防线。在发给身怀二胎的妻子的微信中，他说：“我怕自己身上携带病毒，不回来了。面对困难和危险，作为一名党员、一个社区工作者，我必须要站在第一线，坚守在自己的工作岗位上，尽好自己的责任，家就交给你了。家里有你，我内心感到由衷的欣慰。”

三、认真务实，每日巡查，风雨无阻筑安全

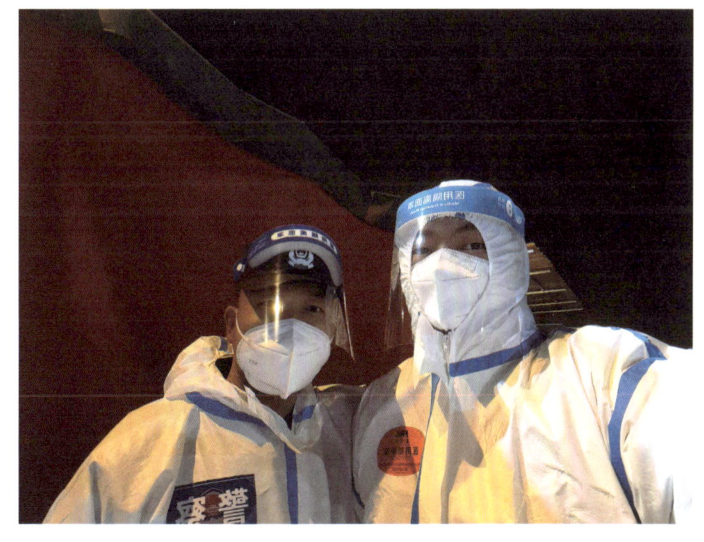

2022年7月入伏后，全国各地频发高温红色预警信号。为加强高温天气下对村居企业用电用气等隐患的排查整改，及时采取措施保障企业安全生产，每天上午秦飞都会准时出现在三庙村，沿着居民楼院、小巷、企业厂区巡逻，认真排查社区的安全隐患。对巡查发现的电线掉落、企业配电箱电源线裸露、灭火器过期等隐患问题，他及时对接企业和相关部门进行整改。7月5日至8月5日，每天在高温天气下巡逻排查，秦飞练就了一双“火眼金睛”。在这期间，他共计走访65家企业，发现并整改隐患163处。秦飞说：“今年的高温天气不仅较为极端，而且持续时间长，企业更加要增强安全意识，真正做到防患于未然，营造良好的安全生产环境，保证企业的安全健康发展。”他负责的安全生产工作获得了镇安全稳定排名名列前茅的成绩，雷厉风行的工作风格被南通文明网表扬报

道。在总结工作经验时，秦飞说："工作生活中的一些小行为或细节是很有助于培养安全责任感的，一旦这些细节或行为成为习惯，就自然而然地担负起责任来了，而不用刻意去做。"

用心服务，用爱相助。秦飞时时刻刻把群众放在心坎上，用自己的实际行动生动诠释了什么是"忠诚担当"的人民好公仆模范形象。

扎根基层　勇担责任

任华，1980年11月出生，入党积极分子，于2021年春学期开始在江苏开放大学行政管理专业专科就读。2000年3月参加工作。2002年7月至今在南通市崇川区观音山街道山港桥社区工作。

曾获南通市崇川区“社区优秀志愿者”等荣誉。

一、扎根基层一线，诚心为民服务

2002年7月，任华就职于南通市观音山街道下属社区，负责居民信息录入、外来人口居住证办理和食品安全工作。她参与过全国人口普查、拆迁安置、秸秆禁烧等多项重要工作，就职期间入户达到1200多户，为新市民办理居住证2000余张，为孕妇建卡300余张，为新生儿办理接种疫苗证明200余份。

任华踏实肯干，热情积极，胆大心细，责任心强，在工作的十几年里，她始终把为人民服务放在第一位，在勤勤恳恳做好本职工作的同时，时常帮居民群众解决一些力所能及的问题，经常得到居民群众的夸赞。作为一名普通的基层工作者，她努力战胜工作中的困难，平衡工作与家庭的关系；忠于职守，在平凡的工作岗位上默默奉献；渴望上进，希望为国家的发展尽自己的绵薄之力。

二、面对疫情考验，勇敢担当责任

2022年4月初，南通市观音山街道又突发新冠疫情，防控形势严峻，经专家研判后决定实行封闭式管理。任华在做好本职工作的同时，不仅自己积极主动投入到抗疫工作中来，还带动家属一起加入疫情防控志愿者队伍。在全民核酸检测现场，总能听到她洪亮的声音：“请准备好好通码、行程码和采样码，正确佩戴口罩，保持2米间隔，依次排队……”她虽还不是党员，但却一直以党员的标准严格要求自己。

核酸检测点的工作看似简单，但维持现场秩序、测温看码、信息登记等各个环节都需要足够的耐心。为了维护好核酸检测点的现场秩序，任华每天忙得像个陀螺。她站在室外，穿着隔离衣，戴着口罩，一天下来汗流浃背也来不及喝一口水。辖区内黄码人员比较多，因此每天打电话、到现场咨询转码的居民也特别多。在全员核酸检测间隙，她便去办公室帮忙接流调电话，告知居民防疫政策，帮忙收集整理“黄转绿”的材料，声音哑了就吃片润喉片，继续投入工作。对此，她的家人也非常支持、理解，给予她安慰和鼓励，这也给了她莫大的信心。

三、热爱学习，积极进取“充电”

任华在工作、学习以及生活中一直以共产党员的高标准来要求自己的言行举止。在工作中，她尽职尽责；在学习上，她积极努力。在江苏开放大学就读期间，她每次都高质量完成作业，并且能将所学知识在工作中进行实践，从而更好地服务居民群众。她总想，自己虽然平凡、普通，但仍要以国家、人民利益为重，要为社会主义事业的发展作出贡献。

做人民健康的守护者

沈阳，1980年8月出生，中共党员，于2021年秋学期至2023年秋学期在江苏开放大学行政管理专业本科就读。1999年7月参加工作，2000年7月加入中国共产党。2018年11月至2020年5月在宿迁市宿豫区曹集乡曹家集社区任副主任，2020年5月至今在曹家集社区任党委副书记、红旗网格党支部书记。

曾获曹集乡优秀共产党员、先进个人等荣誉。

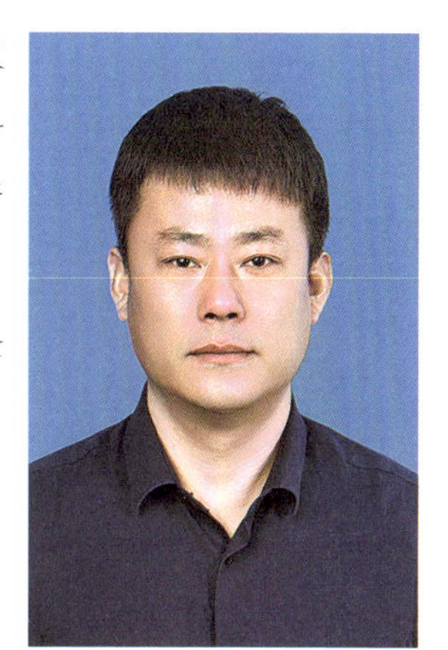

一、全面动员，积极行动，开展联防联控

新冠肺炎疫情暴发以来，曹集乡曹家集社区党委副书记沈阳始终冲锋在疫情防控工作第一线，他本着认真细致、任劳任怨的态度，踏踏实实做好疫情防控工作。曹家集社区曾被划定为管控区域，管控工作开展以来，沈阳一天也没休息过：困了，他就躺在办公桌上休息一会儿；饿了，他就吃一桶方便面充饥。每天除了认真做好岗位点的24小时执勤工作、挨家挨户排查登记有无密接人员外，他还要连夜安排第二天的全员核酸检测、社区内物资供应工作。稍有空闲，他便向居民宣传疫情防控知识，去被隔离居民家中送防疫物品，关心居民体温检测情况、生活情况，询问生活中有无困难之处，并再三叮嘱居民们要保持乐观心态、做好疫情防护工作。

二、无惧困难，站位一线，开展宣传引导

作为一名基层社区工作人员，沈阳在做好疫情防控工作的同时，也全力做好

本职工作，保障社区一切工作的正常运行。为了确保宣传无死角，沈阳带领村组干部在村庄道路重点区域发放疫情防控资料、书写张贴宣传标语，自己动手制作防控宣传音频，利用流动音响播放新冠肺炎疫情防控知识，每天坚持在微信群、乡村大数据群推送防疫知识和工作动态，劝导村民不串门、不聚会，出门戴口罩、勤洗手，要求大家不传谣、不信谣并及时汇报家庭及个人情况，真正做到群防群治。除此之外，他还格外关注社区内低收入者、低保户的生活情况，为他们提供力所能及的帮助。

三、不辞辛劳，不怕困难，履行党员责任

作为一名党员，沈阳对工作的“执着”与“倔强”让他忽视了自己的身体健康，40 岁出头的他便患上了高血压、高血脂，引起的并发症让他不得不住进了医院。在身体还没有完全恢复的情况下，他提前出院，全身心地投入到新冠疫情防控工作中。他一直带病坚持在疫情防控第一线，同事们都劝他请假休息，可是他倔强地说：“现在正是需要人手的时候，我是党员，我要坚守我的岗位，等哪一天我实在撑不住了再说吧！”他就是这么“倔”地发挥着共产党员的先锋模范作用。经过 18 天不分昼夜的共同努力，曹集乡的疫情防控终于取得了阶段性的胜利。

沈阳常对同事们说：“一名党员就是一面鲜亮的旗帜，哪里最困难、哪里最危险，哪里就应该有共产党员的身影。”他冲得出、顶得上、靠得住，以实际行动践行着一名共产党员的初心使命，为坚决遏制疫情蔓延势头、打赢这场没有硝烟的战争作出了一名基层干部应有的贡献。

坚守基层一线　共筑防疫长城

孙镇，1997年5月出生，中共党员，于2020年秋学期开始在江苏开放大学行政管理专业本科就读。2019年9月参加工作，2022年6月加入中国共产党。2019年9月至今任宿迁市沭阳县韩山镇刘徐村副主任。

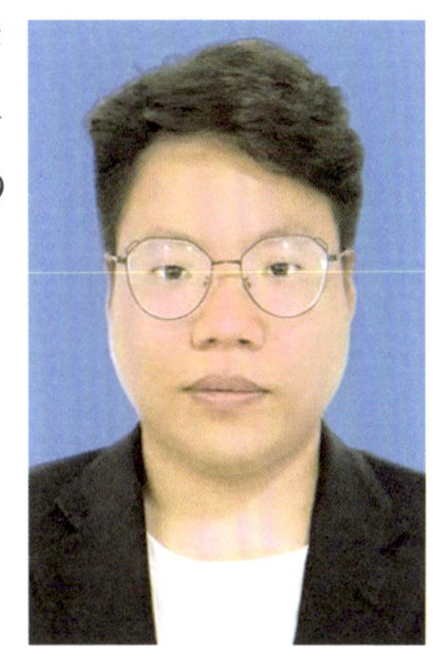

2020年，当新冠肺炎疫情在全国各地暴发并迅速扩散之时，党中央、国务院向全国人民发出了打赢疫情防控阻击战的命令。孙镇作为宿迁市沭阳县韩山镇刘徐村一位普通的村干部，在这场疫情防控阻击战中默默贡献着自己的力量。

一、新时代，新担当

“我是一名大学生村官，更是一名共产党员，这个时候我必须跟村民站在一起，共抗疫情，守候我的第二故乡。”这是刘徐村大学生村官孙镇的心声。

疫情就是命令，防控就是责任。疫情防控期间，刘徐村随处可见孙镇忙碌的身影。白天，他要走村穿巷进行疫情防控知识的宣传，挨家挨户收集、核实外来人员信息，力所能及地为居民群众解惑答疑，蹲守路口卡口站岗执勤；夜晚，他还要对一天的数据进行汇总梳理，对存在的防控薄弱点拿出意见建议，一直忙到深夜。为了多跑一户人家、多统计一列数据，他常常用最简便的方式解决午餐和晚餐：有时边啃着面包饼干，边进村入户进行数据采集；有时在办公室里边扒拉着盒饭，边接着电话接受任务。

随着国内疫情形势好转，根据党委政府相关精神，村委人员要有序对疫苗接种人群进行登记安排，对年老体弱人群进行车接车送，对来往路口进行常态化值班。各项工作中依然少不了孙镇忙碌的身影。

刘徐村的生活平淡而忙碌，刘徐村的群众淳朴而真挚。不忙的时候，孙镇喜欢在大棚里和老百姓一起挖蜜薯，在村里篮球场打打篮球，在青瓦白墙下散步。作为一名大学生村官，他说："这里现在就是我的故乡。面对疫情，这里的群众需要我，我更应该义不容辞，贡献自己的一份力量。"

二、新时代，新梦想

身为新时代的村干部，孙镇坚信，只有不断提升自己才能更好地服务群众。2020年，他决定报考江苏开放大学行政管理专业，他坚信学习能够丰富他的专业知识、提升他的专业能力。他认为，人要有远大的理想，有明确的目标，有坚定的决心，还要有脚踏实地的实干精神，只有这样，才能无惧风雨，创造美好的人生。进入江苏开放大学学习是他实现美好梦想的助力，虽然工作很忙，但不管在学习中遇到多大的困难和挫折，他都不会退缩，因为学习新知识使他感到快乐。

三、新时代，新步伐

作为一名共产党员，孙镇同志始终跟随党的步伐，坚定党的信念。党的百年历史蕴含着丰富的政治营养和精神瑰宝，对于广大党员来说，党史这门功课不仅必修，而且必须修好。通过学习，他进一步坚定了理想信念，坚定不移向党中央看齐，不断提高政治判断力、政治领悟力、政治执行力，并把学习党史同总结经验、观照现实、推动工作结合起来，同解决实际问题结合起来，在工作中履行好岗位职责，并不断进行创新，提高自身能力。他将继承革命先烈们的初心，用实际行动践行使命。

冲在第一线　守住安全线

王义刚，1972年10月出生，中共党员，于2021年春学期开始在江苏开放大学公共事业管理专业本科就读。2004年7月加入中国共产党。2007年4月至2013年6月任昆山市巴城镇夏东村调解主任、副主任、民兵营营长，2013年7月至2016年12月任夏东村副书记、副主任，2016年12月至今任巴城镇环湖社区党支部书记。

自2016年12月任职环湖社区党支部书记以来，王义刚始终以高度的政治站位和过硬的工作作风，高质量地完成镇党委政府及上级各部门安排的各项工作，特别是在防控新冠疫情及安全生产工作中，他当仁不让，勇当先行者，积极发挥党员的先锋引领作用，本着勇于担当的精神，践行着一名基层社区干部的初心和使命，用高尚的品行在党和人民需要的地方坚守阵地，默默奉献。

一、强化组织建设，发挥党组织战“疫”堡垒作用

2020年以来，王义刚带领全体社区干部以“党组织‘挺在一线’、书记‘干在一线’、党员‘冲在一线’”的务实精神为指导，强化责任担当，筑牢安全维稳第一线。他充分发挥基层党建引领社区治理机制的优势，组织联防联控，严格落实新冠疫情防控要求。他带领环湖社区全体工作人员，深入辖区，在门卫、店面、居民楼间做好宣传引导，并开展了全方位的摸排走访工作，做细源头管控。他发扬特别能吃苦、特别能战斗、特别能奉献的精神，不分白天黑夜，通过电话

询问、利用门卫信息登记核查、上门走访等方式对辖区12个小区的居民情况进行摸排，做到一户不漏、一人不漏。不到5天时间，他就把12个小区3700余户居民排查到位，并对数据进行分类、登记、及时上报，还根据疫情形势的不断变化及时调整工作思路，创新防控措施。

疫情形势严峻，生命重于泰山。王义刚每天坚守岗位，不分昼夜，即使睡眠不足，他仍打起十二分精神，快速精准地摸排辖区内来自中高风险地区的人员信息，迅速落实“一户一档”制度，按要求实行相关隔离措施。对于居家监测的人员，王义刚每天发微信询问他们的身体健康状况，保证他们的日常生活用品供给，指导他们监测自身情况变化，并随时做好记录，为环湖社区群众的身体健康和生命安全做好保障，360度无死角守护好小区“健康门”。对于个别情绪较大、不愿配合隔离的人员，王义刚主动上门安抚，苦口婆心地解释和劝说，要求其从大局出发，把自己及周边群众的生命安全放在首位，告知其隔离期间不要出门，舒心享受宅居生活就是为社会作贡献。

二、强化责任担当，建设服务型美丽家园

作为党支部书记，王义刚始终以“党建引领社区自治+居民共治”的方式，切实发挥环湖社区党支部的感染力、创造力及号召力，强化党组织的战斗堡垒作用。一是提高思想认识，转变作风建设。王义刚孜孜不倦地教育、引导班子成员及党员干部真抓实干、转变作风，用心、用情、用力解决好群众急、难、愁、盼问题，让群众有更多、更直接、更实在的获得感与幸福感。二是争当“红管先锋”，引领社区治理。王义刚强化党建引领下的物业管理服务和基层治理创新，提升环湖社区治理水平和服务群众水平，加强“红色物业”建设，深化党群服务体系建设，引领多元化主体共同参与社区治理，打通服务群众“最后一百米”。三是完善监督体系，落实监督机制。为了推动社区廉、勤监督工作常态长效开展，王义刚在环湖社区严格落实“一周一坐班，一月一督查”工作机制，规范小微权力运行，发挥好居民群众及党员监督的作用。

三、安全工作常抓不懈，守住安全生产第一线

王义刚全面推进“四进四排查”集中行动，坚持“安全第一，预防为主”的方针，认真开展安全生产各项专项行动，秉持“发现一起整改一起”的原则，全面整治九小场所，加快推进餐饮店面“瓶改管”“瓶改电”，实现天然气接管全覆盖，坚决消除安全风险隐患，全力维护社会大局和谐稳定。

2022年，王义刚完善了矛盾纠纷解决机制，抓矛盾化解，促大局稳定。以“有事好商量”协商议事会为平台，以切实为居民群众办实事、办好事为落脚点，进一步解放思想，根据居民需求，拓展服务领域，丰富服务内容。

四、强化效能建设，构建服务型文明社区

在王义刚的带领下，环湖社区始终致力于构建服务型文明社区。他要求社区干部工作多从群众角度出发、多为群众考虑，切实把“人民群众满不满意”作为衡量基层作风建设是否有成效的标准，以作风建设新成效赢得群众的掌声。一是完成老旧小区外立面改造的为民办实事工程。老旧小区雨污水管道也已全面改造完毕，原先的“老旧小区”面貌焕然一新。二是推动住宅小区智慧管理。目前辖区已基本实现人脸识别全覆盖。通过小区治安管理和物业管理，推动环湖社区治理体系和治理能力现代化水平的提升，从而增强居民群众的获得感、幸福感、安全感。三是增设电瓶车充电桩。为了减少电瓶车不规范充电、乱停放等安全隐患，新建和提档改造电动充电桩39个点位、共计电口1000多个，后期还将继续完善其余小区充电桩的提档改造。

虽然工作取得了一些成就，但王义刚表示，今后他将继续尽心尽职、努力工作，以一往无前的奋斗姿态和永不懈怠的精神状态，勇挑重担、苦干实干，在实现美丽巴城“新的超越”中贡献力量，向镇党委政府及广大群众交出一份满意的答卷。

使命在肩　勇往直前

俞锋，1982 年 5 月出生，中共党员、退役军人，于 2021 年春学期至 2023 年秋学期在江苏开放大学行政管理专业专科就读。2000 年 12 月参军，在武警南通市支队市中队服兵役。2018 年秋至今在南通市通州区金新街道麒麟桥村村民委员会任职。

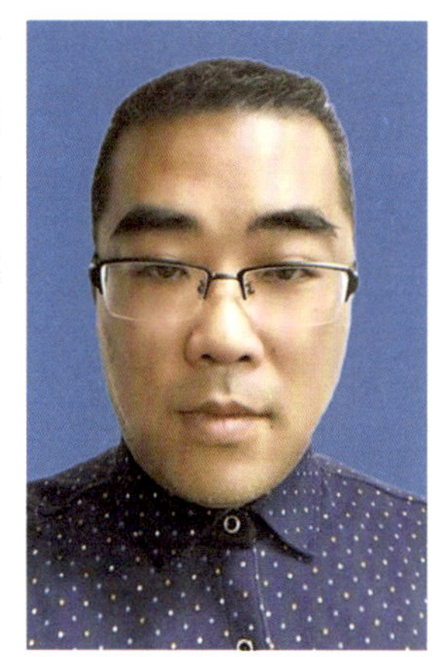

俞锋在麒麟桥村工作 4 年多了。在 4 年多的时间里，一样的是他工作中的满怀激情，不一样的是他多了几分成熟；一样的是勤勤恳恳工作，不一样的是村民们认可了他的工作。自始至终，他为建设社会主义新农村奉献的心未变，全身心投入农村基层工作当中的志未改。

一、砥砺初心使命，坚定责任担当

“在群众需要我们的时候，我们一定会挺身而出。”这朴素而充满力量的话语从俞锋的口中传出，述说着一位村居普通干部的初心。他发挥退役军人在疫情防控斗争中“不怕苦、不怕累”的精神，锤炼自己，体现责任担当。他强调：“作为服务退役军人的基层部门，我们要提高政治站位，增强风险意识，强化责任担当，发挥体系优势和功能作用，广泛动员广大退役军人，认真落实区政府联防联控要求，减少人员因聚集、流动引起的交叉感染。”他向村民宣传联络渠道并留下自己的联络方式，通过退役军人服务工作群，向全村广大退役军人发出倡议，号召广大退役军人发扬“退役不褪色，离军不离党”的精神。组建退役军人志愿者服务队，自己担任队长，协助辖区工作人员，认真落实流动人员排查，不造谣、不信谣、不传谣，带头辟谣，积极宣传社会正能量，依法科学有效地参与新冠疫情防控行动。退役军人始终作为先锋队、突击手努力奋战，发挥着勇担当、敢作为的排头兵作用。

二、举案齐眉守小家，不忘初心为大家

2021年的大年初二，因疫情形势严峻，需要安排卡口对进出人员进行排查登记，俞锋毅然决定：“我上！”他白天正常完成工作，晚上接着值夜班，吃喝都在简陋的临时集装箱内，每天仅仅休息四五个小时，有时候还连轴转，1个月下来整个人瘦了20斤。他开玩笑说：“平时减不下来，现在胖不起来。”

提到家人，俞锋心中满是愧疚。家里老人年纪大了身体不好需要服侍，孩子年纪小也需要照顾，幸亏有妻子在工作之余照顾家庭。忙的时候，他每天都是孩子睡着了还没回家、孩子还没起床就出门，完全没有陪伴家人的时间。常常凌晨到家稍作调整，第二天清早又打起精神继续投入工作。身边的同事都感慨：“疫情来了，我们根本没时间顾家，想的都是保障防控工作、保障村民安全、保障同事安全。”

三、退役军人不忘本，一片“兵心”为家乡

“没登记的先扫码登记，登记完的准备好。”“大家请往后退，保持2米间距。”……负责维持核酸检测秩序的俞锋有时候嗓子都疼得发不出声。每当遇到随意插队的群众，他总会第一个上前劝说，保证现场秩序不乱。人手不足时，他就变成多面手，哪里有需要他就到哪里帮忙。老百姓评价他说：“他真有当兵的样儿，能带头、敢发声、有态度，是我们村抗疫队伍中的主力。”

退役不褪色，退伍不退志，永远守初心。为抗击疫情所作的所有努力，为全村群众所作的所有贡献，村民们都看在眼里。

大家都说，俞锋考虑了太多，唯独没有考虑他自己。面对疫情，他选择了迎难而上，冲锋在前，真正地兑现了一名共产党员“随时准备为党和人民牺牲一切”的承诺。

践行初心使命　坚守疫情防线

袁彩雷，1979年12月出生，中共党员，于2022年春学期开始在江苏开放大学行政管理专业本科就读。2004年12月参加工作，2017年12月加入中国共产党。2004年12月至2021年10月在宿迁市湖滨新区晓店街道洋河滩社区历任总账会计、计生专干、会计等职，2021年10月至今在洋河滩社区任党总支部副书记。

曾获湖滨新区晓店镇（街道）优秀共产党员、先进个人、先进工作者等荣誉。

自参加工作以来，袁彩雷勤奋工作，兢兢业业，坚持党性，坚持原则，始终以一个共产党员的标准严格要求自己，工作中处处讲奉献、比担当，充分发挥了党员的先锋模范作用。

一、党员身份彰显使命初心

2021年10月，上级党工委任命袁彩雷为晓店街道洋河滩居委会党总支部副书记。在新的岗位上，袁彩雷更加拼命地工作，通过工作进一步提升了能力素质，锤炼了党性作风，深化了为民情怀。他时刻提醒自己，一定要牢记责任和担当，做到知责于心、担责于身、履责于行，在工作中始终站在前、冲在前、干在前。要始终保持“风雨不动安如山”的政治定力，做一名有信仰、讲忠诚的基层干部；始终保持“恰逢青春当奋斗”的行动自觉，做一名爱学习、能担当的基层干部；始终保持“只留清气满乾坤”的浩然正气，做一名守规矩、知敬畏的基层干部。

二、疫情防控更显责任担当

2020年，突如其来的新冠肺炎疫情肆虐中华大地，严重危害着群众的身体健康和生命安全。袁彩雷作为负责卫生工作的基层干部，坚持守土有责、守土尽责，时刻把群众身体健康和生命安全放在第一位。他迅速投入到疫情防控工作中，第一时间逐户排查返乡人员及外来人员，参加疫情防控值班，组织全村符合新冠疫苗接种条件人员及时接种疫苗，多次组织全村居民参加全员核酸检测。

新冠肺炎疫情既是一次大战，也是一次大考。面对疫情，袁彩雷勇于担责、敢于担当，始终站在防控第一线。从医疗物资到生活必需品，他统筹协调，周全细致，与全体居民一起，携手并肩，共克时艰。大事难事看担当，危难时刻显本色。袁彩雷秉持人民至上的理念，在“大战”中迎难而上，在“大考”中交出合格答卷，践行了一名共产党员的初心和使命。

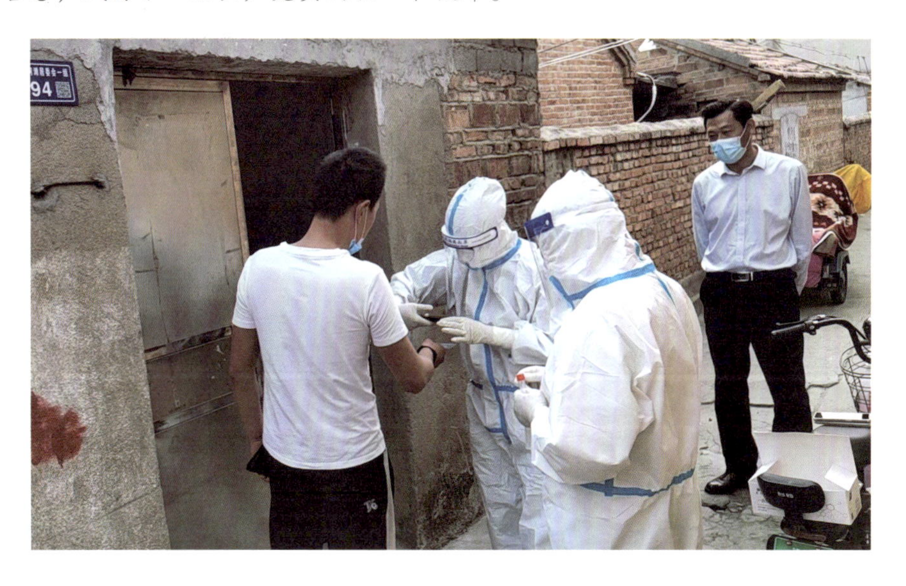

三、加强学习提高业务能力

村居会计工作零碎烦琐，事事关乎居民的利益。会计不仅要熟练掌握会计业务知识，同时还要熟知各项农村政策。袁彩雷在担任会计时，边学习边在实践中摸索，短时间之内就掌握了会计方面的各项业务知识，并且与时俱进，通过不断学习新知识来充实自己。在村内各项工作有序推进之时，袁彩雷愈发认识到知识触类旁通的重要性，于是他选择就读江苏开放大学行政管理专业本科，系统学习管理学相关知识，以此来提高自身的业务能力，以便更好地投身于为人民服务的伟大事业。

为使百姓归安宁　舍家忘我战疫情

张华，1981年10月出生，中共党员，于2019年春学期至2021年秋学期在江苏开放大学行政管理专业本科就读。2019年8月加入中国共产党。2018年6月至2020年3月在昆山市兵希街道综治管理科工作（挂靠昆山开发区乐文社区），2020年4月至今在昆山开发区河寸泾社区任居委会副主任（主持工作）。

2020年的春天注定被历史铭记，有白衣天使冲锋在前，也有钢铁战士守护家园。在这场新冠疫情防控阻击战中，大批村干部、乡村医生、公安干警、街道社区人员、志愿者等基层工作者挺身而出，守护千家万户的平安，而昆山开发区河寸泾社区的张华就是其中一员。

一、守初心，担使命，战疫情

自昆山市新冠肺炎疫情防控工作开展以来，身为党员的张华穿上防护服，戴上口罩，主动请缨在高速公路卡口开展防疫检查。在卡口，张华一边指挥引导车辆靠边停下，一边详细询问驾驶员和同乘人员的基本信息，接送并引导疫区返昆人员至集中隔离点隔离。疫情开始阶段，群众难免不能理解这些烦琐的检查工作和严格的隔离要求，而张华永远是最耐心的一位工作人员。他总是耐心地宣传、解释着疫情防控条例，像劝说自家亲人一般给那些需要隔离的人员做好思想工作。

一天夜里，卡口来了一位去过疫区的返昆台湾商人，工作人员向他反复宣传抗疫防控条例，但他依然不能理解，情绪颇为激动。此时天正下着大雨，室外温度早就降到了零度以下，张华作为党员挺身而出，站在他的车外再次耐心劝解，强调疫情的严峻，解释隔离工作的意义。在反复沟通中，张华了解到原来台湾客商最大的顾虑是担心隔离点的安全问题和住宿条件不好。他舒了一口气，凭借自己的坦诚和对相关情况的熟悉，逐一消除了台商的顾虑，最终台商同意了去隔离点。张华这时已经在冰冷的雨中淋了 2 个多小时，但他认为，为了疫情防控工作，为了守护大家的健康，这一切都是值得的。

二、舍小家，为大家，送温暖

“文文，今天早上网课学了什么？和老师连麦连上了吗？有没有要打印的资料？……”张华一边放下还冒着热气的午饭，一边亲切地关怀着孩子的学习生活需求。这个 12 岁孩子的家人都被隔离了，无人照顾孩子的生活起居。此时，张华当仁不让地挑起了担子，一日三餐，连续几周，张华既是送餐员，又是邻家叔叔，保障着这个孩子的基本生活，同时舒缓其内心的孤独和焦虑。这样的家庭在河寸泾社区前前后后有几十户，每次张华都义无反顾地承担起照顾的责任。张华说他也是一名父亲，不能让孩子受委屈，也不能让孩子的父母不放心。

是的，张华是抗疫战士，但他也是父母的儿子，是孩子的父亲。自从接到防控应急任务通知后，他就没有时间探望自己的父母了，孩子也曾因为疫情被封控在校，可张华只是打电话告诉儿子：“男子汉，要自己照顾好自己，爸爸和你一

起战斗！”他帮助了那么多的老人、孩子，却没给自己父母送过一次药、买过一次菜，没给儿子寄过一箱牛奶、一件换季衣服，只是没日没夜地投入工作中。

又是一天中午，卡口轮休的时候，同事们陆续开始休息以补充体力，张华却仍像往常一样，利用这段时间给各社区送防疫物资。一箱箱物资经过张华的手，送到社区防疫第一线。张华通宵达旦、夜以继日地工作，忘记了家庭、忘记了休息，唯独没有忘记身上沉甸甸的责任，钢铁战士当如是。

深秋时节，江南大地处处洋溢着丰收的喜悦，工厂里机器轰鸣、生产繁忙，校园里传来孩子们琅琅的读书声，河寸泾社区里银发老人刚健身锻炼回来……人们的生活重归安宁。此刻，回望过去，正因为有着张华这样的基层工作者的无私奉献，疫情才得到更有效的控制，人民的生命安全和幸福生活才得到更有力的保障。

危急时刻显本色　越是艰险越向前

张艳，1978年5月出生，于2021年春学期开始在江苏开放大学行政管理专业本科就读。2011年8月进入盐城市射阳县合德镇凤凰村委会工作，2016年8月加入中国共产党。2013年1月至2015年12月在凤凰村委会担任委员及劳动保障协理员，2016年1月至今在凤凰村委会担任副主任。

在江苏开放大学就读期间，参加第三届“讲好亲子共学故事，促进子女茁壮成长”征文活动并获一等奖。曾2次获评“先进工作者”，1次获评“综合先进个人”，获得射阳县“最美巾帼”敬业花荣誉称号，并连续4年被评为“优秀镇人大代表”。

在新冠肺炎疫情防控阻击战中，张艳作为一名基层党员干部，亮明身份，挺身而出，逆行而上，恪尽职守、勇于担当，敢作为、勇作为、真作为，坚守平凡岗位，用实际行动践行了新时代共产党员的初心使命，书写了对党和人民的忠诚。

一、缜密细致，全力管好重点人群

盐城市射阳县合德镇凤凰村下辖7个村民小组，人口3749人，常住人口2200人。2022年3月12日以来，该村累计接受管控人员54人，分布在全村不同区域。从最初的“3+11”，到后来的“7+7”“9+5”“5+9”，不论什么对象，都做到每户必到、每人必查、每单必清，自始至终没有一个人出现漏管、脱管现象。碰到有的管控对象不理解、不配合，张艳就苦口婆心做工作；遇到有的管控对象有特殊诉求，张艳也总是有求必应。有的时候，个别同志怕被感染，不愿意送管控对象去隔离点，张艳就亲自驾驶私家车送人。从2022年4月15日开始，连续7天核酸采样，她每天早上5点准时到班，安排相关事宜，协调各类矛盾；每次采样结束后其他同志休息，张艳又开始比对上次和本次采样数值，找出原因，分析研判。凤凰村2200个常住人口，采样率达到了100%。

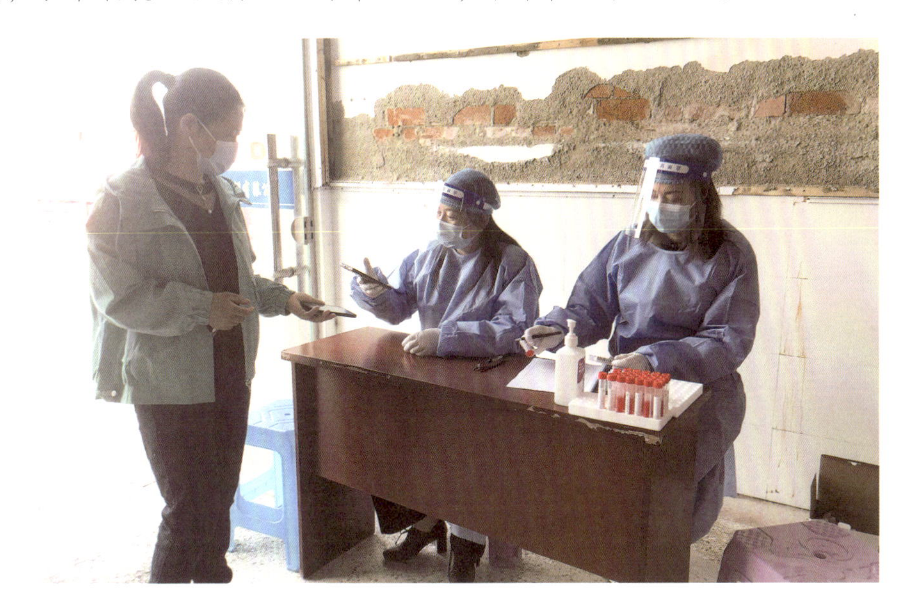

二、雷厉风行，坚决执行上级指示

2022年4月16日夜，刚刚忙碌一天准备上床休息的张艳接到村书记的紧急电话：因疫情形势严峻，凤凰村辖区所在地防控工作实行提级管理，全村所有对外出口必须连夜进行封闭，并安排人员值守。接到电话后，张艳以及书记等一众村干部立即驱车回到村部，组织落实。凤凰村地处城郊接合部，省道S226、S329分别穿越该村，村内道路循环、出口较多，要连夜封闭，困难重重。张艳同大家一处一处出口实地查看，一个一个方案反复推敲，最终决定在全村外部隔断16个路口，内部切断22个出口，交通管控6个道口。方案落实后，张艳又同其他同志一起买进材料，找来施工队，连夜作战，并一处一处亲自验收。等全村44个道口全部完成封控，已是凌晨5点，一夜没睡的张艳揉揉熬红的眼睛，又开始组织这天的核酸检测。

三、顾全大局，危急关头勇于担当

合德县最大的建筑工地比亚迪动力电池项目部坐落在凤凰村。2022年4月19日晚，张艳收到信息：比亚迪动力电池项目126名外地建筑工人入住本村，并且不愿意采取任何防范措施，存在重大防控风险。驱逐工人出村，不但影响县重点工程施工，还会影响全县的投资环境；若听任不管，一旦出现疫情传播，后果将不堪设想。面对复杂的矛盾，书记和张艳迎难而上，亲自出面与工人们商谈。个别工人性子刚烈，听不进劝告，张艳便动之以情、晓之以理，但在原则问题上毫不让步，直至凌晨2点终于把问题妥善处理好，她才拖着疲惫的身子回村部休息。

按照上级部署安排，从高速下来的大货车必须有人押运。凤凰村境内有全县最大的比亚迪项目工地，有全县“菜篮子”工程农业示范园，有穿越该村的省道，大货车来来往往，川流不息。押运任务十分繁重，稍有不慎就会造成严重后果。对此，张艳以及全体凤凰村干部，不推不躲，主动作为。2022年3月18日以来，所在村先后累计接送货车261辆次，全部实现闭环管理，无一疏漏，得到当地企业的一致好评。

张艳带领村委班子其他成员一齐叫响“疫情防不住，责任在支部；工作不怕难，因为有党员；齐心抓防控，表率带群众”的口号，齐心协力，誓要打赢这场没有硝烟的战争。

挺身而出担大义　主动担当勇作为

赵静，1992年2月出生，中共党员，于2021年春学期至2023年春学期在江苏开放大学公共事业管理专业本科就读。2014年7月参加工作，2015年3月至今在昆山市巴城镇新开河村任团支部书记。

曾被中共昆山市巴城镇委员会、巴城镇人民政府表彰为先进个人。

赵静在昆山市巴城镇新开河村工作已8年，时间过得很快也很充实，他始终牢记自己的责任，全身心地投入农村工作。在基层工作的8个年头里，他经常走家入户，跟乡亲们聊聊家常，谈谈村里的琐事，看看他们的生活，听听他们的声音，有时还跟他们一同清扫家门口的村道，清除田间杂草，一同创建美丽家园。接触多了，村民们对他的了解渐渐也深了，尽管他一再向村民们介绍自己的名字，但大多数人还是喜欢叫他“大学生”。日积月累，现在村民们眼中这个“大学生”，是真真切切地生活在他们身边的朋友、小辈，距离近了，感情自然也就加深了。大家老远见到他就打招呼，拦住他说咱们村这边怎么样、那边怎么样。

一、守土尽责，甘当卡口守门员

2020年春节，新冠疫情开始肆虐，那时赵静便坚守在村防控工作最前沿，带头走访排查重点人员和密切接触者。早上6点出门、晚上12点多回家成了工作常态，回家途中接到群众的举报电话又第一时间赶赴现场核实信息。一名党员就是一面旗帜，一个支部就是一座堡垒。党员干部就是要在关键时刻能够站得出、挺得住、冲得快。那段日子，赵静顶着刺骨凛冽的寒风，舍小家为大家，全身心投入这场保卫群众生命安全的防疫阻击战中，与村里的党员干部、志愿者在村道路口小区设卡 24 小时值班，积极协调村民、党员、志愿者等联防联控防疫网，用脚丈量每一寸土地，牢牢坚守新开河村“第一道防线”。

二、主动作为，勇当信息排查员

针对新开河村实际村情，为全面摸清全村疫情防控情况，赵静组织村干部及村民小组长深入各家各户摸排走访，确保排查到组、到户、到人，详细了解外来返乡人员情况，建立重点人员工作台账，认真安排村干部、村民监督重点人员隔离观察情况。在全员核酸检测工作中，他与医护人员一道做好检测服务，从分发口罩、扫码注册、登记信息、发放核酸已检贴纸到维持现场秩序都有条不紊，同时还协助医护人员对行动不便的村民进行上门采样，做到应检尽检，不漏一户、不落一人。

三、创新方式，争当引导宣传员

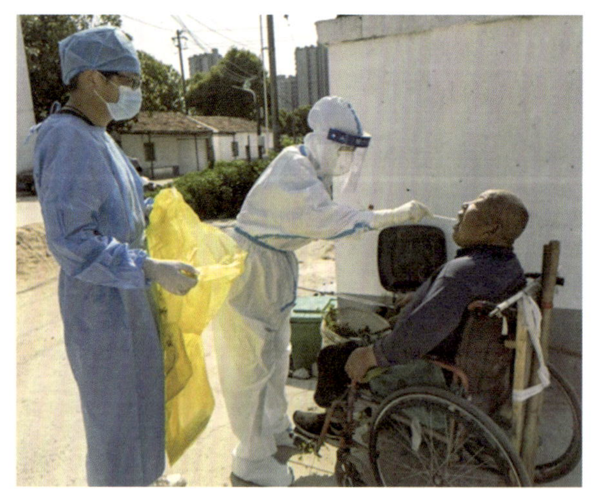

农村疫情防控工作，抓实预防是根本，抓好政策宣传是重点。在走访中他发现，许多村民对疫情的严峻形势认识不到位，个人及家庭防护意识严重不足。针对这一现象，赵静结合实际，通过张贴标语、播放流动广播、悬挂横幅、群发微信等形式，将疫情动态、防疫政策以及防护知识及时传达到每家每户每人，积极引导群众不出门、不聚集、勤洗手、多通风，不信谣、不传谣，齐心协力群防群控，筑牢安全防线。

艰难方显勇毅，磨砺始得玉成。在这个没有硝烟的战场上，作为共产党员，赵静直面战“疫”，心系群众，始终把村民的生命安全和身体健康放在首位，争做带领村民防疫的“主心骨”，当好群众的“贴心人”，以实际行动践行了自己的初心和使命。

扎根农村　做好基础“服务员”

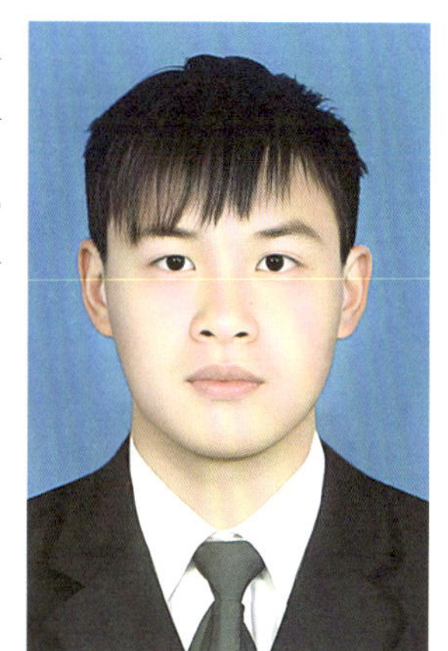

赵正达，1992年3月出生，中共党员，于2018年秋学期至2021年春学期在江苏开放大学行政管理专业本科就读。2015年6月参加工作，2021年加入中国共产党。2018年6月至今在宿迁市泗洪县双沟镇吴庄村任创业新村干。

在江苏开放大学就读期间曾获校一等奖学金。

为响应乡村振兴号召，赵正达义无反顾放弃大城市的优越条件，经过层层选拔成为一名乡村振兴新村干，从此投身于家乡建设，以梦为马，不负韶华，做一个有思想、有本领、有担当的青年。

一、立足本职，尽职尽责

作为新时代的青年，赵正达深知“纸上得来终觉浅”“没有实践就没有发言权”。为实现巩固拓展脱贫攻坚成果同乡村振兴有效衔接，他不畏艰难，走大街串小巷、进田间走地头，村民在哪里他就走到哪里。他持续为村民讲政策、送服务，既有深入农户开展全国人口普查、经济普查工作，也有宣传党的方针政策、参与村委换届以及收集群众急难愁盼信息等惠民服务。尽管服务的路上有过许多困难，但是他从不退却，努力打通“最后一公里”，拉近了与群众之间的距离。

当疫情来临时，赵正达舍小家为大家，义无反顾赴一线，成为乡村值班卡口的“最美守夜人”。从2019年寒冷冬夜到春暖花开，他以面包车为家，不惧困苦与风险，参与过往人车的查验工作，从未有一丝怠慢。他曾在被抽调参与突击疫情防控工作、政策解说的工作中因体力不支被深夜送医，但在病床上他依然利用手机开展工作。

二、迎难而上，“疫”路前行

新春佳节，本该是万家团圆的好日子。然而，突如其来的新冠肺炎疫情使春节变了味，一场没有硝烟的战争中断了假期。疫情就是命令，防控就是责任。支部书记要求所有村干部立即返岗开展疫情防控工作，共同守护村民安全。

“我年轻，夜班我来值。”排班会上赵正达向书记说道。他每天下午6点开始换班。夜晚，本就是人的睡眠时间，值夜班是需要毅力才能坚持的。他深知守好道口、外防输入至关重要，所以对过往车辆的来去方向他都认真询问并登记、仔细测量车内人员的体温，严格落实“逢车必检、逢人必查”的要求。天太冷的时候，体温枪无法使用，他就把体温枪放到自己怀里保温，保证给过往的行人和车辆都测量好体温。凛冽的寒风不仅能让体温枪出现故障，刮在脸上更像刀割一样令人疼痛难忍。在如此艰难的环境下，他却毅然坚持到了疫情结束，用自己的血肉之躯构筑起牢牢的安全防线。

三、虚心学习，为民解忧

作为一名村干部，赵正达认为自己的言行不但会给身边人带来影响，还关系到村干部在人民群众中的形象。为此，在实践工作中，他时刻牢记作为一名大学生党员村干肩负的责任和使命，本着为村民多办实事的原则，他深入调查村情民意，有效开展基层工作。他完成了吴庄行政村特困、贫困人员统计工作，将历年特困、贫困人员资料分类归档，逐步实现办公自动化，并配合相关部门开展人口普查、污染源普查、自留地统计等工作，还参与了村级组织换届选举工作。

他认真学习农村法律法规，保护村民合法权益，帮助村民书写打印各类买卖协议、承包转让协议、土地征用补偿方法及劳动合同等。

疫情期间，他帮孩子们打印网络作业，然后放置在指定地点，实现非接触取作业。他还发挥写作策划特长，协助制定相关发展规划。他参与制定了村“两建立一公开”实施方案，参与研究吴庄村危房改造工程，协助完成了规划、测量，参与撰写可行性报告和启动资金合作意向书等。

他虚心请教老干部，排解民怨民愤。村支书和村主任都是基层工作的老干部，对人物和事件的看法都有着准确独到的眼光。因此，当赵正达面对群众矛盾时，他始终保持谦虚谨慎、虚心求教的态度，向前辈请教解决问题的方法。在不断的沟通过程中，他成功协商解决了居民的排水沟问题、特困户申请助学补助金问题等。

赵正达深知，一滴水只有汇入大海才不会干涸，一个人只有融入集体才能发出自身的光和热。多年来，是党教育他、培养他、支持他、鼓励他，他将一如既往坚守好本职工作，辛勤耕耘，为家乡的发展尽心尽力、无私奉献。

在疫情中坚守初心　在防控中担当使命

郑先进，1970年12月出生，中共党员，于2020年秋学期开始在江苏开放大学行政管理专业专科就读。1991年9月参加工作，1996年7月加入中国共产党。1995年5月至2018年10月先后任宿迁市卓码村副主任、副书记、会计，2018年11月至2020年10月任赵圩村党支部书记，2020年11月至今任卓码村党支部书记、村委会主任。

曾获宿城区优秀农家书屋管理员、洋河新城优秀党员、洋河镇优秀党务工作者、洋河镇先进工作者等荣誉。

2020年新年伊始，一场来势汹涌的新冠肺炎疫情肆虐武汉、席卷全国，一场关系人民群众生命安全和身体健康的疫情防控战拉开帷幕。疫情就是命令，防控就是责任。面对突如其来的疫情，郑先进始终践行初心和使命，以饱满的精神状态、务实的工作作风，坚持守土有责、守土尽责，人人有责，积极投入抗疫第一线，带领全体村组干部和广大群众志愿者，坚定不移地把党中央决策部署落到实处，全力保障辖区广大人民群众的生命安全和身体健康，坚定信心打赢疫情防控阻击战。

一、以身作则，做人民健康的守护者

自疫情防控工作开展以来，郑先进一直奔赴在宣传排查的防控一线。在他的带领下，先后有55名党员、群众加入到疫情防控志愿者队伍中来，组建了3支疫情阻击战队，即党员宣传排查战队、一线医疗战队、社会管控战队。实行多级联查，以网格为单位，对村民小组、农户进行逐一拉网式排查，确保摸底排查横到边、纵到底，不漏一户，全面掌握重点疫情地区来村人员、密切接触人员情况。有群众生活上遇到困难，他就带领村居干部送生活物资上门；对村里有困难的特殊家庭，他带头并发动村居干部捐款捐物。

二、攻坚克难，做民生保障的先行者

2022年3月，疫情再次反弹，为了确保疫苗接种全覆盖，他身先士卒，带领村组干部、党员、志愿者不分昼夜，深入农户家中，挨家挨户上门排查未接种疫苗的群众。对不愿意接种以及有顾虑的群众，他总是耐心细致地一趟又一趟上门做工作。他耐心的工作态度得到了群众的一致好评，不少群众从不愿意接种转变为主动接种。

作为一名党员干部，郑先进充分发挥先锋模范作用，结合“我为群众办实事”实践活动，以更强的担当、更大的力度，坚决完成好新冠病毒疫苗接种任务，为卓码村群众身体健康保驾护航。他以“辛勤指数”换取人民群众的“安全指数”“幸福指数”，以实际行动践行为民服务的初心，确保做到了“应接尽接”，为全力构筑起免疫屏障尽了自己的一份力量。

“人活着就要做有意义的事，作为一名普通党员，党培养了我，我要对得起党。不管什么时候，只要党和人民需要我，我绝对要冲到最前面。”这是郑先进对党的承诺，也是对自己的鞭策。作为一名普通党员、一名村党支部书记，就要不忘初心、感恩奋进。他始终牢记组织的嘱托和群众的信赖，全身心投入到疫情防控战役中，奉献自我，用自己的实际行动感染着身边每一个人，为疫情防控工作贡献自己的力量，做人民群众满意的支部书记。

6 网格化治理

党的十八大以来，习近平总书记对社会治理作出一系列重要论述和指示。党的二十大报告指出，要“健全共建共治共享的社会治理制度，提升社会治理效能”。为此，需要“完善网格化管理、精细化服务、信息化支撑的基层治理平台”。在全党全国全面贯彻习近平新时代中国特色社会主义思想，深入学习宣传贯彻落实党的二十大精神之际，研究基层社区网格化治理可谓正当其时。

2020年9月，习近平总书记在基层代表座谈会上强调，要“加强城乡社区建设，强化网格化管理和服务”。统一划分网格、明确服务事项的网格化治理已成为基层治理实践和创新的重要形式。网格化治理通过加强对单元网格巡查，主动发现和解决问题，提高了管理的主动性，同时将治理资源进一步由“社区”下沉到“网格”，关注与每一位居民切身利益有关的事情，增强了管理的精细化水平。网格化信息系统的建设与运用，更是推动了政府各部门权责的明晰化和部门间的协同联动，最终形成共建共治共享的社会治理格局。

为了大力推进网格化治理，全国各地基层工作者默默开展着平凡却伟大的实践，其中涌现了不少优秀模范代表。例如获得“全国见义勇为模范”殊荣的网格员李建云，在社区自发成立治安联防巡逻队，带头在社区内为居民保驾护航；全国优秀网格员戴红莉长年从事信息采集工作，通过编写《区域信息采集工作手册》，为社区信息采集与使用贡献宝贵经验。可以说，这些优秀网格员为提升基层社区治理能力、增强居民幸福感和满意度作出了杰出贡献。当然，还有很多为社区网格化工作默默付出的普通人，他们在平凡的岗位上做到心中有居民、眼里有目标、脚下有力量，收集民意、解决民忧。正是有了这些基层工作者艰苦卓绝的奋斗拼搏，我国社区治理工作才能蓬勃发展。他们是社区治理工作中的中流砥柱，是落实基层社会治理“最后一公里”的主力军。

倾听社情民意，有效化解社区矛盾。党的二十大报告指出，要“健全城乡社区治理体系，及时把矛盾纠纷化解在基层、化解在萌芽状态”。群众日常生活中产生的矛盾纠纷，虽然大多是鸡毛蒜皮的小事，但如果不及时发现并解决，小问题可能会逐步发酵成大冲突，给社区的和谐稳定带来隐患。为了从源头上消除居民日常矛盾，各地网格员深入群众，积极发现问题并及时化解。例如江苏省南通市通州区石港镇志田村第一网格长蔡煜明走遍网格内的田头沟坎，当发现高标准农田的建设影响村民田地排水时，他连夜带着农户实地查看并协调安排排水线路，当场联系施工队进行处理，妥善解决了矛盾。江苏省昆山市伟业社区党支部书记张莉根据社区楼栋分布情况，制定“两委”班子分区包干责任制，对社区进行切块化管理。通过定期组织召开居民恳谈会、议事协商会，成功调解和化解居民与物业矛盾、邻里纠纷共449件，实现了“小事不出网格，大事不出社区”。

推门送法宣传，助力全民法治建设。党的二十大报告指出，要“建设覆盖城乡的现代公共法律服务体系，深入开展法治宣传教育，增强全民法治观念”。为了增强社区居民的法律意识，营造良好的社区治安环境，各地网格员积极开展一系列普法行动。在江苏省高邮市三垛镇官垛村，团支部书记董秀红经常上门入户发放各类法律法规宣传资料，及时将法律知识送到百姓手中，群众经常称呼她为“懂法能手”。而在江苏省昆山市新镇派出所中乐社区，专职网格员张雪艳化身为辖区宣传员，日常上门走访时携带防诈骗普法宣传册，帮助辖区居民在手机上安装“国家反诈中心”程序，给辖区居民做“全民心防”防诈反诈考试测试，在居民不懂时更是耐心讲解，以守好居民群众的钱袋子。

汇聚红色力量，守护居民幸福安康。习近平总书记强调，“坚持不懈做好疫情防控工作关键靠社区。要充分发挥社区在疫情防控中的重要作用，充分发挥基层党组织战斗堡垒作用和党员先锋模范作用”。在新冠肺炎疫情防控工作中，广大基层工作者奋斗在社区抗疫一线，争当冲锋在前的“逆行者”，在平凡的岗位上诠释责任与担当。在江苏省盐城市楼王镇郭杨村，维稳专干陶扣琴带领党员建立起抗击疫情的坚固防线，挨门逐户发放健康知识宣传册，建立微信群宣传疫情防控知识和相关政策，对辖区里的人员进行拉网式排查，做到不落一户、不漏一人、全面见底，以坚实的力量保护辖区居民的安全，得到了居民群众的一致认可。

一个个鲜活的事例生动地阐释了广大基层工作者“全心全意为人民服务”的初心和宗旨。在全面建设社会主义现代化国家的新征程上，必须充分认识并发挥网格化治理在基层社区治理中的关键作用。在社会治理重心向基层下移的背景下，要从基层单位和治理末端、矛盾源头抓起，以基层社区网格化治理的伟大实践，努力提升社会治理效能，进一步丰富中国式现代化的内涵，切实增强人民群众的获得感、幸福感、安全感。

河海大学公共管理学院院长　朱新华

奋战在新农村的第一网格长

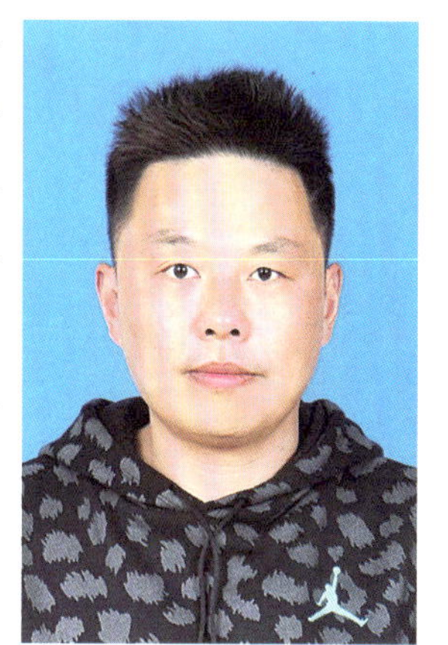

蔡煜明，1982年9月出生，中共党员，于2021年春学期至2023年秋学期在江苏开放大学行政管理专业专科就读。2020年3月参加工作，2021年12月加入中国共产党。2020年至今在南通市通州区石港镇志田村委会任部门干部。2022年担任石港镇十九届人大代表。

曾被评为石港镇2021年度政法工作（网格）先进个人、通州区网格学院第一期网格工作培训班优秀会员。

2000年蔡煜明参军入伍，把最美好的青春奉献给了国家。在部队中，他听党指挥，服从命令，认真完成上级赋予的各项任务。退役后，他积极发挥主观能动性，自主创业，为国家减轻负担。

2020年，新冠疫情牵动每一个中国人民的心，伴随着战斗号角的吹响，他光荣地加入到村干部队伍中。石港镇志田村党总支部充分发挥基层党组织的战斗堡垒作用和先锋模范作用，党员干部时刻战斗在防疫的第一线，展现担当作为，抗击疫情。党支部全员天天奋战，做好全村疫情防控工作，守好疫情防控阻击战的第一道防线。

石港镇志田村是以烈士杨志田命名的，村名从新中国成立之初沿用至今，是江苏省文明示范村。村里的网格分为5个区域，蔡煜明任第一块区域的网格长。任职以来，他严格要求自己，时刻不忘履行好农村干部的职责，及时了解村民的意愿，切实为村民办实事、办好事。蔡煜明在平凡的岗位上勤奋吃苦，尽心尽力为村民服务，赢得了村民的普遍赞誉。

一、早晚串户，摸清社情

志田村第一网格有住户487家，共1486人。2020年初，蔡煜明新官上任，第一件事就是早晚串户摸社情。他拜访了网格内90多名老党员和老干部，请他们指教工作；联系了网格里48名复员军人，为他们办实事；摸清了网格内所有住户家庭人员结构情况，并将长年在外工作的村民登记造册；走遍网格内的田头沟坎，与村民们交上了朋友。从陌生到熟悉，再到亲切，蔡煜明已经和村民们打成一片。每当上级布置工作，志田村第一网格总能一呼百应，诸多工作都能走在全村的前头。

二、化解矛盾，田头分明

蔡煜明是处理矛盾、化解纠纷的强手，村民们都喜欢找他调解矛盾。2021年，由于建设高标准农田影响了某一个村民家多块田的排水，该村民到施工现场后情绪激动。蔡煜明善解人意，好言相劝，安抚他的情绪。晚上8点多，蔡煜明打着手电筒走进田头，带着该村民实地查看并协调安排排水线路，并当场联系施工队进行处理，从而妥善化解了矛盾。网格内有2户村民因为责任农田分界线的问题长期存在矛盾，蔡煜明带着卷尺仔细测量，将两家的责任农田分界线重新测量划分好，有效地解决了矛盾。

三、疫情防控，奔波忙碌

疫情期间，蔡煜明始终坚守在抗疫第一线。每逢节假日，对网格区内外出打工人员，他通过电话、微信及走访等方式联系，仔细排查是否身处高中风险区；对外地归来的人员，一个不漏登记回乡日期和乘坐的交通工具。蔡煜明是网络操作能手，在“大数据＋网格化＋铁脚板”防控模式中，他是站立在阵地最前面的哨兵。

四、应急处理，风雨无阻

2022 年 7 月 26 日，盛夏高温，忽然间，乌云密布，大雨倾盆。蔡煜明立即冒雨到村里巡查，并通知各网格员对所负责地段进行排查。他第一时间逐段查看辖区积水、驳岸等情况，带领村民将刮倒的大树处理好，保证道路畅通。他还组织重点走访，查看房屋损坏、漏雨等险情。蔡煜明认真负责、时刻将群众放在心上的工作态度，获得了村民们一致的赞许。

暖心服务办实事：一名乡村网格员的责任担当

蔡志汕，1974 年 5 月出生，中共党员，于 2021 年春学期开始在江苏开放大学行政管理专业专科就读。1994 年参加工作，2018 年加入中国共产党。2017 年 9 月至 2020 年 12 月任如皋市九华镇营西村村委会妇联主席，2020 年 12 月至今任九华镇营西村村委会副主任兼妇联主席。

曾多次被评为先进个人、优秀共产党员、优秀村干部等，获得如皋市“网格之星”等荣誉。

蔡志汕是如皋市九华镇营西村的副主任兼妇联主席，同时也是一名网格员。日常工作中，她勤勤恳恳、兢兢业业、毫无怨言，总是在群众最需要的时候挺身而出，用自己的实际行动践行一个共产党员的担当和使命。

一、老人中暑晕倒，及时援手救助

2022 年 7 月 6 日下午，蔡志汕在网格内巡查时发现一位老人一手抚着胸口一手撑着头坐在路边，她赶紧上前查看，只见老人面色潮红、皮肤灼热并伴有气喘现象，疑似中暑。她立即把老人扶到阴凉处，喂老人喝水帮助其降温消暑，并联系村医生和专职网格员，一起将老人带至村卫生室进行治疗。村医生初步判断，老人是因为中暑导致了短暂眩晕，情况不是很严重。蔡志汕找来毛巾，用凉水浸湿，将湿毛巾放置在老人的头部和躯干部来降温。经过及时治疗，老人情况得到了缓解。蔡志汕也第一时间联系了老人家属，家属到村医务室后连声感谢。后来巡查时，蔡志汕特地去老人家里看望他，并再三叮嘱老人夏季一定要做好防暑降温措施，高温天气尽量少出门。

二、夫妻争吵闹离婚，协调沟通促和解

2022 年 8 月 3 日晚上，营西村网格员李一峰接到了村民顾某打来的电话，说妻子把自己关在外面，不让他进家门，想请网格员过来调解。李一峰立即联系了身为妇联主席的蔡志汕，一同赶往顾某家中。蔡志汕与夫妻二人分别进行了沟通，了解得知，顾某夫妻因琐事发生了争吵，争吵中丈夫推了妻子两下，妻子越想越伤心，认为丈夫乱发脾气，体会不到自己这么多年为家庭的付出，一气之下摔了烟灰缸，提出离婚并把顾某推到屋外，不让他进家门。了解原因后，蔡志汕首先批评了顾某的鲁莽行为，告诉他不应该对妻子动手；然后劝其妻子不要因为一时冲动离婚，会苦了孩子，并告知二人夫妻之间凡事要好好沟通，不能相互置气动手。经过蔡志汕的耐心劝说，夫妻二人冷静下来，表示今后会注意自己的言行，有事多沟通，绝不动手，共同经营好家庭，并对蔡志汕和网格员表示感谢。

三、关爱孤寡独居老人，做“贴心儿女”

韩建芬是营西村的一名孤寡老人，今年 86 岁高龄，子女均在外地工作。韩奶奶平时自己一个人居住，生活很是孤独。蔡志汕在网格巡查时，只要一有空闲，就会去韩奶奶家，帮她打扫卫生，与她谈心，了解她的生活状况。“自己家里也有长辈，实在不忍心看到韩奶奶就这样一个人孤独地度过晚年。”蔡志汕这样说。韩奶奶除了“五保”外没有其他经济来源，平时生活很节俭。像这样的孤寡老人营西村还有好几个。在进行日常入户走访工作时，蔡志汕和其他村干部都会上门嘘寒问暖。几位老人对蔡志汕和网格员们很是感激，有一位孤寡老人说：“蔡志汕这些网格员们比我的亲人还亲，我没有儿女，他们就是我的贴心儿女！”

作为一名基层网格员和村干部，蔡志汕始终保持积极的精神状态，在平凡的岗位上，以坚持诠释着责任与担当。

网格抗疫有亮点　共话网格同心梦

陈燕，1981年7月出生，中共党员，于2021年春学期至2023年春学期在江苏开放大学公共事业管理专业本科就读。2008年6月加入中国共产党。2013年3月至2016年12月在昆山市巴城镇玉石社区担任副主任，2016年12月至2019年2月在巴城镇玉石社区担任主任，2019年2月至2020年12月在巴城镇环湖社区担任主任，2021年至今在巴城镇玉石社区担任党总支书记、居委会主任。

曾当选昆山市第十七届人大代表、巴城镇第二十届人大代表，多次被评为优秀工作者、优秀共产党员。

自2021年到玉石社区工作以来，陈燕一直把“为居民群众服务”作为指导工作的座右铭，热心为民、任劳任怨、真抓实干，认真贯彻落实党和国家的各项政策方针，努力为社区办好事、办实事。为强化玉石社区服务能力，提高服务效率，陈燕一直致力于以“党建引领网格化治理”为路径，推动玉石社区治理与服务创新建设相结合，化繁为简，有效解决社区问题。参加工作的十余年间，陈燕满腔热情，扶危解困，以共产党员的高标准严格要求自己，践行全心全意为人民服务的宗旨。

一、舍小家为大家，网格筑牢疫情防线

陈燕不仅是抗击新冠疫情战线上的“铿锵玫瑰”，也是基层群众的“硬核盾”。社区是防控第一线，任务艰巨、工作烦琐。为了让各项防控政策措施落地落实，将防控工作做得更加精准、有效，陈燕在疫情防控期间每天都工作15个小时以上，带领玉石社区网格员挨家挨户排查登记，组织全员核酸检测，保障居

家隔离人员的日常生活，常常忙得顾不上吃饭。面对群众的不理解、不配合，陈燕总是不厌其烦地向其解释防疫政策。每天晚上她路过家门口，看到女儿屋里发出的光都会觉得踏实又心酸。陈燕说：“身为一名母亲，我应该好好照顾自己的孩子和家人，但我更是一名共产党员、一名网格站站长、一名社区书记，保护好辖区居民的安全，就是保护好‘小家’的安全，无论任何时候，只要群众需要，我就必须坚守！”

二、民情日记写出社区和谐

一“网”网罗社区，众“格”责任到人。消除死角盲区，实现玉石社区管理服务全方位覆盖，是陈燕一直以来的工作目标。刚进入社区工作时，面对新的工作，人员情况不熟是工作的一大阻力，工作等于从零开始。但是陈燕不怕困难，在开展网格化管理 2 年多的时间里，她在走网格的过程中将玉石社区居民的情况全部计入她的“民情日记”中，一本厚厚的民情日记记载了社区中发生的点点滴滴的变化。社区从以前的上访多发，到现在的“小矛盾不出院落，大纠纷不出社区”，与陈燕常年走家串户记录民情日记密切相关。

三、身怀爱民之心，倾情为民服务

怀着为政府分忧、为社区解难、为居民服务的情感，陈燕矢志不渝地坚持“以人为本”的思想。她经常对社区干部说：“居民的事再小也是事，居民的事就是我们的事。”陈燕把为居民服务、帮助弱势群众作为玉石社区的重点工作。每天来到社区除了处理正常事务外，其他时间她都下沉到网格里，耐心地听取居民意见，街巷楼宇之间总能看到她入户走访的身影。逢年过节她都要到居民家里转转，跟老人们聊聊家常，看看有什么需要帮助处理的事。这个习惯在她当书记后也一直保持着。

陈燕以实实在在的服务，体现了“娘家人”的关爱，赢得了群众的信赖，受到了玉石社区群众的一致好评。她不断带领社区网格员走进居民家中，以问题导向为发力点，解决群众身边最现实、最实际的问题，努力实现问题有落实、反映有人管，打通联系服务群众的“最后一公里”。她始终以一颗赤诚之心书写着一个普通的党员干部在社区的华彩篇章，为基层党组织在居民心中树立起一面光辉的旗帜。

“平凡”网格员　奉献在一线

董秀红，1992年7月出生，中共预备党员，于2022年春学期开始在江苏开放大学行政管理专业专科就读。2020年3月参加工作，2022年7月成为中国共产党预备党员。2021年3月至今在扬州市高邮市三垛镇官垛村任团支部书记。

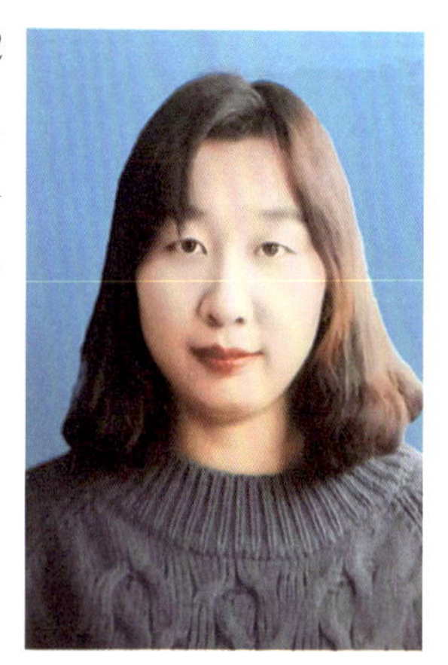

自2021年3月任职以来，董秀红严格要求自己，在平凡的岗位上默默奉献，恪尽职守，服务群众。

一、推门送法，满足百姓法治需求

为提升村民法治素养，形成尊法、守法、学法、用法的良好氛围，董秀红经常上门入户发放各类法律法规宣传资料，及时将法律知识送到百姓手中，群众经常称呼她“懂法能手”。利用闲时，董秀红还对五保户、低保户、贫困户、残疾人员等特殊群体进行走访，了解关心他们的生活动态。从小长在农村的董秀红，现在一心一意扎根在农村，全心全意为村民服务，她早把村民当成了自己的亲人。董秀红干工作立说立行，对村民尽心竭力，时常为需要的人提供帮助、送去关怀。生活中，董秀红已经是2个孩子的妈妈，孩子们都还小，需要妈妈的陪伴，但董秀红深知，自己是一名预备党员，更应该以一名共产党员的标准严格要求自己，在孩子让董秀红多陪陪自己的时候，董秀红总是安慰孩子：“妈妈要工作，等工作结束了，妈妈再陪伴你们，你们要听话！”

二、深入群众，收集观察社情民意

作为一名网格员，董秀红始终牢记网格员的工作职责。日常，她要根据入户情况，整理网格数据库，形成全体村民信息台账资料，并实时更新。虽然在工作中也受过不少委屈，吃过“闭门羹”，遭过“冷眼粗话”，但她始终坚守在自己的工作岗位上，默默奉献。随着时间的推移，村民们越来越喜欢董秀红，“冷眼”少了，信任多了，这让董秀红感受到作为一名网格员的认同感，也更加坚定了她做好这份工作的信心。董秀红常说的一句话就是：多走走，多看看，多想想，多问问，对百姓多点善意、多点诚意、多点心意，工作就会多点成绩。

三、勇于担当，守护村民幸福安康

面对来势汹汹的新冠疫情，董秀红毫不犹豫地奋战在一线，她是村里的疫情防控联络员。防疫工作如此重要，董秀红深感自己的责任重大，为了做好各种宣传工作，她跟同事们一起入户宣传、进行人口排查，不厌其烦地宣传“戴好口罩，不要聚集”。即使在春节期间，董秀红也没有休息一天，坚守在自己的岗位上。面对大量的返乡人员回村的现状，董秀红更是在第一时间就上门为返乡人员做好流调信息登记，做好重点人员管控，做到不漏报一人。在劝导人员暂缓回村的过程中，也常常会遭到群众的不理解，有些群众甚至产生了抵触情绪，但董秀红总是耐心地解释疫情扩散的严重性，尽心尽责做好自己的工作。她还充分利用小喇叭、宣传单、微信群等形式，广泛宣传新冠疫情防控政策措施，让村里的老百姓普遍提高了自我防护意识。面对疫情，董秀红选择了迎难而上，做最美的“逆行者”，守护自己的家乡。

小小网格长　温暖群众心

高淘淘，1981年11月出生，于2021年秋学期开始在江苏开放大学公共事业管理专业本科就读。2004年7月参加工作。2014年9月至今在苏州市昆山市巴城镇新城社区工作，历任社区妇联主席、社区便民服务中心全科窗口工作人员。

曾获巴城镇优秀信息员、巴城镇“最美巾帼志愿者”、巴城镇便民服务中心先进个人等荣誉。

高淘淘是新城社区便民服务中心“全科窗口”工作人员，同时也担任新城社区第三网格的网格长。虽然工作繁忙，但是她一直兢兢业业，工作认真负责。作为一名志愿者，她积极参加志愿服务，迄今服务总时长达1015小时。大厅办事群众多，涉及民政、残联、劳动保障等各条线，因此对工作人员的要求也很高。

一、稳中求进，做好疫情防控常态化管理

2020年初，新冠疫情暴发后，高淘淘投入疫情防控一线，上门排查、落实管控，做好居家隔离人员生活服务，等等。疫情防控常态化期间，高淘淘依旧冲锋在最前沿，核查外地来（返）昆人员，登记人员信息，解答政策，落实小区常态化核酸检测。

她通过微信群、广播、敲门行动等多种宣传方式宣传防疫政策，引导外地来（返）昆人员主动报备，严格排查风险地区来（返）昆人员，落实管控政策，做好居家隔离人员的后勤保障工作。2022年，她共排查5000余人次，落实管控

400余人。按照上级部门要求，要大力推进疫苗接种工作，尤其是60周岁以上老年人的疫苗接种，高淘淘便采取上门劝说、车接车送、发放小礼物等方式，推进老年人疫苗接种工作。

2022年，新城社区共组织了上百次核酸检测，核酸检测人次80余万，高淘淘都尽善尽美地完成了核酸检测组织工作。

二、加强社区建设，做好社区各项工作

自2022年1月20日起，高淘淘积极开展“四进四排查”工作，累计发放“两书”套数3500余份，回收承诺书2500份，发放人大换届选举礼包800份，如发现隐患会立即要求业主进行整改。她按照“三必清、五必访”的要求，认真开展社区网格工作。2022年共排查整治违规群租房14套，没收车库使用液化气钢瓶25个，整治电瓶车上楼500余辆，确保了居民群众的生命财产安全。除此之外，她还开展垃圾分类宣传、引导工作，积极参加“六点半‘垃’家常”分类实践、入户宣传、志愿服务等，引导居民养成垃圾主动分类、自觉投放的行为习惯，让“垃圾分类工作就是新时尚”的理念深入人心、家喻户晓。

高淘淘积极学习，提高个人业务能力，精通相关业务流程，使为民服务更贴心、更便捷。在便民大厅工作期间，她负责办事群众疑难问题的询问解答、现场投诉的处理，她的热情服务得到了社区居民的一致认可。

办好民生实事　服务温暖民心

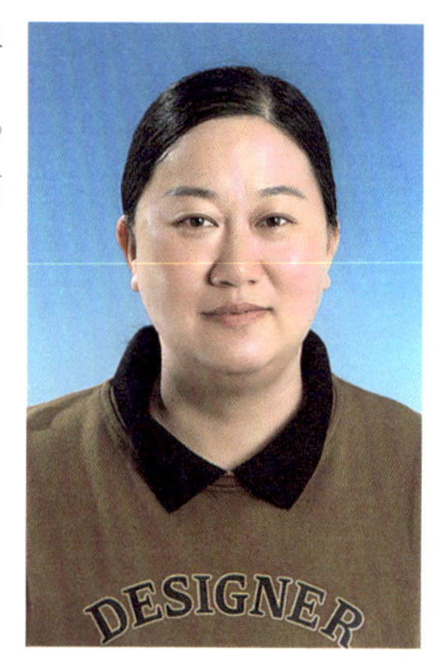

李小芳，1977年4月出生，中共党员，于2020年秋学期开始在江苏开放大学行政管理专业本科就读。2012年1月至2019年12月在常州市金坛区西城街道河滨社区工作，2020年1月至今在河滨社区任妇联主席。

曾获优秀工作者、优秀网格员等荣誉。

李小芳目前担任河滨社区专职网格员、妇联主席。她多年从事社区工作，认真履行岗位职责，全心全意为社区居民办实事、解难题，成为居民的贴心人。

一、失独家庭的“贴心女儿”

做好平凡点滴事，服务居民心连心。网格管理员，一个平凡得不能再平凡的岗位，却关系着辖区居民的幸福生活。社区内有位失独老人，对网格员上户采集信息非常排斥，总是拒不开门。针对这一情况，李小芳多次上门，每次都站在门外，给老人讲小区内发生的事情，讲自己身边的人和事，问一问老人需要什么，叮嘱老人注意身体、保持良好乐观的心态。时间一长，老人感受到了她的真诚，打开了门，拉着她的手诉说自己的经历。慢慢地，她成了出现在老人家中次数最多的人，为老人买菜、打扫卫生、陪老人聊天等等。李小芳用无数次的走访、面对面的真诚交流，让失独老人感受到了社区大家庭的温暖和关爱，为失独家庭带去一个“女儿”，创造了一段“亲情”，增强了他们对社区的认同感和归属感，让他们“失独”不失爱。

二、空巢老人的“守护人”

随着社会老龄化程度加深，高龄老人和空巢老人越来越多，社区就成了空巢老人的暂时依靠。平日里子女不在身边，李小芳便成了老人们的“跑腿人儿”。杨爷爷是一位85岁的高龄老人，每当他身体不舒服时，李小芳便帮忙联系社区卫生服务中心的工作人员上门量血压；老人想吃什么，她便在自己家里做好了送过去。老人平时记得最清楚的便是李小芳的电话号码，亲切的问候、贴心的话语，让老人倍感关爱和温暖。李小芳每天都通过入网巡查及时了解老人们的所需所求，及时为社区老人提供便捷有效的上门服务，这不仅拉近了网格员和老人的关系，更让老人们不再孤独。

三、居民隐患排查的“千里眼”

进入片区巡查是李小芳每天必做的基本功课。有一次，在巡查中她发现有一户居民家的墙面有渗水现象，便立即敲开了住户门，询问情况并检查问题根源。经过细致排查，发现是上下楼之间的过水管道年久失修发生破裂导致。由于小区缺乏物业管理，无法及时解决此事，而整修需要住户均摊费用，有些居民不愿出资，于是她便立即将这个情况上报社区。社区和街道办事处多次入户劝说，逐一做通居民的思想工作，对过水管道进行了修理，消除了安全隐患。

李小芳用双脚丈量社区，用爱服务居民群众，用心做好网格管理工作，练就了一双“铁肩膀”、一副“金刚身”，真真正正将工作做细做实，成为居民群众心里的“暖心人”。

做好点滴平凡事　服务居民心连心

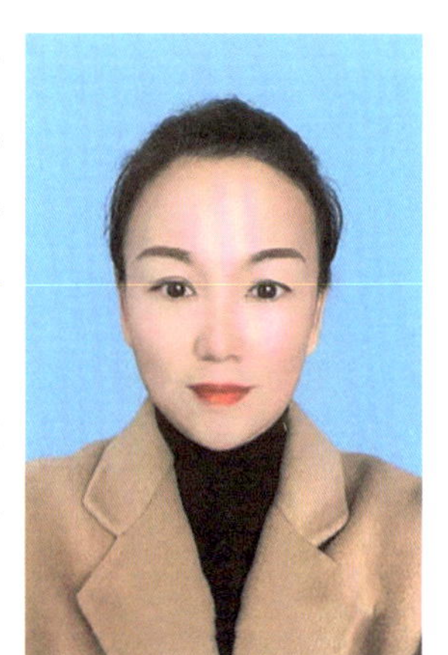

卢林燕，1979年2月出生，中共党员，于2022年春学期开始在江苏开放大学行政管理专业专科就读。2021年加入中国共产党。2019年任扬州市高邮市三垛镇春生村党群服务中心宣传材料员，2020年至今任三垛镇春生村网格员。

曾获高邮市三垛镇优秀志愿者、合格网格员、最美网格员等荣誉，2021年10月被选为高邮市三垛镇人大代表。

一、爱岗敬业，当好网格内的“服务员”

2020年卢林燕任春生村网格员，同年新冠肺炎疫情大规模暴发。大年初二，下了一天的大雨，卢林燕接到紧急开会的通知时已经是晚上。她把孩子交托给丈夫后，立即参与到村全面排查工作中，穿着雨衣跟着组长挨家挨户去摸排外地返乡人员情况，做好信息统计。

在疫情防控工作中，卢林燕不怕吃苦不怕累。2021年6月，扬州又突发新冠疫情，且疫情形势十分严峻，接上级通知要求全员开展核酸检测，不落一户、不漏一人，但村里有些年老体弱、行走不便的人员，必须上门采集。于是，在炎热的大夏天，卢林燕穿着密不透风的防护服骑着电瓶车上门去采集。由于村子很大，采集时间比较长，加上当时很多医护人员被调到扬州去支援，医护人员紧缺，全程由卢林燕一人采集完成。回到采集点脱掉防护服时她满身大汗，脸色通红。

二、真诚关爱，当好困难群体的“贴心人”

做好网格工作的前提是有爱心，把网格内的居民当作自己的亲人，为他们排除生活中的困难，解决后顾之忧。2022年夏天是几十年来最热的一个夏天，卢林燕组织村微网格员入户走访村子里的困难群体。这些人大多无儿无女。卢林燕每天带着网格员们头顶烈日、挥汗如雨，挨家挨户去走访，给他们送电风扇和其他生活物资，帮老人做家务，确保网格内的困难群体安全度过高温天气；并在日常走访中陪他们聊天，亲切的问候、贴心的话语，让老人们倍感温暖。通过在每天走访巡查中及时了解老人所需，为村里老人提供便捷有效的上门服务，她不仅拉近了与老人的感情，更让老人们不再孤独，还在面对面的真诚交流中增强了老人对社会的归属感。与此同时，村民们的热情和信赖，也更加坚定了卢林燕做好网格工作的信心。

三、细致入微，当好老人钱袋子的“守护者”

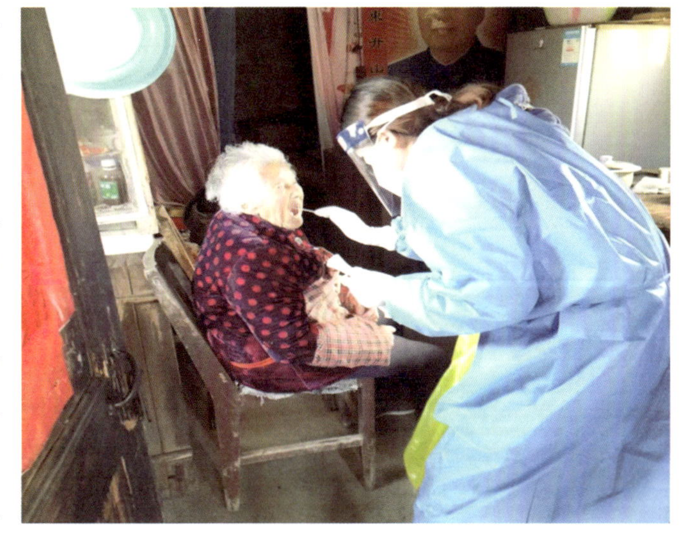

随着社会老龄化程度加深，农村高龄老人和空巢老人越来越多，子女平时不在他们身边，网格员便成了老人的依靠。在网络诈骗频发的形势下，老人成了诈骗分子瞄准的重点对象。2022年10月， 接到上级通知后，卢林燕立即组织开展网格员入户宣传打击养老防诈骗活动，给老人们讲解防诈骗知识，提醒老年人要提高安全防范意识，不要成为骗子的下手对象，警惕以代办养老保险、开展养老帮扶等为名实施的严重侵害老年人合法权益的诈骗违法犯罪活动，再三叮嘱老人们遇到这些人一定要及时举报。她和同事们牢牢筑起反诈骗“防火墙”，为老年人守住养老的钱袋子。

建好小网格　办好大民生

施娟，1985年5月出生，中共党员，于2020年秋学期至2022年秋学期在江苏开放大学行政管理专业专科就读。2019年7月加入中国共产党。2016年12月至2019年12月任扬州市高邮市汤庄镇金堰社区办事员，2020年1月至今在汤庄镇金堰社区任网格员，担任社区“两委”成员、党代表、镇人大代表。

2019年取得社工师（助理）资格证书，2021年被评为先进工作者，在第四次全国经济普查中被评为“最美普查员”。

作为一名普通的网格员，施娟每天都在重复着平凡而又充实的工作，一部手机、一本民情走访日记本、一叠宣传单，陪伴着她走街串巷。她时刻牢记全心全意为人民服务的宗旨，秉持着甘于奉献的敬业精神，努力做好自己的本职工作，为促进网格和谐稳定和社区高质量发展作出了应有的贡献。

一、爱岗敬业的网格员

金堰社区共有2个大网格，施娟负责其中的一个（由4个微网格组成），覆盖了400多户居民。网格位于中心集镇，各类民生问题、邻里纠纷较多，给网格管理带来了一定的难度。但施娟长期与居民们接触，对于区域内的基本情况较为熟悉，这为她做好网格员工作奠定了良好的基础。为了能更好地掌握房屋及人员情况，她首先要摸清网格内房屋的基本情况并画好图纸一一对应。白天大多数居民在上班，家中大门紧闭，无法采集到信息，施娟就牺牲自己的休息时间，利用下班时间逐户走访，逐一填写网格住户信息表，很快她便掌握了网格内的所有人员信息。在走访的过程中，她还向居民们宣传党的惠民利民政策和法律法规。现在，施娟每天在网格内巡查走访，收集社情民意、调解矛盾纠纷、排查安全隐患，通过“全要素网格通”App，将发现的问题及时上报并予以解决。每月定期走访重点人员，掌握最新动态，为居民办实事、办好事。随着时间的推移，居民们对施娟的工作越来越了解，也越来越支持她，这更加坚定了她做好网格工作的信心。

二、群众的政务代办员

在一次走访中，施娟了解到社区居民陈某患有再生障碍性贫血，住院治疗花费了十几万元，对于一个普通家庭来说，这是一笔不小的开支，陈某的家庭生活顿时陷入了困境。了解到情况后，施娟主动为陈某一家联系了镇政府相关部门，详细咨询了办理大病救助的相关手续，帮助陈某向所在地镇政府提交大病医疗救助申请、住院发票、出院小结等材料。最终陈某领到了大病医疗救助金，家庭的经济压力得到了一定的缓解，施娟也得到了陈某一家的感谢和对她工作的认可。

三、疫情防控的宣传员

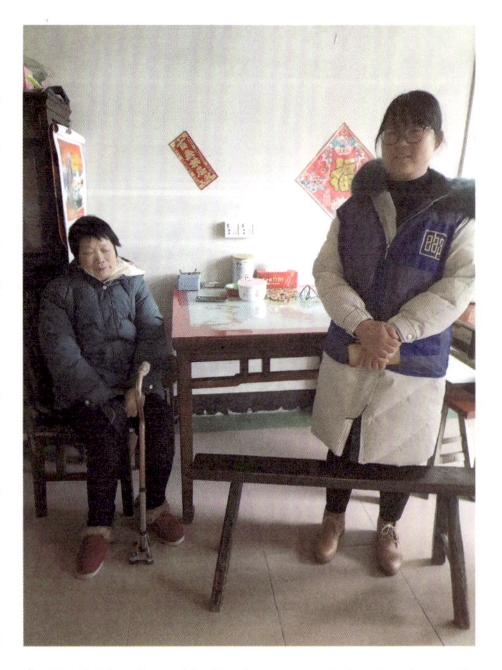

新冠疫情暴发以来，按照上级要求，防控要做到“不漏一户、不落一人”。施娟带领网格员积极开展疫情防控宣传工作，通过建立微信群推送新闻链接、张贴防疫公告、发放宣传手册、悬挂横幅标语等形式，向广大居民宣传疫情防控知识，同时利用“小喇叭”做到全覆盖、无死角宣传，劝导群众“不串门、不聚会、不传谣”，提高居民疫情知晓率和自我防控能力，树牢打好打赢疫情防控阻击战的信心和决心。

网格工作服务事项多，责任也大，未来的工作依然繁重。施娟说：“我有决心有信心把工作做得更好，未来会以更加谦虚谨慎的工作态度、视民如亲的工作热情，扎根网格，服务群众。”

抓牢“网格”关键词　解好基层“方程式”

石爱利，1978年1月出生，中共党员，于2022年春学期开始在江苏开放大学行政管理专业专科就读。2021年6月加入中国共产党。2018年5月至今在南通市如东县河口镇立新桥社区任综治专干。

曾获县、镇优秀网格长、优秀网格管理员，县“消防安全进网格”工作先进个人，新时代文明实践助残先进个人，市“最美双员”等荣誉。

如东县河口镇立新桥社区，辖区面积3.5平方千米，网格人口309户、896人。自2018年担任立新桥社区综治专干以来，石爱利一直情系网格、爱岗敬业、尽职尽责，以群众困难和诉求为工作导向，工作期间多次被县里和镇上评为优秀网格员和网格长，荣获市“最美双员”称号，各项工作成绩均名列全镇前列，是立新桥社区的网格示范者、领头雁。

一、乐于奉献，做群众的贴心管家

2020年3月5日，立新桥社区网格开展学雷锋活动，石爱利带领网格员走访慰问弱势群体家庭，给他们带去心灵上的慰藉和社区网格的关爱。社区居民张某女儿刘某某系精神病人，丈夫得了贲门癌，因其无能力料理家务，家庭生活困难，卫生环境较差。石爱利便经常到张某家中打扫卫生、整理房间，帮助她洗头、梳头，嘱咐她女儿按时服药，以防病情复发。残疾人冯某，离异，父亲得了胃癌，母亲出了车祸，原本就不富裕的家庭现如今更是雪上加霜。石爱利经常上门鼓励她辅助就业，联系残联帮她申请就业培训，让她以更好的状态、更积极的精神面貌，面对所遭遇的困难，增强对生活的信心，进一步提高生活质量。居民吴某是一级残疾病人，常年卧病瘫痪在床，因为没办过医保，所以看病一直不能报销，家人很是焦急。石爱利了解情况后，通过多种渠道为她办了农村医保并给她申请了病员加护床和轮椅，吴某家人欣喜地说：“网格员真是我们贴心的‘管家’，感谢政府给我们培养了‘蓝马褂’。”

二、不辞辛劳，做群众的安全员

石爱利是精细的网格管理员，每月的网格工作例会、各种活动的宣传、社区村民的矛盾调解、特殊人员的走访、企业的消防安全巡查等，每件事情都事必躬亲，常巡常访，了解实情动态，帮助网格主任出谋划策，落实相应的管理措施。“网格员的工作有苦、有累，但只要拥有热情、拥有态度、拥有方法，网格里的那点事也就不是事了。”石爱利这样说道。石爱利拥抱着这份热情和态度，让立新桥社区网格变得格外和谐温暖。

她坚持每天在网格内进行走访，以及时发现隐患并排除。一次，在入户张贴扫黑除恶宣传单时，她无意中发现薛港九桥前、十字路口处的警示柱移位，被人扔在了路边，她立即向居民借来铁铲，和同事一起将警示柱移回原位，为来往车辆减少了安全隐患。还有一次，在新冠疫情防控卡点值勤时，她远远见到一名男子抱着一叠资料向路人发放，敏锐的她上前要了一份，发现上面竟然是“包治疑难杂症”的字样，并有联系人和电话号码等。石爱利立即将此人带到卡点值班室，询问其相关身份信息后，按镇网格办要求进行交接教育处理。这样的事例数不胜数。正是因为她的细心、努力和坚持，才有了居民安全、舒适的生活环境。

三、排忧解难，做群众的调解员

网格内的事，都是群众的事，只要是群众的事，就是大事。在群众发生矛盾纠纷时，石爱利总是耐心细致地做工作，全力调解，化解纠纷，维护群众的利益和社区的稳定。

立新桥18组的陈某擅自将荒草堆在路上，影响了邻居孙某家的排水，两户为此争吵不休。石爱利秉持“邻居好，赛金宝”的原则各自分别劝导，充当群众摩擦的润滑剂。陈某也愿意听从这位“调解员”大姐的劝说，最终将草堆移走。

居民缪某，有次一大早就来到社区办公室，她脸上有多处淤青，原来是因为遭遇了丈夫的家暴。石爱利首先安慰她，平复她的情绪，又打电话叫来她的丈夫韩某，对其进行批评教育，并告知缪某可以用法律武器保护自己。经过劝解和教育，韩某同意将妻子缪某送去医院检查看病并且赔礼道歉，还写下了保证书。

石爱利带领社区网格员们建立并完善了“社区+网格”治理体系，居民对网格长、网格员等名词也越来越熟悉，“人在网中走，事在格中办”的社区网格化管理服务理念也深入居民心中，居民越来越能感受到网格化运行带来的舒适体验，越来越能感受到社区大家庭的温暖。

小小网格员　传递大温暖

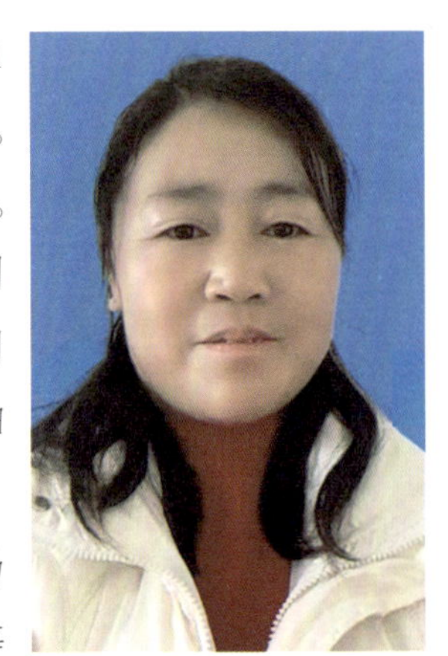

时小波，1974年10月出生，中共党员，于2021年秋学期开始在江苏开放大学行政管理专业专科就读。1991年9月参加工作，1995年9月加入中国共产党。1998年9月担任连云港市东海县石梁河镇贾庄幼儿园园长，2007年12月至2012年12月在石梁河镇贾庄村任团支部书记，2012年12月至今在贾庄村任团支部书记及妇女主任。

曾获评连云港市东海县石梁河镇先进工作者，在幼儿园的教育教学中曾多次获得模范教师、优秀工作者等荣誉。

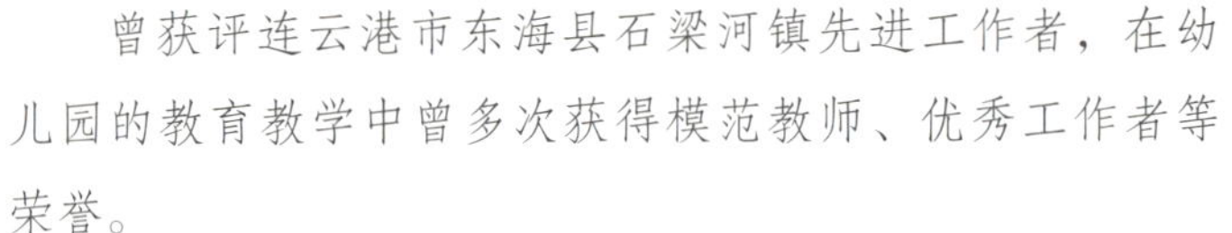

一、走访群众，做群众需求的聆听者

时小波的日常工作十分繁杂，包括文明城市和文明社区的创建与评选活动、每月组织开展社区内7个活动室的活动、农家书屋的打造、读书活动的开展、图书的及时更新上架、协助同事录入各种报表和数据等多项内容，她还参加了2020年第七次全国人口普查工作，每日工作充实又忙碌。2021年后，社区进行了网格化管理，时小波担任了社区网格员，负责每天的网格签到、每月的10条网格工作清单、信息采集、资源整合、月度走访、出租房屋走访、空巢老人走访等。她走遍了社区的大街小巷，与群众零距离接触，收集社区民意，聆听群众需求。此外，她还要做好各个超市的食品安全巡查和饭店危险物品的巡查排查工作。

作为一名网格员，时小波始终保持积极的工作状态，总是尽最大努力为群众排忧解难。每天及时上报社区内群众反映的问题和自己主动发现的问题，及时协调解决各类矛盾，定期对网格内的住户进行摸排巡查，妥善解决各类矛盾和不安定因素，充分发挥网格员的作用。时小波所在的岗位虽小，但能体现出服务群众、为群众办实事的宗旨。

二、千方百计，做群众矛盾的化解者

农村里矛盾纠纷频发，如婆媳相处不融洽、子女不赡养老人等矛盾问题层出不穷，这都需要网格员用心去为群众排忧解难，去化解矛盾。时小波始终秉持倾听民意、用心用情为群众做实事的原则。2022 年 3 月，社区内一位村民找到了时小波，说隔壁邻居洗衣服的水经下水道流到他家院墙外，水渗进屋子里，屋子的墙壁脱壳了。收到群众反映的问题后，时小波当即就去找了这位邻居，跟他商量能否把下水道改到地下去。邻居起初不愿意，时小波便反复多次与他沟通，把问题的严重性及危害性跟邻居陈述清楚，最终邻居同意把下水道改到地下，矛盾成功化解。

三、排忧解难，做群众信赖的服务者

生命重于泰山，疫情等于命令，防控就是责任。作为一位基层网格员，时小波在新冠疫情袭来时，无所畏惧地全身心投入到疫情防控工作中，每天走访排查、在道路和超市门口巡逻管控、在辖区内卡口值班防守、在重点位置通风消毒等等，并及时通过网格群宣传防控要求和防控措施。在社会面全员核酸时，时小波尽力维持好核酸队伍的 1 米间距，提醒大家一定要戴好口罩、注意个人防护。为了抗击疫情，时小波积极参加各种核酸采集、录入信息的培训以备不时之需。在卫生院核酸检测人员不足的情况下，时小波又化身为核酸采集人员、核酸录入人员，始终冲在一线，跟病毒搏击，充分发挥了一名党员干部的模范带头作用。

不负韶华　砥砺前行

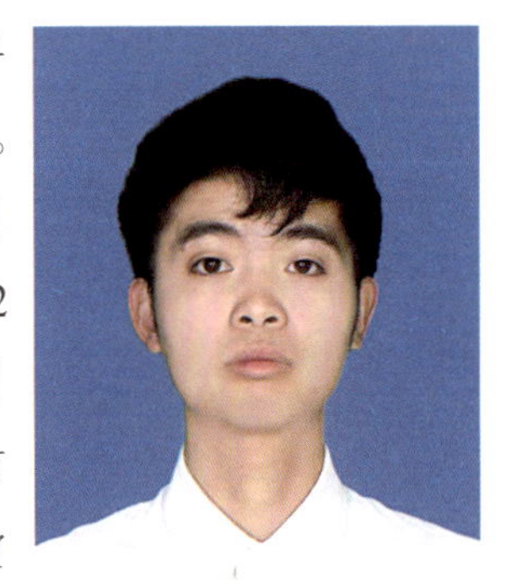

宋朝阳，1995年4月出生，中共党员，于2021年春学期开始在江苏开放大学行政管理专业本科就读。2016年加入中国共产党，2017年参加工作。2017年2月至2019年2月在浙江久盛地板有限公司工作，2019年2月至5月在宿迁京东客服中心工作，2019年5月至9月在洋河全铝家居生活馆工作，2019年9月至今在宿迁市宿城区屠园镇张稿村任支委会委员、村委会副主任、宣传委员、组织委员、网格员。

曾获张稿村党支部优秀党员荣誉。

宋朝阳是江苏省宿迁市宿城区屠园镇张稿村村民委员会副主任，同时也是张稿村的一名网格员，在各项任务中都尽心尽责。2020年，他积极参加屠园镇第七次全国人口普查，同年4月初被借调到镇人普办，全面负责屠园镇的人口普查工作。

屠园镇共有11个行政村，现已全面实现网格化管理。全镇共有4.1万人口、100多个普查区，普查任务很重。宋朝阳同志作为屠园镇人口普查工作的牵头人，在接到普查通知后，他率先学习掌握了人口普查工作的相关业务知识，积极主动与区人普办同事以及参加过以往人口普查的老普查员交流，学习领会普查工作的经验和技巧，为后续普查工作的顺利开展打下了良好的基础。在人口普查工作中，宋朝阳充分发扬恪尽职守、乐于奉献、敢于担当、吃苦耐劳的精神品质，为人口普查工作的顺利开展作出了应有的贡献。

一、统筹兼顾，加强组织领导

10年变化有多大，人口普查来说话。10年一次的人口普查，是一次系统性工程，普查指标数量多，涉及面广，专业性强，这对“普查两员”综合素质提出了高要求。一方面，宋朝阳要积极向上级统计部门、人普办报告工作进展，做好政策落地、指令下行，做到政策落地有回声、指令有反馈；另一方面，各村的“普查两员”在年龄、学历、性格等方面差异很大，有的村上报的“普查两员”平均年龄已经超过60岁，且学历偏低。本着对组织负责、对工作负责的原则，宋朝阳及时报告领导，主动与村居对接，做好“普查两员”队伍结构调整，从而保证了普查工作的进度和质量。

二、认真学习，加强沟通

作为全镇人口普查的骨干力量，宋朝阳工作一丝不苟。他从一开始就深知普查工作的责任重大，因此，每次参加上级举办的培训活动，他都认真做好笔记和各项业务知识的整理汇总，并及时与其他普查员讨论沟通，力求自己和所有普查员搞懂每一项人口普查指标。对于不确定的地方，他会及时向区人普办请教，与其他乡镇同事沟通，真正做到“七人普、普齐人”。

三、不怕困难，迎难而上

屠园镇人口普查工作比较复杂繁重，存在拆迁人数居多、人员流动性较大、居住地老龄人口居多等诸多问题，且普查对象区域分布不均。在了解了基本情况后，宋朝阳主动积极指导和参与居委会各项工作，力求减少和避免重复工作，并主动与所负责区域的普查员一起，保质保量完成普查任务。然而，普查工作并不是一帆风顺的，群众不了解、不理解、不配合是常有的事。一次不行就两次、三次做工作，一个人不行就带上村干部一起做工作，势必将最难啃的“骨头”拿下。“臣心一片磁针石，不指南方不肯休”，就是宋朝阳对坚决高质量完成人口普查工作的态度。

四、加班加点，查全查实查准

人口普查工作全面开展期间，挑灯夜战是家常便饭。宋朝阳白天协调和解决普查员遇到的一些疑点、难点，晚上还要对采集来的信息进行汇总整理和复查。他每天对镇11个村居的数据质量进行把控，有问题的及时通知相关人员进行核实，并及时落实到位，避免数据错误，更要避免漏报少报，真正做到“大国点名，没你不行”。

他就是这样一个兢兢业业、忠于职守、无私奉献的网格员，用自己的实际行动诠释着屠园镇“普查两员”的执着与敬业，在2020年底顺利并出色地完成了屠园镇第七次全国人口普查任务。

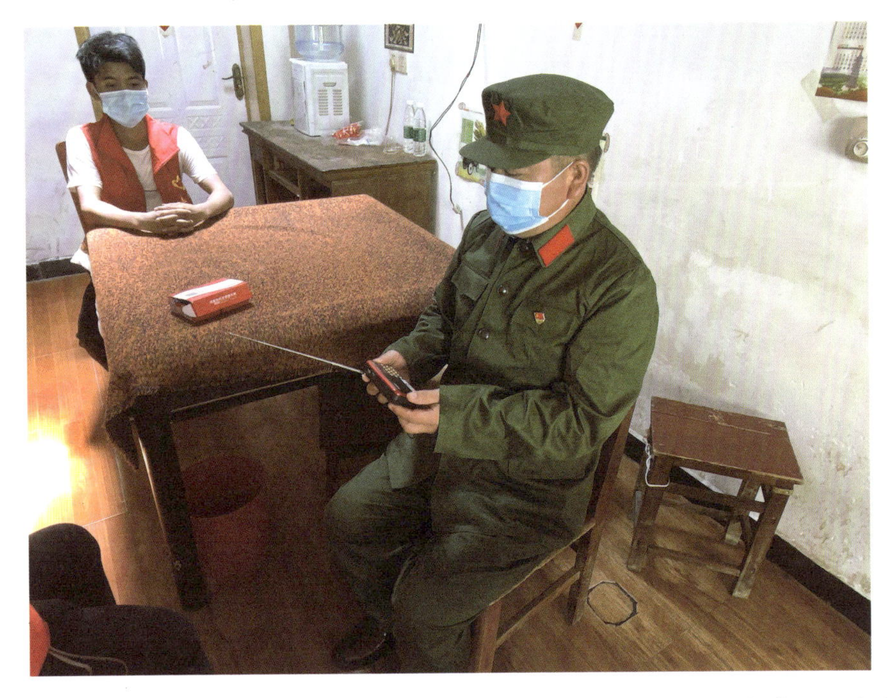

宋朝阳于2021年初参加了宿迁市宿城区屠园镇张稿村换届选举，当选张稿村村委会副主任，至今一直在张稿村工作。2021年初至今，他同时作为张稿村网格员，深入基层走访，和群众交流，听取基层群众的宝贵意见和建议，并改善不妥之处，为有效开展以后的工作奠定基础。在村党支部书记和其他同志的影响下，宋朝阳积极投入到各项工作中去，例如老党员慰问、疫情防控排查上报、入户宣传惠民政策、重点人群和空巢老人入户走访等，充分发挥网格员的优势，高效率、高质量地完成上级安排的各项工作。

为民办实事　织密平安网

陶扣琴，1981年9月出生，中共党员，于2021年春学期开始在江苏开放大学行政管理专业专科就读。2016年5月参加工作，2018年11月加入中国共产党。2016年5月至2019年5月在盐城市楼王镇郭杨村任禁毒社工，2019年5月至今在楼王镇郭杨村任维稳专干。

曾获全镇目标任务绩效考核先进个人、全区十佳禁毒社工、盐都区“法律明白人”、盐都区“三八红旗手”、区第四届网格化实战技能优秀奖、楼王镇“三八红旗手”等荣誉。

自任楼王镇郭杨村社工以来，陶扣琴在工作中时刻牢记责任，勇担使命。她着力推动“两委”班子建设，服从组织领导和安排，努力为人民群众办实事，真正做到了在工作中兢兢业业、勤勤恳恳、任劳任怨，在生活中乐于助人、乐善好施、扶危济困。

一、发挥先锋模范作用，党员率先示范

陶扣琴积极推动乡村党组织建设，发挥共产党员的先锋模范作用，组织开展了一系列工作。2020年新冠疫情暴发后，她坚持工作在防控一线，带领党员开展疫情防控工作，挨门逐户发放健康知识宣传册，建立微信群宣传疫情防控知识和相关政策；对辖区里的人员进行拉网式排查，做到不落一户、不漏一人、全面见底；与户籍在本村的在外务工人员一一联系，宣传政策的同时也了解在外务工人员的工作生活情况，为了让在外人员安心，她主动帮助照顾家里的老人；在全民核酸检测工作中争做表率，协助完成居民扫码登记工作，为行动不便的老人

提供上门服务；帮助返乡居家人员购买日用品，送菜上门。陶扣琴的奉献付出与“不忘初心，牢记使命”主题教育要求相契合，与党章中对党员要“在生产、工作、学习和社会生活中起先锋模范作用”的要求相一致。

二、做好带头人，为民办实事

陶扣琴知道，坐在办公室里无法获知村民生活的实际情况。为了尽快了解村情、进入角色，她深入群众，倾听民声，积极开展村情民意走访活动，克服各种困难，走村串户与村民交谈，听民声、察民情。在走访过程中，陶扣琴了解到，郭杨村五组青壮年劳动力普遍在外务工，家里老人居多，无法应付田间的重体力劳动。于是，她组织村民召开小组会议，通过土地流转，把农田流转给大户种植，解决种田难的问题，帮助村民获得基本收益以及正常生活保障。她还将村民对党组织工作提出的疑问进行整理，分析原因和现状，向村民做详细解释，使得人民群众能够更加理解和支持党组织工作，为党组织的长远发展积蓄了力量。

三、排解矛盾纠纷，维护农村稳定

为了加强法治宣传、提高群众参与治安防范工作的积极性，陶扣琴组织村民建立法治志愿者队伍，大力开展法治宣传教育活动，提高村民的法律意识和防范意识，改变人们的思想观念；同时组织夜间巡逻，保证村民生活安宁，提高群众满意度。在宣传走访过程中，郭杨村一组王加祥老人向陶扣琴倾诉苦恼。老人已80多岁，一直自己生活，今年身体大不如前。2个儿子在城里工作生活，儿子劝他搬到城里，但老人觉得跟年轻人在一起生活有诸多不便，作息时间、饮食习惯难以适应，久而久之易滋生家庭矛盾，于是想让儿子出钱请人在家照顾。但老人跟儿子沟通未果。他希望社区能帮助沟通，解决其生活问题。陶扣琴在收到老人的委托后多次联系老人的儿子进行沟通，“孝顺、孝顺，对老人最大的孝就是顺”。最终，儿子理解了老人的顾虑，同意请人照顾，老人终于达成心愿。

经过几年的工作，陶扣琴对村里每一户的情况都能如数家珍。村里有18位五保老人、7户低保户、12位留守儿童，他们都是她装在心里的人。要降温了，她会及时提醒添衣保暖；天气炎热，她会及时提醒降温防暑……

陶扣琴根据平安乡村创建工作的具体要求和部署，紧密结合本村实际，研究部署本村平安创建工作，进一步明确任务、落实责任，确保了平安创建活动的扎实开展，成效显著。在工作中她以身作则，坚持党的路线、方针、政策，不断学习社会治安法制法规及相关政策，积极投身平安创建活动，依法行政，严厉打击违法犯罪，稳定居民生活，确保一方平安，为创建平安村添砖加瓦。

用心为民服务　彰显榜样力量

吴伟，1981年5月出生，中共党员，于2019年春学期至2021年秋学期在江苏开放大学行政管理专业本科就读。2010年6月加入中国共产党。2012年7月至2020年8月任南通市通州区金新街道八角亭社区“两委”委员，2020年8月至2022年10月任金新街道八角亭社区党总支副书记；2022年10月至今任金新街道镇南社区党总支副书记。

曾获南通市第七次全国人口普查市级优秀个人，通州区安全生产先进个人，第三、第四次全国经济普查通州区先进个人、通州区优秀辅助调查员，高新区金新街道优秀共产党员，高新区安全生产先进个人等荣誉。

吴伟是通州区金新街道镇南社区党总支副书记，她认真学习党的理论知识，时刻以一名党员的标准严格要求自己，努力做一个有担当、让人民满意的基层干部。

一、下沉网格，率先垂范

一名党员就是一面旗帜。新冠疫情暴发时，在社区人手紧缺的情况下，吴伟率先垂范、以身作则，下沉到网格中，积极落实疫情防控要求，统筹协调社会志愿力量，团结带领社区党员、志愿者，有序完成“扫楼”摸排、卡口值守、核酸检测等任务。她不仅自己白天黑夜连轴转，“舍小家顾大家”，奋战在疫情防控第一线，还动员居家上网课的女儿利用休息时间一起到社区“扫楼”摸排、信息录入、查码测温，母女同心，共同守护“家门”。

二、坚守初心与使命

“越是疫情防控的紧要关头，越能检验一个党员干部的忠诚、信仰、责任与担当。”这是吴伟常挂在嘴边的一句话，也是她内心真正的想法。2022年4月，吴伟居住的城东小区被确定为“管控区”，她作为党员，面对疫情，迎难而上、冲锋在前，14天的时间里，抛开家庭，“吃在社区、睡在社区、干在社区”，用自己的实际行动，兑现了入党宣誓时的庄严承诺，诠释了一名共产党员的初心和使命。

管控期间，许多物资无法送来，甚至一些药物也是短缺的。在入户巡查过程中，吴伟会搜集相关病人药物短缺的信息，将他们的药物拍照，统计好以后进行上报处理。疫情就是命令，疫情一天没有结束，吴伟就始终冲锋在一线，为了网格内居民的生命安全，尽心尽力紧抓疫情防控。

三、尽职尽责，当好“领头雁”

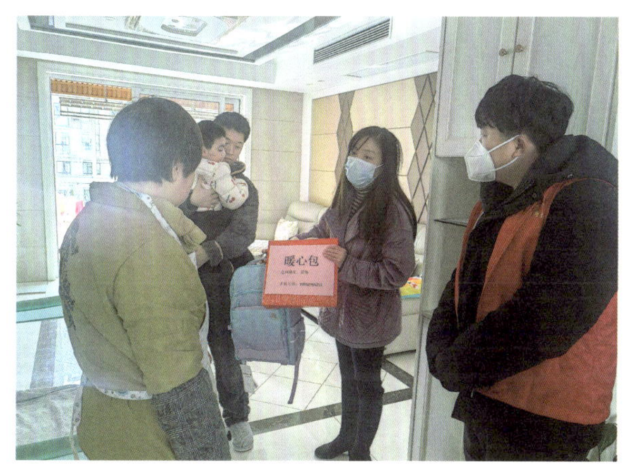

在做好疫情防控的同时，吴伟积极参加区宣传部组织的“优秀冬训主讲人”新年贺词学习会，参与街道组织的金“鹰”新声党员冬训微宣讲活动，并承办了街道3场大型活动——“欢乐猜灯谜，喜迎元宵节”、“春风行动，书香金新”和“党群齐心，‘植此青绿’”植树节活动。她还组织社区开展了“情暖邻里，迎春送福”、“缤纷冬日”未成年人寒假活动、“活力巾帼，巧手慧心”DIY、“风筝画廉洁，风正代代传”等系列活动，活动稿件被省级单位录用4篇、被市级单位录用5篇、被区级单位录用13篇。

由吴伟负责的网格，虽然硬件设施落后，但网格内党员人数不少。因此，她以党史教育学习为抓手，依托党建开展为民服务活动，提升小区综合治理水平。如今，身边的好人好事变多了，关心集体的人变多了，居民的赞扬声变多了，党群关系也变得更为融洽。

自2012年到社区工作以来，吴伟多次获得先进个人、优秀党员等荣誉，但荣誉对于她来说并不是功劳，而是动力，激励着她在社区和网格这个岗位上更加全心全意为百姓服务。

“六联”工作法　激发社区治理“一池春水”

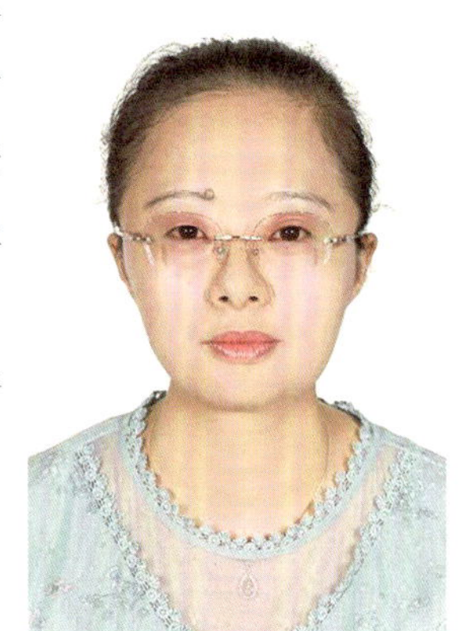

袁建霞，1979年1月出生，中共党员，于2020年秋学期至2023年春学期在江苏开放大学行政管理专业专科就读。1998年8月参加工作，2007年11月加入中国共产党。2016年8月至今在常州市金坛区西城街道东园社区任党总支书记、社区主任。

曾获江苏省人口计生委国策服务标兵、金坛区优秀党务工作者、人口普查工作先进个人等荣誉。

东园社区是一个典型的老旧型社区，最早的房屋建造于上世纪70年代末，还是个敞开式小区，私房和商品房掺杂在一起，社区出租房多、餐饮业多、旅馆多、老年人多。袁建霞任社区党总支书记以来，着力带好“两委”班子，积极面对社区发展中的各种问题，不断探索新时代社区治理的路径、策略和方法，始终坚持以党建引领社区治理，形成了“六联”社区工作法。

一、推进支部联建，发挥融合党建作用

袁建霞带领社区党总支着重从贴近实际、贴近群众生活入手，组织老党员支部与年轻党员支部、社区党员支部与企业党员支部开展联建活动，以“党员义工365”、年轻党员给老党员上门送学、结对子、主题党日活动等为载体开展形式多样的活动，进一步整合了支部堡垒的战斗力，重燃了广大党员的初心使命。

二、开展文明联创，推进环境专项整治

在文明城市创建中，袁建霞始终以社区为中心，积极促进多方沟通，联合辖区内物业公司、餐饮及其他个体商家和政府职能部门，吸引党员群众积极参与，形成合力。发动餐饮场所负责人带头清理自己店铺的油污、餐厨垃圾，从而带动其他商铺共同参与文明创建，并于每周六固定开展“志愿服务日”活动，带领社区网格员、志愿者一起清理楼道堆放物、清除杂草、清理飞线充电，共同推进文明城市建设。

三、实行网格联办，解决民生大事小事

袁建霞深知网格治理的重要性，她充分调动网格内党员、群众的积极性，最大限度地实现“1+1>2”的叠加效应。如新冠疫情防控、疫苗接种、全员核酸、燃气安全整治等，通过网格管理，发挥叠加效应，可以将工作落实到每一家每一户，发挥社区治理在解决“最后一公里”问题上的作用。2018 年以来，通过网格管理工作，她共办理 10 户临时救助和 20 户残疾人护理补贴，慰问贫困党员 100 余人次，端午节、中秋节慰问困难、孤老家庭 33 户，为 24 名下岗失业工人提供创业培训，为 43 个经济困难的无房户申请了保障房。

四、落实纠纷联调，高效调处矛盾纠纷

袁建霞积极发挥社区网格长、微网格长、楼幢长、物业主任的矛盾调处作

用，加强与公安、城管的协作，由区法院工作人员牵头组建“社区法官工作微信群”。开展“警民联调”，推行社区纠纷多元调解机制。2018年以来，她共成功调解各类矛盾纠纷600余件。

五、强化安全联防，保持社区和谐稳定

为了充分发挥党支部的组织作用，落实“有职党员担责，无职党员有责”机制，袁建霞加大微网格长、楼幢长、物业公司的联动，建立社区安全防护网络，联合消防、安全等部门，加强对辖区从业人员的安全生产培训，提高应对突发事件的处置能力，形成安全生产齐抓共管的良好氛围。

六、实施党群联助，共谱社区崭新篇章

袁建霞组织社区党员、居民代表、慈善人士、企业家以及银行、税务等驻区企事业党支部开展结对联助，定期走访困难弱势群体，为他们提供家政服务、心理保健、慈善捐助等。在新冠疫情期间，江南银行、兴业银行、村镇银行、大统华超市等多家单位向社区捐赠物资。袁建霞带领社区工作人员将物资分配到隔离户、特困家庭，进一步稳控了社区的疫情防控工作。

袁建霞还格外关注社区内青少年的成长。2022年，她通过中国社会福利基金会与北京的一家公司对接，为社区筹集到眼部护理仪、石墨烯眼罩、蓝光眼镜、护眼吸顶灯、台灯、落地灯、护眼包等价值25 000元的物资，为社区青少年、儿童的护眼工作作出了贡献。这些资助活动也调动了社区居民参与社区治理的积极性，开启了社区治理的崭新篇章。

将力量汇聚网格　以网格破解难题

张莉，1987年6月出生，中共党员，于2020年秋学期至2023年春学期在江苏开放大学公共事业管理专业本科就读。2007年6月加入中国共产党。2016年11月至2019年5月在昆山高新技术产业开发区宝岭社区任居委会委员，2019年5月至2021年7月在昆山高新技术产业开发区新城域社区任支部副书记，2021年7月至今在昆山高新技术产业开发区伟业社区任支部书记、居委会主任。

曾获江苏省第四次全国经济普查优秀工作者、昆山市司法行政系统先进个人、苏州“能手网格员”、“十佳最美抗疫科技工作者”、苏州万名“最美劳动者”等荣誉。

张莉任职伟业社区党支部书记以来，坚持以“想群众所想，帮群众所难，解群众所忧”为宗旨，以党建引领为抓手，以共建和谐社区为目标，进一步推进“党建＋网格”深度融合，带领“两委”班子，不断开拓创新、真抓实干，推动伟业社区治理、公共服务、志愿服务等工作落实落细。

一、坚持党建引领，健全网格体系

张莉始终坚持“从群众中来，到群众中去”的工作理念，坚持党建引领社区治理，充分整合资源，将党支部扎根建设在网格中，把辖区的“红色力量”组织起来，组建以“支部党员＋专职网格员＋楼栋长”的专项网格队伍，每天带头落实楼栋和商户巡查，构建“巡查—交办—处置—反馈”全流程网格化管理机制，真正将伟业社区网格打造成发现隐患、解决矛盾的第一阵地、服务群众的第一窗口、社会平安稳定的第一屏障。

二、夯实网格管理，化解治理难题

为了将网格建设工作的成效融入伟业社区管理的各项工作中，张莉做出了许多有益探索：一是排查隐患保平安。她充分利用“大数据+网格化+铁脚板”治理机制，带领网格长深入社区，逐户采集居民信息，及时传达惠民政策，协调解决居民各类难点、热点问题，把工作延伸到千家万户，累计带头入户共2048户，排查各类隐患12处，处置隐患3处。二是倾听民意解民忧。在社区管理中，张莉结合辖区实际，依托“海棠花红”“红管先锋”等项目，打造“好邻里民情议事厅”，组建“邻里圈”志愿服务队、“邻里帮帮团”等队伍，定期组织召开居民恳谈会、议事协商会，将群众反映的问题及时总结反馈给上级相关部门，已成功解决公共道路停车、小区建筑垃圾清运、公共设施维修等问题10余件，极大地提升了居民的幸福感和满意度。三是矛盾化解在网格。张莉根据社区楼栋分布情况，制定“两委”班子分区包干责任制，将社区切块化管理；同时，利用伟业社区“法律明白人”“有事好商量”等载体，带头参与调解和化解居民物业矛盾、邻里纠纷共449件，实现“小事不出网格，大事不出社区”，进一步提升了为民办事的效率。

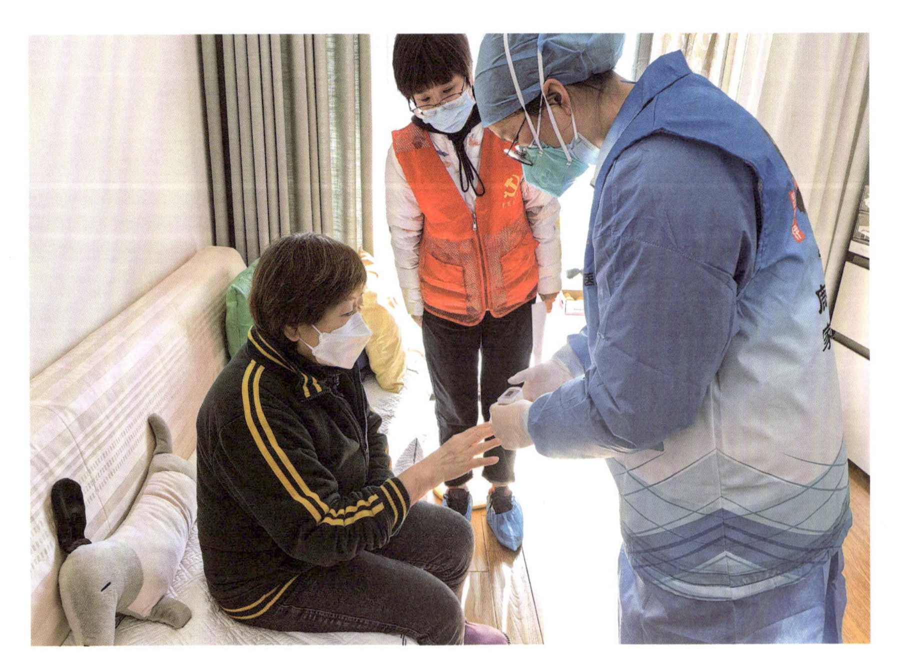

三、汇聚红色力量，筑牢疫情防线

疫情就是命令，防控就是责任。面对突如其来的新冠疫情，张莉充分发挥党员先锋模范作用，以实际行动践行初心和使命，让党旗在疫情防控第一线高高飘扬。她主动带头宣传，与志愿者在小区主干道、单元门、沿街商铺等周边悬挂防疫横幅、张贴防疫科普宣传标语、发放防疫告知书等；主动带头摸排，与社区网格长、专职网格员一起，做好全覆盖、地毯式的外来返昆人员信息摸排、数据收集统计、上门检测和定时回访等工作；主动带头服务，与物业、楼道长一起组建“社区跑腿小分队”，担当居家隔离住户的“物资采购员”、“快递员”、后勤保障员，切实保障了居民的实际需求；主动承担起伟业社区联络员的工作，平均一天要接打电话上百个，每次都耐心讲解防疫相关政策，即便嗓子哑了、眼圈黑了，也依然默默坚持，同事们都称她为“工作狂”。

作为一名基层社区干部，张莉持续发扬“作战”精神，勤奋、努力地工作着，在平凡的岗位上，用自己的爱心、热心、耐心，当好伟业社区居民群众的“贴心人”，用辛勤的工作践行全心全意为人民服务的宗旨。

用脚步丈量土地的“铁脚板蓝马甲”

张雪艳，1993 年 9 月出生，于 2022 年春学期开始在江苏开放大学行政管理专业本科就读。2020 年 6 月参加工作。2020 年 6 月至今在昆山市新镇派出所中乐社区从事专职网格员工作。

曾获昆山市“网格之星”奖、昆山市新镇派出所先进个人等荣誉。

张雪艳在昆山市新镇派出所中乐社区担任专职网格员，自工作以来，靠着“铁脚板”走访居民 375 户，上门登记秀水雅苑外来流动人口 1200 余人、常住人口 588 人，调解矛盾纠纷 50 余件，排查安全隐患 69 处，向居民发放各类宣传册 1200 余份，疫情指令单核查 10 000 余条。靠着不怕苦、不怕累的精神，她从最初不知从何做起到现在游刃有余、信手拈来，从不被辖区居民理解到现在收获连声感谢、积极配合，每每想起这些，张雪艳都感到无比欣慰。如今，秀水雅苑的居民住户信息、原房东信息以及二手房东信息采集量已达到百分之百，每家的基本信息她都记录在册、铭记于心，真正做到了底子清、情况明。

一、勇担当、敢作为，交出疫情防控高分答卷

2022 年初，面对突如其来的新冠肺炎疫情，张雪艳挺身而出，主动担当，深入一线，扎根辖区网格。她化身为一线温暖的“大白”，身披白色铠甲，穿梭在网格之中。连续多月日夜连轴转，布置辖区内点位，统筹协调核酸检测、封

控管控、物资调配等工作，共参与秀水雅苑全员核酸检测 90 余次，核酸采样约 185 000 人次。为确保每一轮核酸检测顺利完成，张雪艳始终坚守在防疫一线，舍小家为大家。

二、真情助老，破解社区养老难题

张雪艳所属的中乐第三网格，其中的拆迁小区老年人比较多。在日常工作中，她坚持定期入户走访，关心辖区独居老人的居住和生活情况。每到一处都与老人亲切交谈、嘘寒问暖，了解他们近期的生活状况，并叮嘱老人们要注意保重身体、注意饮食和个人安全，帮助他们解决困难。一来二去，她成了老人们非常亲近和信赖的人。

96 岁的宁奶奶，子女都不在身边，老人虽然身体还算硬朗，但平时也难免感到孤独。张雪艳了解到此事后，便经常上门关心老人，陪老人聊聊家常。老人身体不适时，及时帮她联系子女前来照料。

小区内居民电瓶车充电现在都是使用专门建设的充电电桩，要使用微信或支付宝才能完成充电。在网格巡查过程中，遇到一些年纪较大的老人不会使用充电电桩，张雪艳就耐心地指导、帮助他们。张雪艳总是谦虚地说："我们做的这些事其实都是微不足道的小事，希望所有的老人都健康快乐，保持'但得夕阳无限好，何须惆怅近黄昏'的积极乐观态度。"

三、广泛宣传全民反诈，守好居民群众的钱袋子

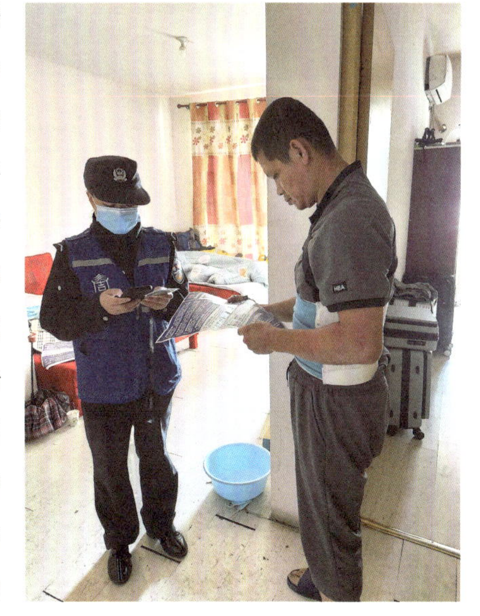

随着信息技术的进步，如今电信诈骗手段也层出不穷，而且防诈骗措施往往滞后于诈骗手段的更新换代，所以在做好平时的日常登记走访、排查和发布疫情防控指令单等工作的同时，张雪艳经常化身为辖区宣传员，奔波在网格中。每天上门登记时，她都带着防诈骗宣传册，见人就发，见人就宣传，向辖区居民普及诈骗手段及预防诈骗措施，帮居民安装"国家反诈中心"手机应用软件，给辖区居民做"全民心防"防诈反诈考试测试，在居民不懂时更是耐心讲解。为了让大家预防各种电信诈骗，守住自己的

钱袋子，她以楼幢为单位建立微信群，建立了11个居民群（成员共1100余人），自己做群主，在群里教大家如何守好自己的钱袋子、如何识别诈骗、如何预防诈骗，并及时转发“昆山微警务”的防诈骗小视频。在网格宣传过程中，她曾遇到一个小伙子，他经朋友介绍下载了某App进行理财，并且已经投入了10万元左右。张雪艳知道后，敏锐地意识到这是一起典型的电信诈骗，便立即给他讲解一些类似的诈骗案件，最终成功让这个小伙子及时止损，避免了重大损失。

张雪艳很贴心，于一网一格中，为百姓纾难解困；她很“万能”，疫情防控、信息采集、排查隐患、调处纠纷处处都有她的身影；她也很专业，“滤网清格”“三提三知”“三必清”“五必访”，业务工作如数家珍。她是居民群众最熟悉的“铁脚板蓝马甲”，每天行走在基层，用脚步丈量着脚下的土地。她和无数网格员一样，是城市里一道平凡却非常美丽的“风景线”。

扎根基层　知民情暖民心

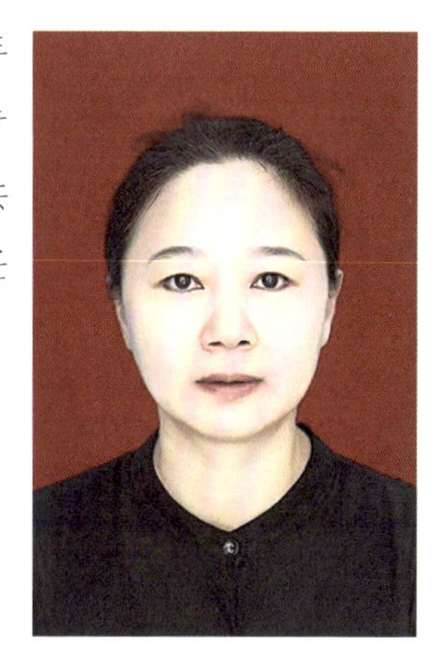

张雨梅，1974年11月出生，中共党员，于2020年秋学期至2023年秋学期在江苏开放大学行政管理专业专科就读。1994年9月参加工作，2018年7月加入中国共产党。2016年8月在宿迁市宿豫区大兴镇集东居委会任妇联主席，2019年至今任大兴镇吉庆社区党委委员。

曾连续4年获得镇先进个人等荣誉。

一、扎根基层，用心用情服务群众

张雨梅于2016年开始任集东居委会妇联主席，关爱妇女、走访关爱未成年人、开展道德讲堂、带领居民向模范学习是她的工作日常。另外，她还负责喜糖盒加工点的工作，带领村里的“50后”“60后”留守妇女一起加工喜糖盒；协助村干部做好党建、宣传、电商街管理服务工作；等等。2019年，集东居和另外2个村合并为吉庆社区，张雨梅任社区党委委员、居委委员、妇联主席以及文明实践站副站长。在社区党委的支持下，她带领文明实践站完成了党史教育学习20次、农家书屋阅读活动11次、关爱未成年人活动11次、居民教育11次、科技科普活动11次、五星家庭上报评选活动6次、颁奖活动1次、道德讲堂12次、理论宣讲11次、家长学校11次，传统节日慰问走访关爱及志愿活动33次。

二、任劳任怨，做好人口普查工作

在第七次全国人口普查工作开始时，张雨梅深感此次人口普查工作责任重大。她本着认真负责的态度，集中精力投入到此项工作中，和社区同事一起，顺利完成了各项任务。工作时有很多现实的难题需要克服。首先，很多居民家中都有人员在外务工，加之社区的流动人口多，导致人员信息收集难度大；其次，在开展普查工作过程中，也会遇到很多的困难，例如有的居民不知道人口普查工作正在开展，普查员和志愿者上门时经常家中无人，有的居民对人口普查工作不理解、不配合……每当遇到这些情况，张雨梅和同事们都会耐心向居民解释，不厌其烦地联系沟通，告知他们人口普查工作对于国家发展的重要意义，尽最大力量争取居民的配合。

三、倾听民意，在工作中不断提升

2022 年开展网络问政工作，张雨梅总是耐心听取群众的诉求，并且团结同事、加强合作，共同促进社区各项工作的开展，以此来提高社区治理能力，提升社区网格服务效能。网络问政工作开展以来，张雨梅共收到 108 条帖子，并在各网格协作下认真对待、积极解决网民反映的民情，做到及时核实、高效处理，全力解决问题，保证问政的效率和效果。

作为两个孩子的母亲，张雨梅在照顾家庭的同时，仍能投身于社区建设、社区服务中，并且不断进取、坚持学习；作为江苏开放大学的学生，她也在不断学习理论知识，并将知识运用于实践，成为居民群众心中“优秀的社区工作者”。

网格与居民心连心

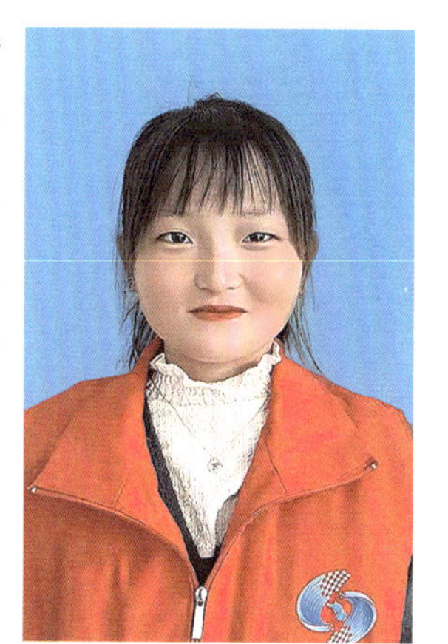

张子怡，2002年4月生，于2022年春学期开始在江苏开放大学行政管理专业专科就读。2019年12月至2020年1月任徐州市睢宁县岚山镇土山村妇联主任，2020年2月至2021年6月任岚山镇土山村网格员和妇联主席，2021年7月至今任睢宁县专职网格员（由岚山镇综治中心和土山村村民委员会双重管理）。

曾连续2年获评岚山镇“最美网格员”。

作为专职网格员，张子怡有几大职责：信息采集、问题吹哨、信息情报、代办服务、政策宣传。2020年后，张子怡又承担起了新冠疫情防控员的责任。

一、当好信息采集员与问题吹哨员

信息采集和问题吹哨这两项工作是张子怡进入网格后接触最早的基础工作，通过上门登记、入户核查、日常巡查等方式了解居民基本情况。张子怡所在的网格内共有865户、3610人、19个自然组，其中有在家残障女性26人、空巢老人6人，要实行1周1次走访；有五保人员15人、低保人员32人，要实行1月1次走访；有重点信访人员5人，要实行2天1次走访。经过2年多时间，张子怡对网格内的情况有了基本了解。

在日常巡查中，总会有大大小小的事情出现，比如电线杆被暴风雨刮倒了、树倒了、停水、公厕打扫不及时等等问题，张子怡都会及时上报到村里协调解决，并将一些严重的事情上传至平台，尽力做到“小事不出格，大事不出镇，难事不出县”。

二、当好代办服务员

在基层工作就是要服务群众，与群众心连心。代办服务在不知不觉中拉近了张子怡与群众间的距离。她作为专职网格员，为村里群众代办了很多事，如60岁老人认证、80岁及以上老人尊老金认证发放、妇女就业创业认证等。每当到行动不便的老人家中为他们代办时，那些老人们脸上总是洋溢着慈祥的笑容，那一刻，张子怡觉得她与群众真的是一家人。走出门时，张子怡也总会大声告诉他们：“爷爷奶奶，别忘了有事找小张！”

三、当好治安巡防员与政策宣传员

在治安方面，日常巡查时张子怡会摸排是否有涉恐、涉暴、涉黄、非法集资、涉毒、诈骗、非法宗教等情况：如有，她就及时上报到村书记处，寻求解决办法；解决不了的，依照程序上报到镇上，做到及时反馈。

走访过程中，张子怡会将一些国家或者党委政府的好政策广泛宣传给群众，让他们多了解国家政策。例如：广泛宣传“国家反诈中心”App，让群众防患于未然，提高反诈意识，远离诈骗陷阱，保护财产安全；宣传“平安法治睢宁”“速来办”等平台，让群众了解政策，提升满意度。

四、当好疫情防控员

2020年初，新冠疫情暴发，张子怡作为基层工作者毅然冲在第一线，为居民的平安保驾护航。网格员在疫情防控工作中要有铁脚板，不能松懈。张子怡每天都会在下户走访过程中摸排外来人员，及时上报给疫情联络员，再由联络员上报后决定是否实施“五包一”制度，如果需要，张子怡会将“五包一”管控表尽快贴到隔离户门上，1天2次进行签到巡查。疫苗接种也是疫情防控的重点内容。有第二针、加强针到期人员，张

子怡会先电话告知；如有还未接种的，采取入户督促措施，反复跟居民讲清楚接种疫苗的好处。

全员核酸期间，为了提高效率，村组干部和网格员早上4点便要起来准备，张子怡是负责人员登记的，项沃片和谢庄片是张子怡的“阵地”。她到达岗位以后马上进行人员登记，登记完成后，再马不停蹄地赶往村部与疫情防控联络员核对人员信息、增减情况并说明原因。她每天入户对“五包一”进行巡查，询问他们的生活所需，自己购买不到的便写下来联系村组织帮助购买。

张子怡将永远坚持跟党走，坚持为人民服务，做一名合格的基层干部。

军人退伍不褪色　基层实干吐芳华

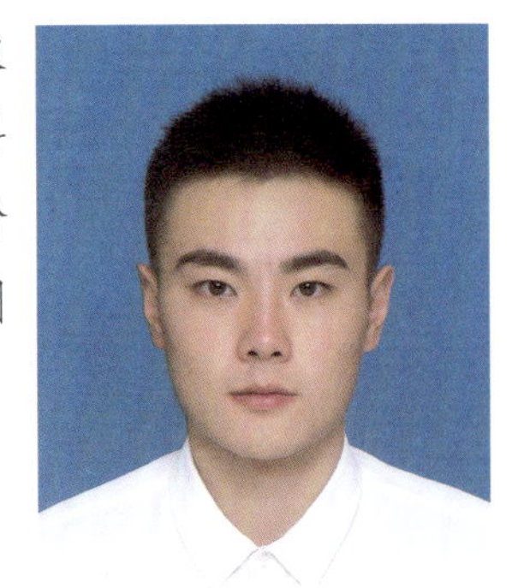

章丁晔，1997年9月出生，共青团员，于2021年秋学期至2022年秋学期在江苏开放大学行政管理专业专科就读。2015年9月以江苏联合职业技术学院在校生身份应征入伍，2020年9月退伍。2020年10月至今在扬州市宝应县柳堡镇迎湖村任民兵营营长。

曾荣获优秀士兵、柳堡镇先进工作者等荣誉。

章丁晔是一名光荣的退伍军人，2021年上半年，他通过了宝应县“乡村振兴青年人才”招聘考试，正式成为柳堡镇迎湖村的一名基层工作者。从军营到地方，虽然军服变成了便服，但章丁晔积极向上的斗志没有变，爱岗敬业和争创一流的本色没有变！

一、牢记党的宗旨，多做利国利民的实事

基层工作的重要职责，就是要为辖区群众服务。章丁晔作为一名基层的年轻人，积极践行“全心全意为人民服务”的宗旨，愿意并乐于和老百姓打交道。他通过每天的走村串户了解老百姓生活，摸排情况，短短半年就掌握了本村500多户村民家中哪家孩子在外上学、哪家比较困难、哪家有老人生病。他把做好群众工作当成最重要的责任，既有爱民之心，又有帮民之能，积极回应人民群众的新期待、新要求。随着日常群众工作的日积月累，群众有事也愿意对他讲，有困难能找他商量。渐渐地，他和群众的距离拉近了，感情加深了 。

二、创新工作方法，乐做化解矛盾的能手

在农村工作，调解纠纷非常重要。矛盾纠纷调处得好不好，直接关系到农村的稳定和社会的和谐，关系到党和政府的形象。章丁晔通过向老同志们学习工作方法，逐步探索出了解决矛盾的最好方法，那就是不管大事小事，不等矛盾激化，尽最大努力将矛盾化解在萌芽状态。这样做既费时少，还避免了少数群众产生“大闹大解决、小闹小解决、不闹不解决”的错误想法。在处理群众纠纷时，章丁晔能做到不偏不倚，把情、理、法融合在调解工作之中，不仅让人民群众感受到公平正义，而且让老百姓觉得基层办事既依法又有温情和热度。

三、无惧案头小事，争做疫情防控的勇士

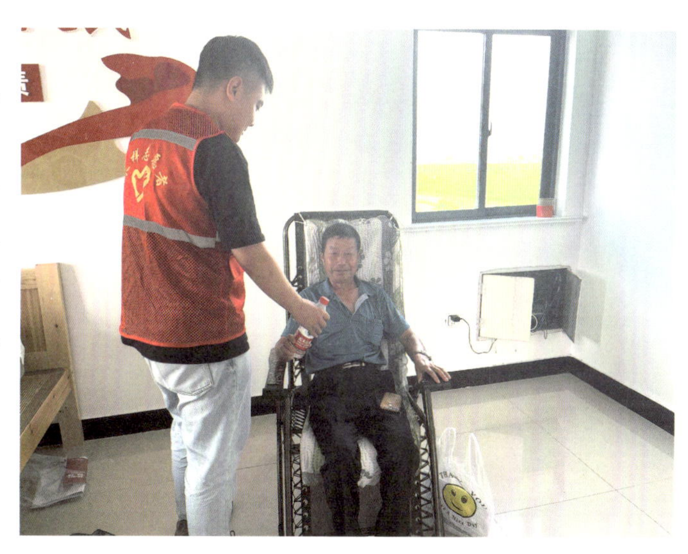

参加基层工作后，章丁晔经常要和一些数据及报表打交道。为了把这项工作做好，他一次次对自己所完成的报表进行核实、校对，所填报表从未出错。每次的村民全员核酸，章丁晔总是凌晨到岗，穿上防护服承担信息输入工作。疫情防控返乡排查工作的重担也全部落到章丁晔的肩上，但他从未有过抱怨。在一次演讲比赛中，他说道：“我依然是一名战士，一名勇往直前、锐不可当的战士！我曾经是一个兵，在部队注重军容军貌，来到了基层，我认为自己的一言一行就是代表着党和政府的形象。我们做得好，就是党和政府做得好，所以要做到站起来是把伞，能为百姓遮风挡雨；俯下身是头牛，能为人民鞠躬尽瘁。”

章丁晔同所有年轻人一样，追光逐梦热爱生活。战场转换，初心不改，他立志把自己的青春和热血奉献在为人民服务这个光荣的任务上。

做细做微网格　做大做实调解

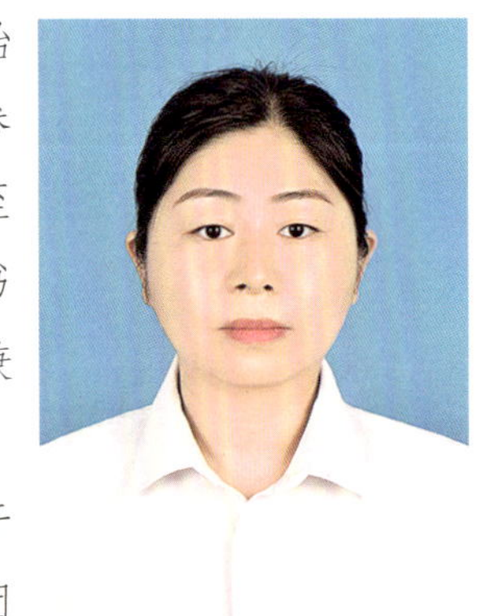

仲琼，女，39岁，中共党员，于2020年春学期开始在江苏开放大学行政管理专业专科就读。2016年10月参加工作，2020年12月加入中国共产党。2016年10月至2020年11月在宿迁市沭阳县沭城街道新桥社区任青年书记，2020年11月至今在沭城街道新桥社区任治调主任兼团支部书记。

曾获沭城街道工作先进个人、沭阳县优秀共青团干部、宿迁市共青团工作先进工作者、江苏省优秀共青团干部——团支部书记等荣誉。

仲琼，从事基层社区工作6年多，现担任沭城街道新桥社区治调主任兼团支部书记。工作期间，她一直以爱岗敬业的高标准要求自己，虽然身在平凡的岗位，但她始终抱着为民服务的心态，做好本职工作，发扬不怕吃苦、无私奉献的精神，无怨无悔，扎根基层，服务居民群众。

一、立足本职，开展人民调解

作为团支部书记，仲琼严格按照团的章程要求自己，积极改正自身的不足，积极组织辖区团员及志愿者参加团组织活动，如学习团的知识、组织公益活动等，用实际行动支持上级团组织的各项工作。她在单位中亦发挥模范带头作用，协助同事、领导做好各项工作。

作为人民调解员，仲琼严守政治纪律和政治规矩，立足本职工作，恪尽职守，处处起到先锋模范作用。她是民情信息的收集员、风险隐患的排查员、矛盾纠纷的调解员、民生事务的服务员、政策法规的宣传员……大街小巷都有她忙碌的身影，她在这个平凡而又神圣的社区服务工作岗位上奉献着自己的青春与热情。随着社区“一村（社区）公开调解”的全面推广，她加强了民纠、民调工作，深入小区对民纠、民调进行摸排，对摸排出的民纠及时调处，切实做到小事不出小区、大事不出社区，把矛盾化解在基层，化解在萌芽状态。

二、全心全意，为居民服务

在社区工作的几年里，仲琼除了负责社区综治等工作，还会做民政方面的低保救助等工作，为辖区的孤老残障等困难群体提供服务。工作之余，她经常学习相关文件政策，争取在短时间内能了解最新政策、熟悉新开展的业务，努力把自己的工作做到最好。在工作中，她不仅把居民当成服务对象，更是把他们当成朋友，除了为他们办理业务外，她还积极了解他们的生活所需，为他们送上力所能及的帮助。社区居民都喜欢向她咨询政府政策或者寻求帮助。

三、勇于奉献，舍“小家”为“大家”

2020年1月10日，她的儿子因尿毒症病倒在了高三考学的路上。与此同时，新冠疫情防控工作的号角在全国吹响，社区内所有工作人员都放弃假期，紧急投入到基层防疫一线工作中，仲琼也不例外。同事们都劝说她在家照顾孩子，但是仲琼毫不犹豫地拒绝了，她说：

“孩子固然重要，但现在病情已稳定，对于社区工作我没有理由置身事外，大家都在疫情中并肩战斗，我一定要来。”她两边兼顾，送孩子去医院后，就立即回到社区与同事们一起投入疫情防控工作。

她说：“疫情就是命令，防控就是责任。作为基层工作人员，我们有责任也有义务做好自己的本职工作。虽然在工作中会受委屈，但是我们不能退缩分毫。我们必须团结一致、众志成城，打赢这场抗击疫情的阻击战。”

但得千家万户笑，俯首甘为孺子牛。仲琼坚守岗位，用她勤勤恳恳、爱岗敬业的精神谱写了一曲基层赞歌！